Der Arbeitnehmerurheber in der Europäischen Gemeinschaft

Europäische Hochschulschriften
Publications Universitaires Européennes
European University Studies

Reihe II
Rechtswissenschaft

Série II Series II
Droit
Law

Bd./Vol. 4192

PETER LANG
Frankfurt am Main · Berlin · Bern · Bruxelles · New York · Oxford · Wien

Dorothea Müller-Höll

Der Arbeitnehmerurheber in der Europäischen Gemeinschaft

PETER LANG
Europäischer Verlag der Wissenschaften

Bibliografische Information Der Deutschen Bibliothek
Die Deutsche Bibliothek verzeichnet diese Publikation in der Deutschen Nationalbibliografie; detaillierte bibliografische Daten sind im Internet über <http://dnb.ddb.de> abrufbar.

Zugl.: Regensburg, Univ., Diss., 2005

D 355
ISSN 0531-7312
ISBN 3-631-53855-3

www.peterlang.de

Meinen Eltern

Vorwort

Die vorliegende Arbeit wurde im Wintersemester 2004/2005 von der Rechtswissenschaftlichen Fakultät der Universität Regensburg als Dissertation angenommen.

Mein besonderer Dank gilt Herrn Prof. Dr. Richardi für die Anregung des Themas, die Betreuung der Arbeit sowie die rasche Erstellung des Erstgutachtens.

Nürnberg, im Februar 2005 Dorothea Müller-Höll

INHALTSVERZEICHNIS

A. Einführung

„Der Arbeitnehmerurheber in der Europäischen Gemeinschaft“, der Titel der Arbeit selbst vermittelt bereits, mit welchen Gebieten des Rechtslebens sie sich im Schwerpunkt auseinander setzen will. Ziel ist es, den bislang erreichten Stand der Harmonisierung des Arbeitnehmerurheberrechts in der Europäischen Gemeinschaft darzustellen, zu analysieren und zu bewerten. Als Grundlage hierfür dienen die seitens des Gemeinschaftsgesetzgebers zu beachtenden rechtlichen Rahmenbedingungen einer solchen Harmonisierung sowie die Vorgaben der beiden die Urheberrechtslandschaft der Gemeinschaft prägenden Rechtstraditionen von Droit d´auteur und Copyright Law. Deren unterschiedliche Ansätze bei der Einordnung urheberrechtlicher Sachverhalte im allgemeinen, insbesondere aber bei der Lösung arbeitnehmerurheberrechtlicher Fragestellungen werden anhand der Vorgaben der deutschen und britischen Urheberrechtsordnungen beispielhaft dargestellt und erörtert. Andererseits sind die vom Gemeinschaftsrecht heute vorgegebenen Integrationsansätze im Bereich des Arbeitnehmerurheberrechts vorzustellen und deren Harmonisierungsfolgen anhand der Umsetzung der Gemeinschaftsvorgaben in Deutschland und Großbritannien zu besprechen und zu beurteilen.

I. Der Aufbau der Arbeit

Den Beginn der Arbeit markiert unter A eine Darstellung des Gangs der Untersuchung. Daneben erfolgt eine kurze Erörterung der heutigen Stellung und Bedeutung des Arbeitnehmerurhebers in der Volkswirtschaft.

Die Ausführungen unter B beschäftigen sich mit den beiden die Urheberrechtslandschaft in Europa prägenden Rechtsauffassungen von Droit d´auteur und Copyright Law. Deren Grundverständnis von Funktion und Bedeutung des Urheberrechts wird ebenso vergleichend gegenübergestellt wie deren divergierende Lösungsansätze für urheberrechtliche Fragestellungen, insbesondere bei der Definition der Person des Urhebers bzw. des Inhabers der Urheberrechte. Diese setzen sich in der Person des Arbeitnehmerurhebers fort und finden in dessen rechtlichen Status nicht nur Bestätigung, sondern ihren stärksten Ausdruck.
Sie sind damit Grundlagen der aus ihnen erwachsenden arbeitnehmerurheberrechtlichen Vorstellungsbilder und bilden den Rahmen des arbeitnehmerurheberrechtlichen Status Quo, mit dem sich der Gemeinschaftsgesetzgeber bei seinen Integrationsbemühungen konfrontiert sieht. Als typische Beispiele der beiden Verständnisrichtungen werden die Rechtsordnungen von Deutschland und Großbritannien sowie deren

jeweilige urheberrechtsgesetzlichen Regelungsvorgaben herangezogen. Deutschland und seine Rechtsvorschriften ist als Vertreter des Droit d´auteur, Großbritannien und die Bestimmungen seines Gesetzeswerks als Repräsentant des Copyright Law in den Vergleich eingestellt.

Unter C erfolgt exemplarisch für die Droit d´auteur-Konzeption des arbeitnehmerurheberrechtlichen Status eine ausführliche Erörterung der rechtlichen Situation des Arbeitnehmerurhebers in der deutschen Rechtsordnung. Diese beginnt mit der Darstellung des grundlegenden Zielkonflikts, der den Arbeitnehmerurheber als Schnittstelle zwischen Arbeits- und Urheberrecht prägt sowie der Rolle des § 43 UrhG bei dessen Lösung. Ihr schließt sich eine Unterteilung der werkschöpfenden Tätigkeit des Arbeitnehmers in Werkschaffen inner- und außerhalb des arbeitsvertraglichen Pflichtenkatalogs i.S.d. § 43 UrhG an. Von dieser ausgehend werden für beide Gruppierungen die grundlegenden Mechanismen und die Reichweite der vermögens- bzw. persönlichkeitsrechtlichen Befugnisverleihung an den Arbeitgeber sowie vergütungsrechtliche Konsequenzen besprochen.

Die Ausführungen unter D beschäftigen sich parallel zum Vorgehen unter C mit der rechtlichen Stellung des abhängig beschäftigten Werkschaffenden in der britischen Rechtordnung als Vertreter des Copyright Law-Rechtskreises. Im Mittelpunkt der Betrachtung steht Sec. 11(2) CDPA als Hauptregelung zum „Arbeitnehmerurheberrecht“ im britischen Copyright Law. Sowohl dessen besondere Eingriffsvoraussetzungen als auch dessen Lösungsansatz bei der Verteilung der Copyrightbefugnisse unter den Arbeitsvertragsparteien werden erörtert und in ihren weitreichenden Konsequenzen für den geistig-kreativ tätigen Arbeitnehmer dargestellt.

Unter E erfolgt zunächst eine Auseinandersetzung mit den gemeinschaftsrechtlichen Vorgaben und Rahmenbedingungen, die eine Harmonisierung des Arbeitnehmerurheberrechtes auf dieser Ebene einerseits ermöglichen, ihr andererseits aber auch Grenzen setzen. Ermittelt werden die Rechtsgrundlagen, die dem Gemeinschaftsgesetzgeber eine Kompetenz zur Harmonisierung urheberrechtlicher Belange zuweisen sowie deren konkrete Anwendungsvoraussetzungen und Schranken.
Im Anschluss daran folgt ein Überblick über die bislang auf dem Gebiet des Urheberrechts bereits realisierten Harmonisierungsbestrebungen in der Europäischen Union und deren Entstehungsgeschichte.
Dieser bildet die Grundlage für die anschließende Betrachtung der speziell arbeitnehmerurheberrechtlichen Harmonisierungsvorgaben des Gemeinschaftsgesetzgebers, die sich in Computerprogramm- und Datenbankrichtlinie finden.

Ihrer Erörterung folgt eine Darstellung der aus diesen gemeinschaftsrechtlichen Integrationsvorgaben resultierenden Umsetzungsergebnisse in Deutschland und Großbritannien.
Zum Abschluss der Ausführungen ist in einer Gesamtschau der gewonnen Erkenntnisse der Stellenwert des arbeitnehmerurheberrechtlichen Harmonisierungsvorgehens für die Angleichung der bestehenden Regelungsunterschiede auf Gemeinschaftsebene zu ermitteln und der bislang erreichte arbeitnehmerurheberrechtliche Integrationsstand zu bewerten.

II. Der Arbeitnehmerurheber und seine wirtschaftliche Stellung und Bedeutung

Geistiges oder kreatives Schaffen von Urhebern in seiner Breite und Vielfalt beinhaltet nicht nur einen unverzichtbaren Beitrag zum kulturellen Leben und der kulturellen Identität einzelner Nationen. Urheberrechtlich geschützte Werke als innovative Ergebnisse künstlerisch oder wissenschaftlich geprägter Schaffens- und Produktionsprozesse bzw. ihre gewinnbringende Vermarktung verkörpern auch einen nicht zu unterschätzenden, oftmals aber nicht hinreichend gewürdigten Faktor im Wirtschaftsleben einer Nation.[1]
Innerhalb einer Wirtschaftslandschaft ist die Anzahl der Branchen und Zweige hoch, die als Gesamtkonglomerat den von Urheberschutz geprägten Wirtschaftsfaktor bilden, und ihre Zusammensetzung vielschichtig. Neben den klassischen Bereichen wie dem Buch-, Zeitungs- und Zeitschriftenverlagswesen dürfen Branchen wie die Rundfunk-, Ton- oder Filmindustrie ebenso wenig außen vor bleiben, wie die industrielle Formgebung, der Bereich der Computerindustrie bzw. die Werbebranche.[2]
Wendet man sich der Struktur derjenigen zu, die als Erwerbstätige in den unterschiedlichsten Betätigungsfeldern ihre urheberrechtlich schutzfähigen Schöpfungen entstehen lassen, so ergibt sich ein möglicherweise überraschendes Resultat.
Die Gesamtheit der Personen, die im Rahmen von Dienst- oder Arbeitsverhältnissen urheberrechtlich tätig werden, haben sowohl in ihrer abso-

---

[1] vgl. hierzu für den Wirtschaftsstandort Deutschland:
Hummel M., BT- Drs. 11/ 4929, S. 69 ff. ; Röttinger M., ZUM 1990, S. 510 ff. ; Entwurf eines Gesetzes zur Stärkung der vertraglichen Stellung von Urhebern und ausübenden Künstlern vom 22.5.2000, GRUR 2000, S. 769 ; Hummel M., ZUM 2001, S. 661.
vgl. hierzu für den Wirtschaftsraum der Europäischen Gemeinschaft:
KOM (95) 382 endg. „Grünbuch über Urheberrecht und verwandte Schutzrechte in der Informationsgesellschaft“, S. 12 ; Cohen Jehoram H., GRUR Int. 1989, S. 23 ff.; Schack H., Urheber- und Urhebervertragsrecht, 2001, RN 29 ff.
[2] vgl. hierzu: Rehbinder M., Urheberrecht, 2004, S. 3 f.

luten Anzahl als auch in ihrem Beitrag zur Bruttowertschöpfung diejenigen, die als „klassische" Werkschöpfer selbstständig und freiberuflich geistig-kreativ tätig werden, weit überrundet.[3] Der freischaffende Urheber, dessen Schaffenssituation Ausgangs- und Anknüpfungspunkt der urheberrechtlichen Gesetzgebungen ist, tritt in fast allen Branchen der Kulturindustrie hinter den abhängig beschäftigten Urheber zurück. Entsprechend der in unserer Wirtschaftslandschaft heute auch im Bereich des Kulturschaffens erforderlichen Strukturen prägt die Gestaltung der urheberrechtlich relevanten Wirtschaftszweige
nicht mehr das althergebrachte Personenbild des freien Urhebers, sondern der im Zuge der fortschreitenden Kommerzialisierung und unter dem Erfordernis inhaltlicher Effektivität und Effizienz als sachgerechter angesehene Einsatz angestellter Urheber.[4]

---

[3] Rehbinder M., Beiträge zum Urheber- und Medienrecht, 1995, S. 37 ; Schack H. Urheber- und Urhebervertragsrecht, 2001, RN 8, 978 ; Möhring/ Nicolini/ Spautz § 43 RN 1.

[4] Rojahn S., Der Arbeitnehmerurheber, 1978, S. 1 ; Schwab B., Arbeitsrecht im Betrieb, 1997, S. 699 ; Rehbinder M., Urheberrecht, 2004, S. 294 f.

B. Copyright Law und Droit d´auteur

I. Die Ausgangssituation

Harmonisierung einer Rechtsmaterie bezweckt niemals Uniformität der verschiedenen nationalen Rechtsordnungen. Anerkennenswerter Bedarf für integrierende Maßnahmen der Europäischen Gemeinschaft besteht daher nur, wenn die mitgliedsstaatlichen Rechtsvorschriften auf dem in Frage stehenden Gebiet so divergieren, dass aus den nationalen Rechtsunterschieden nicht hinnehmbare Hindernisse für die Fortschreibung und Verwirklichung eines gemeinsamen rechtlichen Standards auf europäischer Ebene resultieren.
Die Urheberrechtslandschaft in Europa beherrschen auch nach Beitritt der zehn neuen Mitgliedsländer zum 1. Mai 2004 zwei Grundrichtungen, das urheberzentrierte Rechtsverständnis des Droit d´auteur als Konzept der kontinentaleuropäischen Civil Law-Systeme sowie der in erster Linie ökonomische Regelungsansatz des Copyright Law, Modell der Common Law-Rechtsordnungen. Deren weitreichende Divergenzen im Verständnis von Bedeutung und Funktion des Urheberrechts, in Grundbegriffen und rechtlicher Wertung tatsächlicher Gegebenheiten bedingen einen grundsätzlichen Bedarf nach harmonisierenden Tätigwerden des Gemeinschaftsgesetzgebers bei seiner Regelungskompetenz unterfallenden Sachverhalten. Sie beherrschen den zusätzlich durch die politische Natur des Einigungsprozesses und den Umstand begrenzter personeller Ressourcen der Gemeinschaft gekennzeichneten Bereich der faktischen Harmonisierungsbedingungen für die Rechtsmaterie.[5] Soweit nicht bereits eine verabschiedete Harmonisierungsmaßnahme Wirkung zeigt, formen sie den gemeinschaftsweiten urheberrechtlichen Status Quo auch im Bereich des Arbeitnehmerurheberrechts.
Rein rechnerisch existieren in der Europäischen Staatengemeinschaft mit Großbritannien, Irland und seit Mai 2004 auch Malta nur drei mitgliedsstaatliche Rechtsordnungen, die das Copyright Law und sein Verständnis des Urheberrechts repräsentieren. Die übrigen Mitgliedsstaaten der Gemeinschaft sind dagegen Vertreter der kontinentaleuropäischen Urheberrechtsphilosophie, deren grundlegenden Rechtsvorstellungen sie - durchaus mit Unterschieden in den jeweiligen Einzelanordnungen - in ihren nationalen Rechtsvorschriften umzusetzen suchen.[6]

---

[5] Ellins J., Copyright und Urheberrecht, 1997, S. 231 ff., 274.

[6] vgl. hierzu: Katzenberger P./ Puttfarken H.-J./ Schricker G./ Schulze E./ Schulze M./ Zweigert K. (Hrsg.), Quellen des Urheberrechts, Stand 1996, jeweilige Beiträge zu einzelnen Mitgliedsstaaten ; hinsichtlich der neuen mittel- und osteuropäischen Mitgliedsstaaten, die alle bei Neufassung ihrer Urheberrechtsgesetze das kontinentaleuropäische Urheberrechtssystem zugrunde gelegt haben

Aus diesem offensichtlich ungleichen Stärkeverhältnis zwischen den rechtsdogmatischen Richtungen eine grundsätzliche Vorrangstellung des kontinentaleuropäischen Urheberrechtsverständnisses für die Regelungstendenzen der gesamteuropäischen Harmonisierungsmaßnahmen zu folgern, wäre jedoch verfehlt. Die zahlenmäßige Unterlegenheit der Repräsentanten des Copyright Law-Systems in Europa erfährt sofort umfassende Relativierung, wenn man den gerade in Richtung Werknutzung und Werkverwertung wichtigen globalen Kontext urheberschutzfähigen Werkschaffens nicht außer Acht lässt. Vor allem die führende Weltwirtschaftsmacht USA ist ebenfalls Repräsentantin des Common Law-Rechtskreises und damit des Copyright Law-Systems. Bei einer über die europäische Ebene hinausführenden Sicht der Problematik steht sie mit den Vertretern dieses urheberrechtsdogmatischen Modells in der Europäischen Gemeinschaft auf einer Seite und vermag deren Position durchaus Gewicht zu verleihen. Ebenso reihen sich die durch die britische Rechtsordnung zumindest indirekt beeinflussten Commonwealth-Staaten in die der Common Law-Tradition und deren Copyright-Konzeption zugehörigen Länder ein.
Als einer in seinen Regelungsansätzen strenger Vertreter des Droit d´auteur-Modells des kontinentaleuropäischen Civil Law-Rechtskreises lässt sich Deutschland und sein gesetzliches Regelungswerk für das Urheberrecht heranziehen. Als ebenfalls grundsätzlich typisches Beispiel für das Copyrightdenken der Common Law-Systeme kann auf Großbritannien und dessen Rechtsvorschriften zurückgegriffen werden. Beide Urheberrechtsordnungen sollen daher bei der Gegenüberstellung der auf europäischer Ebene zu harmonisierenden Urheberrechtssysteme exemplarisch für die jeweils repräsentierte Rechtstradition in ihren Grundzügen erörtert werden.[7]
Rein gesetzestechnisch ist hierbei auf Seiten Deutschlands das Urheberrechtsgesetz von 1965[8] in seiner heutigen Ausformung, d. h. insbesondere unter Berücksichtigung der durch das Gesetz zur Stärkung der vertraglichen Stellung von Urhebern und ausübenden Künstlern[9] eingeführten Neuerungen zu Grunde zu legen.
Diesem tritt auf britischer Seite der am 1.8.1989 in Kraft getretene sogenannte Copyright, Design and Patent Act von 1988 (CDPA) in seiner heutigen Fassung gegenüber. Er befasst sich als umfassendes Ge-

---

zusätzlich: Dietz A., UFITA Band 129, S. 5 ff ; Wandtke A.-A., GRUR Int. 1995, S. 564 ff.

[7] vgl. zur Einordnung der übrigen Mitgliedsstaaten: Rheinstein M./ Borries v. R./ Niethammer H.-E., Einführung in die Rechtsvergleichung, 1987, S. 77 ff.

[8] BGBl. I 1965, S. 1273, zuletzt geändert durch das Gesetz zur Regelung des Urheberrechts in der Informationsgesellschaft BGBl. I 2003, S. 1774.

[9] BGBl. I 2002, S. 1155.

setzeswerk nicht nur mit Copyright Law, sondern auch mit Mustern, Patenten und Warenzeichen und deren rechtlicher Einordnung.[10]

II. Die rechtlichen Grundkonzeptionen von britischem Copyright Law und deutschem Urheberrecht

1. Die historischen Wurzeln der Urheberrechtsordnungen

Beide Rechtsordnungen, britisches Copyright Law wie deutsches Urheberrecht, sind in der heutigen Form Resultat ihrer rechtshistorischen Entwicklung. Daher kann auch von einer historisch bedingten Verschiedenheit der zwei auf europäischer Ebene dominierenden Urheberrechtsysteme gesprochen werden.
Blickt man auf die geschichtlichen Ausgangssituationen der Rechtsentstehung, gleichen sich diese stark. Sowohl in Großbritannien als auch in Deutschland wurzelt die Entwicklung des urheberrechtlichen Rechtsschutzgedankens darin, dass Verlegern von Schriftwerken aus Gründen des mehr oder weniger präzise definierten Gemeinwohls durch staatliche Instanzen territorial begrenzte Monopolstellungen im Druckgewerbe eingeräumt werden.[11] Diese erweisen sich für die Begünstigten als äußerst lukrativ und gewinnbringend.
Mit Fortschreiten der Drucktechnik und der Möglichkeiten zur Verbreitung der Schriftstücke sehen sich die Verleger durch Konkurrenz aus anderen Territorien in ihrer Position gefährdet und bemühen sich um Abwehr der unliebsamen Rivalen. Nachdem andere Wege, beispielsweise Petitionen an die jeweiligen Machthaber, nicht mehr den gewünschten Erfolg erzielen, stellen sie hierzu die Person des eigentlichen Urhebers der Werke in den Mittelpunkt ihrer Argumentation. Von seiner Person und den ausschließlich ihm gebührenden Rechten ausgehend suchen die Verleger die als Raubdruck empfundenen Aktivitäten der konkurrierenden Verleger zu unterbinden.[12]

---

[10] vgl. zum Inhalt des CDPA: Durie R., GRUR Int. 1990, S. 832 ff. ; Katzenberger P./ Puttfarken H.-J./ Schricker G./ Schulze E./ Schulze M./ Zweigert K. (Hrsg.), Quellen des Urheberrechts, Stand 1996, Großbritannien I, S. 2 ff. ; Adams J., UFITA Band 120, 1992, S. 5 ff. ;
vgl. zum Text des CDPA 1988: UFITA Band 120, 1992, S. 57 ff. ; Katzenberger P./ Puttfarken H.- J./ Schricker G./ Schulze E./ Schulze M./ Zweigert K. (Hrsg.), Quellen des Urheberrechts, Stand 1996, Großbritannien II, S. 1 ff.

[11] Schack H., Urheber- und Urhebervertragsrecht, 2001, RN 92 ff. ; Rehbinder M., Urheberrecht, 2004, S. 10 ff. ; Ellins J., Copyright Law und Urheberrecht, 1997, S. 36 ff., 59 ff.

[12] Schack H., Urheber- und Urhebervertragsrecht, 2001, RN 99 ff. ; Rehbinder M., Urheberrecht 2004, S. 12 ff. ; Ellins J., Copyright Law und Urheberrecht, 1997, S. 41 ff., 44 ff., 62 ff. ; Adams J., UFITA Band 120, 1992, S. 5.

In Deutschland entwickelt sich aus dieser Strategie, die den Urheber und dessen Rechtsposition zunächst allein zur Sicherung eigener Verlegerrechte vorschiebt, unter Heranziehung naturrechtlichen Gedankenguts die Idee vom geistigen Eigentum des Urhebers. Ihre Bedeutung als bloße Begründung des Verlegerschutzes lässt sie früh hinter sich und bildet bald den primären Bezugspunkt sämtlicher urheberrechtlicher Rechtsanordnungen.[13] In seiner naturrechtlichen Fundierung bestimmt ihr Schutzgedanke - unter Fortentwicklung durch verschiedene Theorien zu Wesen und Inhalt der aus ihm resultierenden Rechtspositionen - bis heute die Grundkonzeption des deutschen Urheberrechts und stellt hierbei die Person des Urhebers ins Zentrum der Rechtsgewährung.[14]
In Großbritannien führen die aus gleicher Motivation heraus begonnenen Sicherungsbemühungen der Verleger zunächst zur ebenfalls naturrechtlich beeinflussten Theorie vom sogenannten „ewigen Common Law Copyright". Diese bestätigt dem Urheber ein i. S. eines Naturrechts allumfassendes ewiges Copyright nach Common Law und rückt den Werkschaffenden nominell ins Zentrum der Schutzbemühungen. Faktisch ist sie jedoch - ebenso wie die ersten Argumentationsansätze in den deutschen Territorien - dazu bestimmt und geeignet, den Verlegern ihr Monopol zurückzuerobern.[15] Das den Urhebern eines Schriftwerkes zukommende „schon immer existierende, ewige Urheberrecht", dessen gesetzliche Manifestation nur eine Verstärkung der aus dem Common Law resultierenden Ansprüche darstellen soll, kann in einem zweiten Schritt jederzeit an die Verleger der Werke als Rechtsinhaber weitergegeben werden.[16]
Diese britische Idee von einem ewigen Common Law Copyright des Urhebers wird in ihrer rechtlichen Weiterentwicklung 1774 jedoch durch die Entscheidung des House of Lords im Verfahren Donaldson versus Beckett gestoppt und endgültig verworfen. In Umkehrung eines Urteils des Court of King´s Bench, des höchsten Common Law Court aus dem Jahr 1769, das die Existenz eines nach Common Law ewigen Rechts des Urhebers an seinem Werk noch bejaht, erkennt und enttarnt das Gericht die eigennützigen Bestrebungen der Verleger, in denen die „ewigen" Rechte der Urheber nur zur Sicherung der eigenen traditionellen Monopolstellung vorgeschoben werden. Es lehnt die Vorstellung eines ewigen, d. h. zeitlich unbegrenzten und bereits aus dem Common Law

---

[13] Ellins J., Copyright Law und Urheberrecht, 1997, S. 64 ff., 76 ; Ulmer E., Urheber- und Verlagsrecht, 1980, S. 105 ff.
[14] Ellins J. Copyright Law und Urheberrecht, 1997, S. 136 f. ;
vgl. zur historischen Entwicklung des heutigen Urheberrechtsschutzes in Deutschland: Ellins J., Copyright Law und Urheberrecht, 1997, S. 63 ff. ; Rehbinder M., Urheberrecht 2004 S. 14 ff. ; Ulmer E., Urheber- und Verlagsrecht, 1980, S. 109 ff.
[15] Adams J., UFITA Band 120, 1992, S. 5 f.
[16] Ellins J., Copyright Law und Urheberrecht, 1997, S. 44 ff.

resultierenden Copyright für veröffentlichte Werke ab und verwirft ein naturrechtlich begründetes Copyright Law-Konzept.[17]
In der Folgezeit werden in Großbritannien urheberrechtliche Rechtspositionen nicht mehr auf naturrechtlicher Grundlage anerkannt. Vielmehr werden sie als durch den Gesetzgeber zu schaffende Befugnisse begriffen, die durch diesen in Inhalt, Umfang, Dauer und personaler Zuweisung frei ausgestaltet werden können und auch müssen. Mit der Entscheidung des House of Lords ist das britische Copyright Law auf rein rechtspositivistische Basis gestellt, Copyright nur in dem Ausmaß anerkannt, wie es der Gesetzgeber gerade gewährt. Naturrechtliche Grundsätze haben dem parlamentarisch gesetzten Recht zu weichen. Auf dieser Grundlage entwickelt sich das Copyright Law weiter.[18]
Auf „europäischer" Ebene ist damit der Endpunkt anfänglicher Parallelen zur deutschen Urheberrechtsordnung erreicht. Copyright ist ein durch den Normgeber positivrechtlich geschaffenes Recht, der Erlass entsprechender gesetzlicher Anordnungen ursächlich für seine Existenz. Die deutschen Rechtsvorschriften zum Urheberrecht dagegen stellen allein die gesetzliche Grundlage der Rechte dar, die dem Urheber von Natur aus an seinem Schaffensergebnis zustehen.

2. Die Schutzrichtungen und -gegenstände der Urheberrechtsordnungen

Wendet man sich den konkreten inhaltlichen Gegensätzen zwischen Copyright Law und Urheberrecht zu, besitzen bereits die Begriffe „Copyright" und „Urheberrecht" Symbolwert für die verschiedenen sachlichen Ansatzpunkte der beiden Rechtsordnungen.
Das deutsche Urheberrecht in seiner streng naturrechtlichen Fundierung ist auf die Person des Werkschöpfers ausgerichtet.[19] Er hat nach § 11 UrhG sowohl in den ideellen Beziehungen zu seinem Werk als auch in seinem materiellen Interesse an Nutzung und Verwertung des Schaffensergebnisses Anspruch auf umfassenden Schutz durch entsprechende Gesetzesvorgaben. Repräsentativ für die kontinentaleuropäischen Rechtsordnungen steht der Schutz seiner Schöpferpersönlichkeit im Zentrum der verliehenen Rechte. Diesen Ansatz unterstreichend beginnt das deutsche Urheberrechtsgesetz in seinem ersten Paragraphen mit den Worten: „Die Urheber von ... genießen für ihre Werke Schutz ... .".
Die angelsächsische Copyright-Tradition dagegen versteht unter Copyright eine vom Gesetzgeber gestaltete Rechtsposition, die sich darüber

[17] Ulmer E., Urheber- und Verlagsrecht, 1980, S. 55 f. ; Ellins J., Copyright Law und Urheberrecht, 1997, S. 48 f.
[18] vgl. hierzu: Ellins J., Copyright Law und Urheberrecht, 1997, S. 50 ff. ; Ulmer E., Urheber- und Verlagsrecht, 1980, S. 55 f.
[19] BT- Drs. IV/ 270 S. 62.

hinaus in erster Linie von der „copy“ ableitet, d. h. von dem Werkstück selbst. Im Vordergrund des stark ökonomisch orientierten britischen Copyrightschutzes stehen die produzierten Werkexemplare, die „copies“. In der Regelung der an ihre Existenz anknüpfenden Rechtsfragen werden insbesondere rechtliche Instrumente zur Abwehr von Angriffen auf Werke und die mit ihnen verbundenen Investitionen statuiert.[20] Die Absicherung oder Anerkennung des Werkschöpfers selbst spielt keine Rolle.[21] Ein dem Terminus „Urheber-Recht“ entsprechendes „author´s right“ existiert im Gesetzestext nicht.
Parallel zum deutschen Urheberrechtsgesetz betont der CDPA 1988 zu Beginn des Regelungswerks seinerseits die Ausrichtung auf das Werk selbst und bestimmt in Sec.1(1): „Copyright is a property right which subsists ... in the following descriptions of work ... .“.
Im Copyright Law stellt damit das Produkt einer Leistung - das Werk - den Grundstein des Gesetzesgebäudes dar, während es im Urheberrecht das kreative Individuum selbst - der Urheber - ist.
Diese Divergenz im primären Bezugspunkt der Regelungswerke ist mit den beiden Rechtssystemen jeweils zugrundeliegenden Normierungsideen ebenso eng verknüpft wie mit deren differierenden Schutzausrichtungen.
Das deutsche Urheberrecht ist als Instrument einer umfassenden Würdigung der schutzfähigen Leistung des Urhebers und gesetzliches Fundament seiner ihm von Natur aus an seinen Schaffensergebnis zustehenden Rechte konzipiert.[22] Es bildet zum einen die rechtliche Grundlage für das schutzwürdige Schaffen von Kreativen in den Bereichen Kunst, Literatur und Wissenschaft. Hier gewährt es die notwendigen normativen Rahmenbedingungen, insbesondere Schutzmechanismen gegen die mannigfachen Möglichkeiten der Beeinträchtigung von deren Belange. Zum anderen werden ebenso die Verwertung und Nutzung der von den Urhebern geschaffenen Werke thematisiert und gesetzliche Vorgaben für die mit diesen auftretenden Rechtsfragen getroffen.
Zur Verfolgung der Zielsetzung, den schöpferisch Tätigen in allen Dimensionen seines Schaffens hinreichend zu schützen, setzt sich in Deutschland im Laufe des 20. Jahrhunderts die sogenannte monistische Immaterialgüterlehre gegenüber der dualistischen Auffassung durch, wie sie beispielsweise in Frankreich und der Schweiz Anwendung findet.[23]

[20] Adams J., UFITA Band 120, 1992, S. 5 ; Ellins J., Copyright Law und Urheberrecht, 1997, S, 76 f.
[21] Goldstein P., GRUR Int. 1991, S. 767 ff. ; Möller M., ZUM 1990, S. 66. ; Adams J., UFITA Band 120, 1992, S. 6.
[22] Schack H., Urheber- und Urhebervertragsrecht, 2001, RN 24, 27 ; Ellins J., Copyright Law und Urheberrecht, 1997, S. 77.
[23] Ulmer E., Urheber- und Verlagsrecht, 1980, S. 109 ff., 115 ff. ; Schricker G., FS für GRUR, 1991, S. 1115 ff. ; Schack H., Urheber- und Urhebervertragsrecht, 2001, RN 306 ff. ; Doutrelepont C., GRUR Int. 1997, S. 293 f. ;

Ihr entsprechend geht das deutsche Urheberrechtsgesetz heute von einem einheitlichen Urheberrecht aus, das den Werkschaffenden sowohl in seinen ideellen als auch in seinen materiellen Interessen gesetzlichen Rückhalt gewährt und persönlichkeitsrechtliche und vermögensrechtliche Aspekte zu einer untrennbaren Einheit verbindet.[24]
Dem immaterialgüterrechtlichen Schutz des Urheberrechts unterfällt der geistig bzw. künstlerisch Kreative aber nur bei Erfüllung bestimmter Anforderungen. Mit seiner Tätigkeit hat er stets einen gewissen schöpferischen Erfolg vorzuweisen. Das Ergebnis seines schutzrechtlich erfassten Schöpfungsprozesses muss selbst einen neu geschaffenen eigenständigen Wert verkörpern. Nur bei Erreichen einer derartigen besonderen Schöpfungshöhe kommt dem erzielten Resultat i. S. der aus der Werkschöpfung ablesbaren Gestaltungsidee und Gedankenverknüpfung die Fähigkeit zu, als Immaterialrechtsgut wiederum Anknüpfungspunkt absoluter Rechte zu sein.[25]
Darüber hinaus erfordert der Werkbegriff des Urheberrechts grundsätzlich einen individuell-persönlichen, geistig-kreativen Schöpfungsakt des Schaffenden.[26] Mit ihm als besonderem Individualitätskriterium wird das urheberrechtlich schutzfähige Werk von der Masse des Alltäglichen abgrenzbar, das als rein routinemäßige Leistung, mag sie noch so fachmännisch erbracht sein, nicht den Stempel „eigenschöpferischer Prägung“[27] trägt. Gleichzeitig ist klargestellt, dass der mit der Werkentstehung verbundene Aufwand und dessen Kosten für die Frage der urheberrechtlichen Schutzfähigkeit des Resultats irrelevant bleiben, da bloße materielle bzw. finanzielle Investitionen nicht geschützt werden.[28]
Zum Schutz derjenigen Erzeugnisse, die an der Grenze zwischen urheberrechtlich Geschütztem und Nichtgeschütztem liegen, greift bei Vorlie-

---

vgl. grundlegend hierzu: Kellerhals M., GRUR Int. 2001, S. 438 ff. ; Vogel M., GRUR 1994, S. 587 ff.

[24] BT- Drs. IV/ 270 S. 44 ; Ulmer E., Urheber- und Verlagsrecht, 1980, S. 114 ff. ; Rehbinder M., Urheberrecht, 2004, S. 19 ff.

[25] Rehbinder M., Urheberrecht, 2004, S. 34 ff., 82 ff. ; Buchmüller H.- J., Urheberrecht und Computersoftware, 1986, S. 21 ff. ;
vgl. grundlegend zu den Anforderungen an die Gestaltungshöhe:
BGH GRUR 1981, S. 267 ff.- Dirlada; Dietz A., UFITA Band 87, 1980, S. 8 ff. ; Loewenheim U., GRUR 1987, S. 761 ff. ; Schulze G., GRUR 1987, S. 769 ff. ; Ulmer E., Urheber- und Verlagsrecht, 1980, S. 126 ff. ; Schricker/ Loewenheim § 2 RN 16.

[26] BGH GRUR 1981, S. 267 ff.- Dirlada ; BGH GRUR 1981, S. 352 ff.- Staatsexamensarbeit ; BGH GRUR 1984, S. 659 ff.- Ausschreibungsunterlagen ; BGH GRUR 1985, S. 1041 ff.- Inkasso-Programm ; BGH GRUR 1987, S. 360 ff.- Werbepläne ; Nordemann/ Vinck § 2 RN 13 ; Rehbinder M., Urheberrecht, 2004, S. 34 ff. ; Ulmer E., Urheber- und Verlagsrecht, 1980, S. 119 ff.

[27] BGH GRUR 1981, S. 352 ff.- Staatsexamensarbeit ; BGH GRUR 1985, S. 1041 ff.- Inkasso-Programm.

[28] Straub W., GRUR Int. 2001, S. 1 ff. ; Nordemann/ Vinck § 2 RN 13.

gen wettbewerbsrechtlich relevanter Umstände oftmals der Leistungsschutz des Gesetzes gegen den unlauteren Wettbewerb als eine Art rechtlicher Unterbau ein.[29]
Rechtssubjekte, deren Leistungen in der kulturellen oder unternehmerischen Werkvermittlung liegen, können Inhaber von dem Urheberrecht verwandten Schutz- und Leistungsrechten sein.[30]
Die immaterialgüterrechtliche Zuordnung der neu geschaffenen Werte an den geistig-kreativ Schaffenden basiert auf oben genannten Erfordernissen für das Eingreifen des Urheberrechtsschutzes, mit der Folge, dass die rechtliche Beziehung des Werkschaffenden zu seinem Schöpfungsergebnis von einer engen Verbundenheit in persönlichkeits- wie vermögensrechtlicher Hinsicht gekennzeichnet ist.[31]
Nach dem sogenannten Schöpferprinzip, das in § 7 und § 11 Satz 1 UrhG seinen gesetzlichen Ausdruck findet, erwirbt jeder Werkschaffende an dem von ihm neu geschaffenen schutzfähigen Werk und Immaterialrechtsgut unmittelbar und originär das in unterschiedlichste Einzelbefugnisse ausstrahlende Urheberrecht. Dieses kann, wie § 29 Absatz 1 UrhG ausdrücklich festlegt, zum Schutz des Urhebers nach seiner Entstehung rechtsgeschäftlich nicht an Dritte veräußert und übertragen werden. Geschäftspartner des Werkschöpfers, insbesondere Verwerter oder Vermittler der Schöpfungsergebnisse, können an diesen somit allein solche Rechte erwerben, die sich von der Zentralfigur des Urheberrechts- dem Werkschaffenden- ableiten, niemals aber selbst Urheber werden.
Von dieser immaterialgüterrechtlichen Zuordnung zu unterscheiden sind Fragen nach dem Eigentum an dem geschaffenen Einzelwerkstück. Urheberrechtlicher Anknüpfungspunkt ist stets die in einem solchen verkörperte geistige Schöpfung. Der konkrete Werkgegenstand für sich allein gesehen besitzt immaterialgüterrechtlich keinen eigenständigen Wert. Er erhält seine Bedeutung ausschließlich durch die Werkidee, deren Verkörperung er als materieller Träger dient.[32]
Da das Urheberrecht als Gesamtrechtsposition persönlichkeits- wie vermögensrechtliche Komponenten umfasst, ist dessen Zuordnung an den

---

[29] vgl. hierzu: Schricker/ Schricker Einleitung RN 40 ff. ; Ellins J., Copyright und Urheberrecht, 1997, S. 101 f. ; Ulmer E., Urheber- und Verlagsrecht, 1980, S. 35 ff. ; Rehbinder M., Urheberrecht, 2004, S. 73 f., 362 f. ; Schack H., Urheber- und Urhebervertragsrecht, 2001, RN 68 ff.

[30] vgl. zu den in §§ 70 ff. UrhG geregelten verwandten Schutzrechten: Möhring/ Nicolini/ Ahlberg Einl. RN 6, 64 ff. ; Schack H., Urheber- und Urhebervertragsrecht, 2001, RN 59 ; Ulmer E., Urheber- und Verlagsrecht, 1980, S. 15 ff. ; Rehbinder M., Urheberrecht, 2004, S. 361 f., 363 ff.

[31] Rojahn S., Der Arbeitnehmerurheber, 1978, S. 12 ; Schack H., Urheber- und Urhebervertragsrecht, 2001, RN 10 ff., 302 ff. ; Wandtke A.-A., Die Rechte der Urheber, 1993, S. 42.

[32] vgl. hierzu: Schack H., Urheber- und Urhebervertragsrecht, 2001, RN 32 ff. ; Ulmer E., Urheber- und Verlagsrecht, 1980, S. 11 ff.

eigenschöpferisch Tätigen aber nicht nur einseitig Spiegel des im Werkbegriff verankerten individuellen, persönlichkeitsgeprägten Schöpfungsakts.[33] Sie macht gleichzeitig deutlich, dass auch sämtliche vermögensrechtlichen Positionen, die aus dem Urheberrecht resultieren, ausschließlich den werkschaffenden Kreativen selbst gebühren. Nur so erhalten diese die rechtlichen Instrumente, die helfen, entsprechende Rechte effektiv durchzusetzen und zur Sicherung der eigenen wirtschaftlichen Existenz notwendig sind.[34]

Die Zuweisung des Urheberrechts an den geistig- kreativ Tätigen birgt somit auch den den vermögensrechtlichen Schutzbereich des Urheberrechts dominierenden und nun in § 11 Satz 2 UrhG ausdrücklich gesetzlich verankerten Beteiligungsgrundsatz, der dem jeweiligen Werkschöpfer grundsätzlich eine angemessene Beteiligung am wirtschaftlichen Nutzen seines Werkes zuspricht.[35] Insofern besteht ein Wechselspiel von persönlichkeits- und vermögensrechtlichen Befugnissen des Urhebers, da sich in der wirtschaftlichen Verwertung des Werkes immer auch die geistigen und persönlichen Beziehungen des Urhebers zu seinem Schaffensergebnis realisieren.

Den persönlichkeitsrechtlichen Befugnissen i. S. d. §§ 12 ff. UrhG unterfallen konkret insbesondere das Veröffentlichungsrecht, das Recht auf Anerkennung der Urheberschaft sowie das Recht, Entstellungen und andere die ideellen Interessen des Urhebers verletzende Beeinträchtigungen des Werkes zu verbieten.[36]

Verwertungsrechte und damit die Befugnisse zur kommerziellen Nutzung seines Werkes werden dem Urheber in Form von Ausschließlichkeitsrechten gesichert. Sie umfassen in erster Linie die im nicht abschließenden Katalog des § 15 UrhG aufgelisteten Rechte, insbesondere das Vervielfältigungs-, das Verbreitungs- und das Ausstellungsrecht sowie das Recht der öffentlichen Wiedergabe.[37]

---

[33] BGH NJW 1952, S. 662- Krankenhauskartei ; BGH NJW 1971, S. 885- Petite Jacqueline ; Kraßer R., FS für Schricker, 1995, S. 79 ; Rojahn S., Der Arbeitnehmerurheber, 1978, S. 6 ff. ; Ulmer E., Urheber- und Verlagsrecht, 1980, S. 11 f.

[34] BT- Drs. 14/ 6433 S. 7 ; Schack H., Urheber- und Urhebervertragsrecht, 2001, RN 10 ff.

[35] BVerfGE 49, 400- Kirchenmusik ; BT- Drs. 14/ 8058 S. 18 ; BGHZ 92, S. 54- Zeitschriftenauslage im Wartezimmer ; BGHZ 97, S. 37- Filmmusik ; BGHZ 17, S. 282- Grundig- Reporter ; BGH ZUM 1999, S. 572- Kopienversanddienst ; BGH GRUR 1995, S. 675- Mauer- Bilder ; Rehbinder M., Urheberrecht, 2004, S. 59 f., 79 ; Schricker/ Schricker Einleitung RN 15 f.

[36] Schack H., Urheber- und Urhebervertragsrecht, 2001, RN 40 ff., 315 ff. ; Ulmer E., Urheber- und Verlagsrecht, 1980, S. 207 ff. ; Rehbinder M., Urheberrecht, 2004, S. 55, 194 ff.

[37] Rehbinder M., Urheberrecht, 2004, S. 55, 150 ff. ; Ulmer E., Urheber- und Verlagsrecht, 1980, S. 223 ff.

Das britische Copyright Law und seine schutzgegenständliche Ausrichtung allein auf das geschaffene Werk stellt dagegen ökonomische Aspekte in den Vordergrund der rechtlichen Überlegungen. In einer auf deren wirtschaftliche Bedeutung als vermarktungsfähiges Gut des Wirtschaftslebens reduzierten, in erster Linie industriepolitischen Sichtweise ist es von Beginn an einseitig auf die angemessene Abwehr von Angriffen auf die Werke selbst, auf die in ihnen verkörperten Investitionen bzw. auf die durch sie gewonnenen weiteren Vermögensgegenstände ausgerichtet.[38] Die Person des Werkschaffenden bleibt neben diesen Sicherungs- und Schutzinteressen ohne besondere Beachtung.[39]
Konkret formuliert der CDPA 1988 verschiedene Befugnisse zur Verwertung der schutzfähigen Werke und gestaltet sie als Ausschlussrechte des Inhabers, die gegen einen Verletzer mittels Unterlassungsverfügung, Schadensersatz oder strafrechtlicher Sanktionen durchsetzbar sind.[40] Hierbei unterscheidet er die in Sec. 16-26 CDPA normierten „restricted acts", bei welchen der Copyrightinhaber eine ausschließliche Befugnis zur eigenen Vornahme und damit zur Genehmigung und Kontrolle von Verwertungshandlungen Dritter besitzt, in „primary and secondary restricted acts". Der Gruppe der „primary restricted acts"[41], der Hauptausschlussrechte, unterfallen beispielsweise die Herstellung und Veröffentlichung von Kopien sowie die öffentliche Vorführung eines Werkes. Die „secondary acts"[42], die Dritten ohne Einwilligung des Copyrightinhabers ebenfalls untersagt sind, bilden dagegen Handlungen wie beispielsweise Import oder Besitz von und Handel mit unberechtigt erstellten Werkkopien.
Eine Einschränkung der Ausschlusswirkung des Copyright ist nur dort vorgesehen, wo die Belange der Allgemeinheit gegenüber den Interessen des Urheberrechtsinhabers Vorrang gewinnen.[43] Erlaubnisfreie Handlungen aus dem weit gefächerten Bereich der in Chapter III des CDPA aufgeschlüsselten „acts permitted in Relation to Copyright Works"[44] sind insbesondere die des „fair dealing"[45], d. h. Maßnahmen für

---

[38] Schack H., Urheber- und Urhebervertragsrecht, 2001, RN 25 ff. ; Lucas M., Softwareentwicklung durch den Arbeitnehmer, 1993, S. 100 f.

[39] Goldstein P., GRUR Int. 1991, S. 767 ff.; Möller M., ZUM 1990, S. 66. ; Adams J. UFITA Band 120, 1992, S. 6 ; Koch P., UFITA Band 103, 1986, S. 96 ; Reinbothe J., ZEuP 2000, S. 6 ; Cornish W. R., FS für Schricker, 1995, S. 650 f. ; Ellins J., Copyright Law und Urheberrecht, 1997, S. 76 f.

[40] vgl. zu den konkreten Inhalten: Cornish W. R., Intellectual Property: Patents, Copyright, Trade Marks and Allied Rights, 2003, S. 286 ff. m. w. N. ; Adams J., UFITA Band 120, 1992, S. 11 ff.

[41] Secs. 17-21 CDPA.

[42] Secs. 22-26 CDPA.

[43] Adams J., UFITA Band 120, 1992, S. 11 f.

[44] Secs. 28- 76 CDPA.

[45] Sec. 30 CDPA.

anerkannt redliche Zwecke, beispielsweise Bildungszwecke. Außerhalb der „permitted acts“ stellt der ungenehmigte Eingriff in eine geschützte Rechtsposition ein „copyright infringment“ dar, eine Verletzung der allein dem Rechtsinhaber zustehenden ausschließlichen Verwertungsrechte, welche die oben bereits angesprochenen Sanktionsmöglichkeiten eröffnet.[46]

Im Kontext dieser Ausrichtung auf ökonomische Aspekte des Werkschaffens steht der Umstand, dass der im Copyright Law verwendete Begriff der „works“ bereits im klassischen und mit der deutschen Urheberrechtsordnung übereinstimmenden Bereich der Werkkategorien weiter zu verstehen ist als der deutsche Terminus.

Ist in beiden Rechtsordnungen für den Schutz literarischen, künstlerischen oder musikalischen Schaffens noch übereinstimmend „Originalität“ des Werkes vorausgesetzt, wird dieses Kriterium durch die britische Rechtsordnung weit großzügiger ausgelegt als im deutschen Rechtsbereich.[47]

Um gesetzlichen Schutz durch Copyright zu erfahren, genügt in Großbritannien die bloße Investition von Arbeit und Ressourcen. „Originalität“ im Sinne des britischen Copyrightverständnisses bedeutet nicht mehr zwingend „vom Urheber stammend“. Es spielt keine Rolle, ob die geistige Idee oder die Form, in der die Idee kreativ zum Ausdruck kommt, neu oder schöpferisch ist. Allein entscheidend ist, dass die konkret gewählte Form nicht von einem anderen Werk kopiert wurde. Eine Nähe zu Resultaten früherer Werke bleibt aber durchaus möglich, Besonderheit oder Neuheit werden nicht vorausgesetzt.[48] Seitens des Werkschaffenden ist lediglich ein bestimmter „minimum standart of effort“ aufzubringen, d. h. ein gewisses Mindestmaß an Arbeit, Anstrengung, Geschick, Sachkenntnis oder Kapital - „skill and labour“ - muss investiert werden, ohne dass dies auf hohem Niveau zu geschehen hat.[49] Anknüpfungspunkt der Originalitätsdefinition im britischen Copyright ist damit in erster Linie die Art und Form, in der die jeweilige Werkidee ihren Ausdruck findet.[50]

Als Grundregel einer Abgrenzung zwischen Geschütztem und Ungeschütztem und damit zur Festlegung einer Untergrenze des Copyrightschutzes gilt: “what is worth copying is prima facie worth protecting“.[51]

---

[46] Secs. 96 ff. CDPA ; Adams J., UFITA Band 120, 1992, S. 11 ff.

[47] Adams J., UFITA Band 120, 1992, S. 9.

[48] Adams J., UFITA Band 120, 1992, S. 9 ; Koch P., UFITA Band 103, 1986, S. 88 ; Cornish W. R., Intellectual Property: Patents, Copyright, Trade Marks and Allied Rights, 2003, S. 334 f.

[49] Ellins J., Copyright Law und Urheberrecht, 1997, S. 90 ff. ; Adams J., UFITA Band 120, 1992, S. 6 ; Stewart/ Sandison/ Dworkin, International Copyright, 1989, RN 18.15.

[50] Koch P., UFITA Band 103, 1986, S. 88.

[51] Koch P., UFITA Band 103, 1986, S. 88 ; Schack H., Urheber- und Urhebervertragsrecht, 2001, RN 26, 261 ; Adams J., UFITA Band 120, 1992, S. 6.

Allein für die unter Sec. 1(1)(a) CDPA beschriebenen „artistic works“ bei Werken des Kunsthandwerks sowie Werken der Architektur und deren Modelle wird nach Sec. 4 CDPA künstlerische Gestaltung und damit Erbringung eines eigenschöpferischen, kreativen Beitrags vorausgesetzt und die bloße Investition von Arbeit oder sonstigen Ressourcen als für die Verleihung von Copyright nicht ausreichend angesehen.[52]
Ursache der großzügigen Auslegung des Originalitätserfordernis im britischen Copyright Law ist zum einen das bereits angesprochene übergeordnete Schutz- und Regelungsziel der Gesetzesvorschriften. Nur wenn nicht die Werkidee als solche, sondern die Art ihrer Ausführung im Vordergrund des Schutzvorhabens steht, lassen sich alle Investitionen in ein Werkschaffen, seien sie geistiger, materieller oder finanzieller Art dem Schutzbereich des Copyright unterordnen.
Zum anderen ist auf diese Weise dem Umstand Rechnung getragen, dass es in der britischen Rechtsordnung an einem generellen Verbot der „unfair competition“, d. h. an einem umfassenden Verbot des unlauterem Wettbewerbs fehlt. Für die aus diesem Defizit resultierenden Probleme müssen daher mit Hilfe der Vorschriften des Copyright Law - als eine Art rechtliches Auffangbecken - Lösungen gefunden werden. Dies ist mit einem insbesondere in seinem Eingriffsbereich flexiblen, investitionsorientierten Copyright gut zu realisieren.[53]
Neben dieser weiten Interpretation des Originalitätsbegriffes gebraucht der CDPA 1988 unter der Maxime unbedingten Investitionsschutzes einen Werkbegriff, der nicht mehr wie in der deutschen Rechtssystematik zwischen dem „klassischen“ Urheberrecht, d. h. Rechten an Werken der Literatur, Wissenschaft und Kunst, und den Rechten an verwandten Leistungen, wie beispielsweise der Herstellung von Tonaufnahmen, Filmen oder der Bereitstellung von Sendungen differenziert. Beide Kategorien werden vielmehr als „works“ bezeichnet und in Sec. 1(1) CDPA unterschiedslos zusammenfasst. Deren im Gesetzeswerk des Copyright Act 1956 durch die Unterscheidung von Rechten an „original works“ und „subjekt matters“ zumindest noch formale Abgrenzung - materiell rechtlich sind deren Inhaber auch schon dort Träger ein und desselben Rechts[54] - wird aufgegeben.[55]
Unter der Prämisse, dass Investitionen geistiger wie materieller Art die Gewährung von Copyright rechtfertigen, sieht der CDPA die Schöpfung eines geistigen Guts und die eher gewerblichen, kaufmännisch-organisatorischen Leistungen bei dessen Weitergabe an die Öffentlich-

[52] vgl. hierzu: Adams J., UFITA Band 120, 1992, S. 10 f. ; Ellins J., Copyright Law und Urheberrecht, 1997, S. 92 f.
[53] vgl. hierzu: Ellins J., Copyright Law und Urheberrecht, 1997, S. 97 ff.
[54] Ellins J., Copyright Law und Urheberrecht, 1997, S. 114.
[55] vgl. zu den einzelnen Werkkategorien: Adams J., UFITA Band 120, 1992, S. 8 ff. ; Durie R., GRUR Int. 1990, S. 832 f.

keit als jeweils eigenständige Leistungen gleichermaßen schutzbedürftig und -würdig an.[56] Die Notwendigkeit einer von der internationalen Gemeinschaft angestrebten, neben das Copyright tretende Kategorie „neighbouring rights" wird zurückgewiesen.[57] Die „author's rights" stehen auf einer Stufe mit den sogenannten „entrepreneurial copyrights", den unternehmerischen Rechten. Allein in der materiell-rechtlichen Behandlung, beispielsweise bei der Frage der Schutzdauer bzw. bei der Festlegung des Inhabers des Copyright bleiben Unterschiede.[58]
Auch bei der Einordnung von Wesensgehalt und Stellenwert des Schaffensergebnisses stellt sich das Copyright Law-System mit seinem weit verstandenen, an das Werk selbst anknüpfenden Investitionsschutz auf einen gegenüber der Droit d'auteur-Tradition gegensätzlichen Standpunkt.[59] Das britische Urheberrechtsverständnis weist dem Copyright von Anfang seiner historischen Entwicklung an die Stellung einer frei vermarktbaren Ware zu. Nach Sec. 1(1) CDPA ist das Copyright ist ein sogenanntes „property right", d. h. eine Position des Eigentums, ein Vermögensrecht und insoweit ein verkehrsfähiges Gut. Es ist juristisch und wirtschaftlich autonom und führt losgelöst von der Person des Schöpfers eine unabhängige Existenz. Als reiner Marktwert kann das Copyright, wie andere Marktgegenstände auch, nach Sec. 90(1) CDPA unbeschränkt veräußert oder übertragen werden und ist in seiner Zugehörigkeit zu einem Rechtsinhaber allein den Gesetzen des freien Handels überlassen.[60]
In Anerkennung des Copyright als aus unterschiedlichen Verwertungsrechten zusammengesetzter Gesamtrechtsposition sieht das Gesetz sowohl die Möglichkeit der Voll- als auch die der inhaltlich oder zeitlich beschränkten Teilübertragung auf Dritte vor.[61] Daneben steht es dem Copyrightinhaber auch offen, seine Befugnisse zum Gegenstand einer oder mehrerer, einfacher oder ausschließlicher Lizenzen zu machen, d. h. lediglich Nutzungsrechte am Schutzgegenstand einzuräumen.[62] Der

---

[56] vgl. hierzu: Ellins J., Copyright Law und Urheberrecht, 1997, S. 110 ff., 115 f. ; kritisch: Dietz A., UFITA Band 110, 1989, S. 71 ; Schack H., ZUM 1990, S. 59 ff. ; Schulze E., ZUM 1990, S. 47 ff. ; Stewart/Sandison/ Dworkin, International Copyright, 1989, RN 18.06.

[57] vgl. hierzu: Ellins J., Copyright Law und Urheberrecht, 1997, S. 113 ff.

[58] Cornish W. R., FS für Schricker, 1995, S. 648 f. ; Durie R., GRUR Int. 1990, S. 838.

[59] Doutrelepont C., GRUR Int. 1997, S. 296 ff.

[60] Adams J., UFITA Band 120, 1992, S. 16 f..

[61] Stewart/ Sandison/ Dworkin, International Copyright, 1989, 18.48 ; Cornish W. R., FS für Schricker, 1995, S. 651 ff.

[62] Stewart/ Sandison/ Dworkin, International Copyright, 1989, 18.50 ; Cornish W. R., FS für Schricker, 1995, S. 653 ff.

Umfang der Lizenz wird dabei nicht kraft Auslegungsregel auf den Vertragszweck beschränkt.[63]
Der kontinentaleuropäischen Vorstellung eines persönlichen geistigen Bands zwischen Urheber und Werk, das zu Gunsten der Urheber, insbesondere zur Wahrung von deren ideellen Interessen, hinreichenden Schutz bedarf und gleichzeitig Grundlage der verschiedenen immaterialgüterrechtlichen Rechtszuweisungen ist, steht der britische Copyrightgesetzgeber mithin nicht nur kritisch gegenüber. Er lehnt diese rundweg ab. Copyright ist gerade nicht untrennbar mit dem Urheber als originären Inhaber der Rechtsposition verbunden. Im Copyright Law - ursprünglich als reines Wirtschaftsrecht konzipiert - ist somit nicht von „Urheberrechten" zu sprechen, sondern ohne Bezug auf die Person des Urhebers nur von „Rechten am Werk".[64]

3. Die Persönlichkeitsrechte und das Urhebervertragsrecht in den Urheberrechtsordnungen

Auch in den Regelungsbereichen Urheberpersönlichkeitsrechte und Urhebervertragsrecht greift im deutschen Urheberrecht die Zielsetzung, den schöpferisch Tätigen in allen Aspekten seines Schaffens und dessen Verwertung hinreichend zu schützen. Mit Bestimmungen wie §§ 29, 31, 32, 36 oder 41 UrhG normiert er verschiedene, wenn auch vereinzelt gebliebene Regelungen zum primären Urhebervertragsrecht, da er den Urheber vertragsrechtlich als gegenüber dem Verwerter regelmäßig schwächere Partei eingestuft.[65] Insbesondere aber schafft der deutsche Urheberrechtsgesetzgeber zusätzlich eine Reihe von breit angelegten, positiv formulierten und in ihrem Kernbereich unverzichtbaren Vorschriften zum Schutz der Urheberpersönlichkeit.[66] Damit existiert ein Katalog von gesetzlichen Normen und Mindestrechten der Werkschaffenden, die den Urheber in ihrer Gesamtheit vor zu weitgehender Rechtsvergabe schützen, an der Verwertung des von ihm erzielten Schöpfungsergebnisses angemessen beteiligen und ihm die Kontrolle über sein Werk erhalten. Soweit zum besonderen Schutz des Schöpfers erforderlich, werden die Grundsätze von Vertragsfreiheit und Vertragstreue eingeschränkt, ohne gleichzeitig die große wirtschaftliche Bedeu-

---

[63] Koch P., UFITA Band 103, 1986, S. 102 f. ; Möhring/ Nicolini/ Spautz § 31 RN 6.
[64] Ellins J., Copyright Law und Urheberrecht, 1997, S. 191 ; Reinbothe J., ZEuP 2000, S. 6 ; Cornish W. R., FS für Schricker, 1995, S. 651.
[65] vgl. hierzu: BT- Drs. 14/ 6433 S. 7, 9 ff. ; BT- Drs. 14/ 7564 S. 1 ; Flechsig N., ZUM 2000, S. 485 ; Heinze M., K&R 2002, S. 6 ; Dietz A., FS für Schricker, 1995, S. 1 ff. ; Schack H., ZUM 2001, S. 454 f. ; Schricker G., GRUR Int. 2002, S. 798.
[66] vgl. hierzu: Schack H., Urheber- und Urhebervertragsrecht, 2001, RN 40 ff., 315 ff.; Rehbinder M., Urheberrecht, 2004, S. 55, 194 ff. ; Ulmer E., Urheber- und Verlagsrecht, 1980, S. 207 ff.

tung des Urheberrechts zu verkennen und den immaterialgüterrechtlichen Rechtsverkehr zu behindern.[67]
Die Situation im Kontext des Copyright Law ist hierzu völlig divergierend. Mit dem Ziel, die wirtschaftliche Funktion des Copyright in vollem Umfang zur Geltung zu bringen, lassen die im CDPA 1988 verankerten Vorschriften Vertragspartnern bei Gestaltung ihrer Absprachen größtenteils freie Hand. Sie dienen mehr der Vereinfachung als der Unterbindung rechtsgeschäftlicher Vereinbarungen.[68]
Faktische Hauptursache hierfür bildet die Tatsache, dass das Copyright Law seine bis heute gültige rechtsdogmatische Form zur Blütezeit des britischen Wirtschaftsliberalismus findet. Durch diesen wird der rechtsgeschäftlich abgeschlossene Vertrag zum einzig relevanten Maß für die Zuordnung rechtlicher Positionen und der Grundsatz der Vertragsfreiheit zu dem Prinzip des Rechts schlechthin erhoben. Aus diesem Ansatz wiederum geht weiterführend der Grundsatz des „sanctity of contract" hervor. Nach ihm sind einerseits eingegangene vertragliche Verpflichtungen einzuhalten. Andererseits ist in die Beziehungen privatautonomer Individuen von staatlicher Seite nur unter extremsten Umständen einzugreifen, keinesfalls aber dort, wo nur eine bloße Unausgewogenheit der Verhandlungsstärke der Vertragspartner auszugleichen wäre.[69] Von diesen noch heute bestimmenden Ideen ist auch das Copyright Law prägend beeinflusst.[70] Es ist selbstverständlich, auch die Person des Urhebers als autonomes Individuum anzusehen, das im urheberrechtlichen Geschäftsfeld selbst für die Wahrung seiner Interessen auf vertraglichem Weg Sorge tragen muss und kann.[71]
Der britische Gesetzgeber zeichnet sich daher bis heute beim Schutz des Urhebers durch auffällige Passivität aus. Gesetzliche, insbesondere urhebervertragliche Vorschriften, die sich dem Urheberschutz widmen, existieren so gut wie nicht. Eine der Zweckübertragungstheorie des deutschen Urheberrechts vergleichbare gesetzliche Regelung oder Vermutung, dass im Zweifelsfall nur die Rechte übertragen werden, die dem Vertragszweck entsprechen, gibt es beispielsweise nicht.[72] Nur in außergewöhnlichen Konstellationen extremen Vertragsungleichgewichts werden die Maximen „freedom of contract" und „sanctity of contract" von einer einzelfallbezogenen Rechtsprechung im Sinne einer vertraglichen Kontrolle ex post eingeschränkt und durchbrochen.[73] Der britische Ge-

[67] Dietz A., UFITA Band 129, 1995, S. 16.
[68] Cornish W. R., FS für Schricker, 1995, S. 651.
[69] Treitel G. H., The law of contract, 2003, S. 2 ff.
[70] Koch P., UFITA Band 103, 1986, S. 95 ff. ; Ellins J., Copyright Law und Urheberrecht, 1997, S. 80 f ; Schack H., Urheber- und Urhebervertragsrecht, 2001, RN 25.
[71] Koch P., UFITA Band 103, 1986, S. 102 ff. ; Ellins J., Copyright Law und Urheberrecht, 1997, S. 154 f., 359 f. ; Cornish W. R., FS für Schricker, 1995, S. 656 f.
[72] Koch P., UFITA Band 103, 1986, S. 102 f. ; Möhring/ Nicolini/ Spautz § 31 RN 6.
[73] Koch P., UFITA Band 103, 1986, S. 102 f. ; Cornish W. R., FS für Schricker, 1995,

setzgeber leistet allein durch die Anordnung der Schriftform für Copyrightübertragungen bzw. für die Gewährung ausschließlicher Lizenzen einen Beitrag zur Warnung des rechtsgewährenden Copyrightinhabers.[74] Darüber hinaus gibt es in der britischen Vorstellungswelt zum Copyright keine Anerkennung einer „theory of moral right", auf die der Gesetzgeber bei Ausgestaltung der Stellung des Urhebers zu seinem Werk hätte zurückgreifen können oder müssen.[75] Schutzwürdige Interessen des Rechtsinhabers nach dem Copyright Law sind auch heute nur materielle Vorstellungen und Vermögenswerte. Für Werte urheberpersönlichkeitsrechtlicher Natur, anknüpfend an die besondere schöpferische Leistung des Urhebers bleibt in der dem Investitionsschutz verschriebenen Konzeption des Copyright Law kein Raum.[76]

Das Gesetzeswerk des CDPA 1988 enthält zwar erstmals vier verschiedene Urheberpersönlichkeitsrechte, die sogenannten „moral rights". Zur Erfüllung der Mindestanforderungen der Internationalen Revidierten Berner Übereinkunft[77] erfolgt die Verankerung des „moral right of paternity"[78], des Rechts auf Anerkennung der Urheberschaft, des „moral right of integrity"[79], des Rechts auf Unversehrtheit des Werkes, des „moral right not to be falsely named creator"[80] als Recht, sich einer falschen Zuschreibung eines Werkes zu widersetzen sowie des „moral right of privacy"[81], des Rechts auf Schutz des Privatlebens im Zusammenhang mit Auftragswerken. Deren Aufnahme besitzt jedoch rein formalen Charakter und bringt keinerlei grundlegende materiellrechtliche Veränderun-

---

S. 657 ff.

[74] Secs. 90(3) und 92(1) CDPA.

[75] Goldstein P., GRUR Int. 1991, S. 770 f.

[76] Koch P., UFITA Band 103, 1986, S. 94 f. ; Schardt A., ZUM 1993, S. 318 ff. ; Stewart/ Sandison/ Dworkin, International Copyright, 1989, RN 4.47.

[77] Die sog. Revidierte Berner Übereinkunft (RBÜ) ist ein mehrseitiger völkerrechtlicher Vertrag zwischen allen kulturell wichtigen Staaten der Welt, durch den sich diese zum internationalen Schutz des Urheberrechts zu einem Staatenverband zusammenschließen. Die letzte Revision der 1886 begründeten Berner Übereinkunft fand 1971 in Paris statt. Den internationalen Urheberschutz sucht die RBÜ zum einen über den Grundsatz der Inländerbehandlung zu sichern, nach dem jeder Staat den Angehörigen der anderen Verbandsstaaten denselben Schutz zusagt, den seine Gesetze den eigenen Urhebern gewähren. Zum anderen garantiert die RBÜ verbandseigenen Werken bestimmte Mindestrechte, auf die sich der Urheber auch dann berufen kann, wenn der Inländerschutz nicht so weit reicht. Diese sind vor allem die in Art. 6bis RBÜ statuierten urheberpersönlichkeitsrechtlichen Befugnisse (im Wesentlichen das Recht auf Urheberschaft sowie das Recht auf Werkintegrität), das Übersetzungs-, Vervielfältigungs- und das Senderecht.

[78] Secs. 77- 79 CDPA.

[79] Secs. 80- 83 CDPA.

[80] Sec. 84 CDPA.

[81] Sec. 85 CDPA.

gen mit sich.[82] Trotz ihrer gesetzlichen Regelung im Copyright-Teil des CDPA bleiben diese Rechte lediglich copyrightähnliche Positionen, sogenannte „secondary rights“ bzw. „rights in the nature of copyright“, ohne gleichberechtigt neben den vermögensrechtlichen Befugnissen zu stehen. Eine fehlende Berücksichtigung eröffnet dem Geschädigten daher auch keine Vorgehensmöglichkeit wegen Copyright-Verletzung, sondern vielmehr allein wegen Nichtbeachtung einer gesetzlich auferlegten Pflicht.[83]

Auch inhaltlich werden die neu eingeführten Rechte bewusst so ausgestaltet, dass sie mit Verwertungsinteressen nicht in Konflikt geraten können. Folge ist, dass ihr Schutz der Werkschaffenden ausgehöhlt ist. Ein den Droit d´auteur-Rechts-ordnungen vergleichbares Veröffentlichungsrecht beispielsweise gibt es im britischen Recht nicht. Das Recht auf Anerkennung der Urheberschaft muss vom Urheber geltend gemacht werden, ohne bereits kraft Gesetzes Geltung zu besitzen.[84] Mit dem Recht gegen falsche Zuschreibung der Urheberschaft und dem Recht am eigenen Bild finden ferner auch zwei Positionen als „moral rights“ Einzug in den CDPA, die keine Urheberpersönlichkeitsrechte im engeren Sinn darstellen. In der Rechtssystematik der Droit d´auteur-Traditionen sind sie Teil des allgemeinen Persönlichkeitsrechts.[85]

Eine weitere entscheidende Schwächung des von den „moral rights“ aufgebauten Schutzes resultiert daraus, dass die von ihnen verliehenen Rechte für den Inhaber zwar unübertragbar, nicht aber unverzichtbar sind.[86] Durch schriftliche Verzichtserklärung der berechtigten Person, einem sogenannten „waiver“, können sie ohne jede Einschränkung a priori abbedungen werden. Gerade in dieser Hinsicht besteht damit ein weitreichender Unterschied zu den in ihrem Kernbereich stets unverzichtbaren Urheberpersönlichkeitsrechten der Droit d´ auteur-Staaten.[87]

---

[82] vgl. zu den konkreten Inhalten der „moral rights“: Cornish W. R., GRUR Int. 1990, S. 500 ff. ; Durie R., GRUR Int. 90, S. 837 ; Ellins J., Copyright Law und Urheberrecht, 1997, S. 362 f. ; Adams J., UFITA Band 120, 1992, S. 14 ff. ; Ginsburg J. C., GRUR Int. 1991, S. 602 ff.

[83] vgl. hierzu: Cornish W. R., GRUR Int. 1990, S. 500.

[84] Sec. 78 CDPA ; Ginsburg J. C., GRUR Int. 1991, S. 602 f. ; Cornish W. R., GRUR Int. 1990, S. 500 f.

[85] Ellins J., Copyright Law und Urheberrecht, 1997, S. 362 f.

[86] Secs. 87 und 94 CDPA.

[87] Doutrelepont C., GRUR Int. 1997, S. 296 f. ; Cornish W. R., GRUR Int. 1990, S. 504 f. ; Schack H., Urheber- und Urhebervertragsrecht, 2001, RN 27 ; Ginsburg J. C., GRUR Int. 1991, S. 604.

4. Die Person des Urhebers und Urheberrechtinhabers in den Urheberrechtsordnungen

Die Stellung des Copyright als ein Recht, das zuallererst wirtschaftlichen Zwecken dient, sowie die hieraus resultierenden Divergenzen zum Droit d´auteur finden ihren stärksten Ausdruck in den gesetzlichen Regelungen zur Person des Urhebers bzw. des Inhabers des Urheberrechts.[88] Verwendet das britische Copyright Law den Begriff „author", so scheint es auf den ersten Blick, als ob diese Begrifflichkeit eine direkte Übertragung des deutschen Terminus „Urheber" in das Englische mit synonymen Bedeutungsgehalt darstellt. Bei näherer Auseinandersetzung mit dem Kreis und der Anzahl der Personen, die den Urheberbegriff der jeweiligen Rechtsordnungen auszufüllen vermögen, zeigt sich jedoch recht bald deutlich, dass sich die Begriffe „Urheber" und „author" inhaltlich und in ihrem Bedeutungsgehalt nur noch teilweise decken.

Wendet man sich dem deutschen Verständnis des Urheberbegriffs zu, so kann in Korrelation zum eng gefassten urheberrechtlichen Werkbegriff nur derjenige Urheber sein, der eine persönliche geistige Schöpfung erbringt. Dieser Aussage immanent kommen nur natürliche Personen als urheberrechtlich Werkschaffende in Betracht. Schöpfung setzt individuellen Geist voraus, der nur Menschen zu eigen ist. Juristische Personen können niemals Urheber sein.[89]

Das Erfordernis eines durch Persönlichkeit und Individualität des Schöpfers gekennzeichneten Schaffensprozesses ordnet die urheberrechtlichen Befugnisse auch zwingend allein dem werkschaffend Tätigen als naturgegebenes geistiges Eigentum zu.[90] Der Schöpfer des Werkes ist mit dem Realakt der Werkschaffung aus der Natur der Sache heraus originärer Inhaber des Urheberrechts. Andere Personen, wie beispielsweise der Werkverwerter, können nie originäre Urheberrechtsinhaber sein. Sie sind vielmehr stets darauf angewiesen, derivativ, d. h. vom Urheber abgeleitet, Rechte am Werk zu erwerben. Der Begriff des Urhebers existiert folglich ausschließlich im Bereich der klassischen Urheberrechte, nicht dagegen bei den Leistungsschutzrechten.

Im Gesetzeswerk des britischen Urheberrechts kommt dem Terminus „author" - ebenfalls in Korrelation zur Werkdefinition und deren begrifflichen Weite - dagegen ein weitest möglicher Bedeutungsgehalt zu. Die Grundaussage zu dieser Thematik beinhaltet die Vorschrift Sec. 9 CDPA

88 Ellins J, Copyright Law und Urheberrecht, 1997, S. 276.

89 Rehbinder M., Urheberrecht, 2004, S. 129 ; Ulmer E., Urheber- und Verlagsrecht, 1980, S. 183.

90 BGHZ 17, S. 276- Grundig- Reporter ; BGH GRUR 1952, S. 257- Krankenhauskartei ; BAG GRUR 1961, S. 491- Nahverkehrschronik ; Schricker/ Loewenheim, § 7 RN 1 ; Ulmer E., Urheber- und Verlagsrecht, 1980, S. 133 ff. ; Rehbinder M., Urheberrecht, 2004, S. 34, 130 f.

in Absatz I, der zufolge „author" eines Werkes derjenige ist, der es erschafft. Dieser tritt in Absatz II eine umfassende, der Investitionsschutzzielsetzung des Gesetzes entsprechende Erweiterung zur Seite. Nach ihr findet der Terminus „author" nicht nur auf die Schöpfer klassischer Werke des Urheberrechts Anwendung, sondern vielmehr auch auf die nach deutschem Rechtsverständnis Leistungsschutzberechtigten und Werkverwerter als Träger wirtschaftlichen Risikos bei Weitergabe des Schaffensergebnisses.
Aufgeschlüsselt nach den verschiedenen Werkkategorien trifft die Bestimmung detailliert Angaben zur jeweils als „author" anzusehende Person. Sec. 9(2)(b) CDPA beispielsweise bestimmt, dass sowohl bei Tonaufnahmen als auch bei Filmen derjenige „author" ist, der die Vorbereitungen für die Erstellung des Werkes trifft. Auch Produzenten von Sendungen und Verleger typographisch gestalteter Ausgaben werden nicht länger als in ihrem rechtlichen Status verschiedene „maker" angesehen, sondern in der Kreis der „authors" aufgenommen. Nach britischer Vorstellung sind alle maßgeblich am Schaffensprozess Beteiligten auf Grund ihres vergleichbaren Anteils an der Werkentstehung zwingend gleichermaßen als „author" zu bezeichnen. Ein Vorrang der schöpferisch Tätigen ist ausgeschlossen.
Konsequent zu dieser Unterordnung verschiedener Personengruppen unter den Terminus „author" kommt die mit ihm verknüpfte Anerkennung und Förderung der erbrachten Leistung - im Gegensatz zur deutschen Rechtsordnung - auch nicht zwingend allein einer natürlichen Person zu. Vielmehr können sich ohne weiteres auch juristische Personen, wie Produktionsfirmen, Sendeunternehmen oder Tonträgerhersteller, unmittelbar auf den Status „author" berufen.
Weitere Folge der fehlenden Übereinstimmung mit dem deutschen Verständnis des schutzfähigen Werks ist die Absage an eine zwingende Zuordnung des Copyright an den „author" ipso iure im britischen Copyright Law. Dort trifft mangels Anerkennung naturrechtlicher Grundlagen vielmehr Sec. 11 CDPA explizite Anordnungen zum Inhaber des Copyright. Sogenannter erster Inhaber des Copyright bleibt nach der Grundregelung des Sec. 11(1) CDPA zwar der über Sec. 9 CDPA festgelegte „author". Hierdurch wird die Inhaberschaft des Copyright jedoch nicht ausschließlich dem Werkschöpfer i. S. d. deutschen Urheberrechts zugewiesen. Auf Grund ihrer durch Sec. 9(2) CDPA verliehenen Stellung als „author" werden vielmehr auch Produzenten sowie sonstige Investoren und Träger finanziellen Riskos nach Sec. 11(1) CDPA „first owner of copyright" und dies unabhängig von ihrer Rechtsform. Auch als juristische Personen können sie regelmäßig uneingeschränkt originäre Inhaber des Copyright und der von diesem verliehenen Schutzrechte sein. [91]

[91] Adams J., UFITA Band 120, 1992, S. 14.

Eine bedeutende Ausnahme zu der von Sec. 11(1) CDPA angeordneten grundsätzlichen Identität von „author“ und Inhaber des Copyright formuliert Sec. 11(2) CDPA für Werke, die von einem Arbeitnehmer im Rahmen seines Arbeitsverhältnisses geschaffen werden. Dies wird an späterer Stelle näher dargestellt.[92]
Die Aufgabe der Unterscheidung zwischen „authors“ und „makers“ und der an den jeweiligen Status anknüpfenden Rechte in „author's und entrepreneurial rights“ im CDPA 1988 erübrigt zwar nur eine Differenzierung, die bereits bei Geltung des Copyright Act 1956 eher formalen als substantiellen Charakter besitzt.[93] Aus kontinentaleuropäischer Sicht entsteht mit Ausweitung der Urheberdefinition auf Produzenten, unabhängig von deren Rechtsform, aber ein unförmiger Begriff, der die Kluft zwischen britischem Copyright Law und den Droit d´auteur-Systemen, die schon von je her gewaltig ist, noch größer werden lässt. Das englische Wort „author“ im Sinne der britischen Gesetzesterminologie lässt sich nun nicht mehr in ein deutsches Wort gleichen Bedeutungsgehalts übertragen.
Für die britische Rechtsordnung selbst hat es zur Folge, dass das Copyright angesichts des nahezu vollständigen Fehlens urheberschützender vertragsrechtlicher Normen als „property right“ in der Mehrzahl aller wirtschaftlich bedeutenden Fälle des Werkschaffens auf Investorenseite besteht. Entweder wird es von vorneherein den für den Schaffensprozess maßgebenden Investoren zugesprochen oder gelangt, durch keinerlei Schutzvorschriften gehemmt, unter Ausschöpfung der Möglichkeiten der Vertragsfreiheit dorthin.

III. Zusammenfassung:

Die grundverschiedenen Vorstellungsbilder und Regelungsansätze der Urheberrechtskonzeptionen von Droit d´auteur und Copyright Law, die sich im rechtlichen Status des Arbeitnehmerurhebers fortsetzen und dort ihren stärksten Ausdruck finden[94], lassen sich anhand der für die beiden Rechtordnungen gewählten Beispiele Deutschland und Großbritannien zusammenfassend so gegenüber stellen:
Das deutsche Urheberrecht, exemplarisch für das urheberzentrierte Droit d´auteur-Konzept der kontinentaleuropäischen Rechtstraditionen, besitzt eine streng naturrechtliche Fundierung und stellt die Schöpferpersönlichkeit ins Zentrum des Rechts. Der deutsche Gesetzgeber trifft in seinem Regelungswerk eine Reihe von rechtlichen Grundentscheidungen, die alle auf dem für das deutsche Urheberrechtsverständnis elementaren

[92] vgl. hierzu D.
[93] Ellins J. Copyright Law und Urheberrecht, 1997, S. 130.
[94] Dietz A., FS für Schricker, 1995, S. 16.

Prinzip aufbauen, dem Schöpferprinzip. Nach ihm ist der Werkschaffende umfassend zu schützen sowohl in seinen ideellen als auch in seinen materiellen Interessen, die stets miteinander verwoben sind. Bei der Nutzung und Verwertung der Schöpfung stehen persönlichkeitsrechtliche Schutzaspekte gleichberechtigt neben kommerziellen Interessen des Urhebers. Die Schwelle des Urheberrechtsschutzes liegt grundsätzlich über dem Niveau des Investitionsschutzes, so dass der Werkbegriff solchen Kreationen vorbehalten ist, die ein bestimmtes Maß an individueller geistiger oder künstlerischer Gestaltungshöhe aufweisen.
Da der Gesetzgeber die Person des Urhebers als schwächere Vertragspartei im Verhältnis zum Werkverwerter ansieht und ihr deshalb besonderer Schutz zukommen soll, werden für diesen im Urheberrechtsgesetz entsprechende Mindestrechte und unabdingbare Schutzvorschriften verankert.
Urheber können auf Grund der besonderen Anforderungen an die urheberrechtliche Schutzfähigkeit eines Werkes denknotwendig nur natürliche Personen sein, unabhängig davon, ob sie alleine oder in einer Gruppe als Miturheber tätig werden. Sie sind kraft ihres Schöpfungsakts stets auch Inhaber der urheberrechtlichen Befugnisse.
Das britische Copyright Law als Repräsentant des angloamerikanischen Rechtskreises verwirklicht dagegen Rechtsgedanken, die im Gegensatz zum deutschen Urheberrechtsverständnis stehen.
Auf den Grundpfeilern von Rechtspositivismus und Vertragsfreiheit steht ein Rechts- und Gesetzesgebäude, das die Bedürfnisse des Werkschöpfers beinahe vollumfänglich den Interessen des Werkverwerters unterordnet. Das zwischen beiden Parteien bestehende Ungleichgewicht wird durch den Gesetzgeber nicht zu Gunsten der i. d. R. schwächeren Partei des geistig oder kreativ Tätigen ausbalanciert. Maßgebend ist nicht der Schutz des schöpferisch Tätigen, sondern allein der Gedanke des Investitionsschutzes, der das übergeordnete Regelungsziel darstellt.
Auf dem Niveau des Investitionsschutzes liegt auch die werkbezogene Schutzschwelle im Copyright Law sowohl im Hinblick auf die Schöpfungshöhe als auf auch den Schutzansatz. Unter der Maxime, dass die Beiträge beider Gruppen gleichermaßen schutzbedürftig sind, erachtet es der britische Gesetzgeber ebenso wenig für notwendig, eine Unterscheidung zwischen den Schaffensergebnissen von Urhebern und Produzenten zu treffen. Vielmehr definiert er die Leistungen und Investitionen beider Bereiche als copyrightfähig. Die Vermarktbarkeit der im Miteinander von Urhebern und Produzenten geschaffenen Resultate im nationalen und internationalen Rahmen steht im Mittelpunkt.
Das Copyright als Vermögensrecht ist durch die außerhalb des Copyright stehenden „moral rights“ rein formal eingeschränkt und frei übertragbar. In der Rechtspraxis ist die Übertragung von Copyrightbe-

fugnissen durch den Werkschöpfer auf den Werkverwerter für viele Branchen die Regel.
Gesetzliche Vorschriften zum Schutz der Schöpferpersönlichkeit gegenüber seinem Vertragspartner existieren nicht. Auch die Form der gesetzlichen Verankerung der sogenannten „moral rights“ im CDPA ist Ausdruck des gesetzgeberischen Bestrebens, das bewährte Gleich- bzw. Ungleichgewicht zwischen Schöpfer und Verwerter nicht zu stören. In strikter Trennung ideeller und materieller Interessen werden die „moral rights“ nicht Teil des Copyrights und durch die gesetzliche Regelungstechnik überdies so ausgehöhlt, dass sie im Rechtsalltag keine Bedeutung besitzen. Über die Zuweisung bestimmter, als Ausschlussrechte gestalteter Verwertungsrechte an den Urheber bzw. Inhaber des Urheberrechts hinaus besteht im britischen Copyright Law kein „Urheber“-Schutz.
Unter den Begriff „author“ werden parallel zur terminologischen Weite des Werkbegriffs neben den Werkschöpfern auch Produzenten subsumiert. Die als „author“ angesehene Person ist regelmäßig, aber nicht zwingend Inhaber des Urheberrechts. Er wird vielmehr kraft gesetzlicher Vorschrift, Sec. 11 CDPA, bestimmt. In seiner Ausrichtung auf den Investitionsschutz lässt das britische Copyright die von ihm statuierte Belohnung und Förderung erbrachter Leistungen grundsätzlich dem gesamten unter dem Begriff „author“ subsumierten Personenkreis, auch Trägern des wirtschaftlichen Risikos, zukommen und dies unabhängig von deren Rechtsform. Juristische Personen können ohne weiteres originäre Inhaber von Copyright werden.
Eine bedeutende Ausnahme zur Identität von Urheber und Inhaber des Urheberrechts normiert Sec. 11(2) CDPA für Werke, die im Rahmen eines Arbeitsverhältnisses erstellt werden.

C. Die rechtliche Stellung des Arbeitnehmerurhebers im deutschen Urheberrecht

I. Der Arbeitnehmerurheber als Schnittpunkt zwischen Urheber- und Arbeitsrecht

Arbeitsrecht und Urheberrecht greifen im Ausgangspunkt ihrer Schutzrechte zwei unterschiedliche, größtenteils konträr gelagerte Situationen des Rechtslebens auf. In der Person des Arbeitnehmerurhebers treffen ihre infolgedessen weitgehend divergierenden Grundvorstellungen aufeinander und führen zu einem grundlegenden Zielkonflikt.
Das Arbeitsrecht unterwirft in zahlreichen Einzelnormierungen verschiedenster Gesetze die privatautonom durch Arbeitsvertrag begründeten Rechtsbeziehungen zwischen Arbeitgeber und Arbeitnehmer Regelungen. Es stellt damit begrifflich das „Recht der Arbeitsverhältnisse“ [95] dar. Mit Blick auf die rechtliche Position der Vertragsparteien an dem vom Arbeitnehmer geleisteten Beitrag im Arbeitsprozess ist es von dem aus § 611 BGB resultierenden Grundgedanken gekennzeichnet, dass sowohl das Arbeitsergebnis selbst als auch die mit ihm im Zusammenhang stehenden Rechte und Befugnisse allein dem Arbeitgeber gebühren.[96] Grundlage dieser Zuordnung bildet der allgemein schuldrechtliche Synallagma-Gedanke sowie die speziell arbeitsvertragliche Austauschidee.[97]
Der Arbeitgeber entrichtet auf seiner Seite des arbeitsvertraglichen Leistungsaustausches Arbeitsentgelt an seinen Arbeitnehmer. Dieser ist für die von ihm erfahrene finanzielle Absicherung seinem Arbeitgeber gegenüber zur Erbringung der vereinbarten Arbeitsleistung verpflichtet, eingebunden in einer fremden Arbeitsorganisation. Geschuldet ist die Erbringung der übereinstimmend festgelegten und durch Weisungen konkretisierbaren Tätigkeiten, d. h. die Bereitstellung seiner Arbeitskraft in der arbeitsteiligen Organisation, ohne dass diese zu einem weiterführenden Arbeitserfolg führen müsste. Seine Entlohnung und die damit verbundene finanzielle Sicherheit erhält der Arbeitnehmer folglich unabhängig davon, ob das vom Arbeitgeber - sei es allein über die Tätigkeit dieses Arbeitnehmers, sei es über das Zusammentreten der Tätigkeiten

---

[95] Wolf E., Zum Begriff Arbeitsrecht, 1979, S. 719.

[96] BGH NJW 1952, S. 662- Krankenhauskartei ; BAG GRUR 1961, S. 491- Nahverkehrschronik ; Hubmann H., FS für Hueck, 1959, S. 43, 46 ; Mathis H.- P., Der Arbeitnehmer als Urheber, 1988, S. 1 ; Vinck K., Die Rechtsstellung des Urhebers, 1972, S. 6 ; Hueck A./ Nipperdey H. C., Lehrbuch des Arbeitsrechts, Erster Band, 1963, S. 496 ; Rehbinder M., Urheberrecht, 2004, S. 68.

[97] BAGE 8, S. 296 f. ; Hubmann H., Festschrift für Hueck, 1959, S. 43 ff. ; Rehbinder M., Beiträge zum Urheber- und Medienrecht, 1995, S. 37 f. ; Kraßer R., FS für Schricker, 1995, S. 82 f. ; Schaub G., Arbeitsrechts-Handbuch, 2002, S. 1221.

verschiedener Arbeitnehmer - angestrebte Endergebnis als übergeordnete unternehmerische Zwecksetzung erzielt wird oder nicht. Der Arbeitgeber als Initiator und verantwortlicher Organisator der Leistungserbringung des Arbeitnehmers trägt allein das finanzielle Risiko der Erreichung des anvisierten Arbeitsziels bzw. dessen wirtschaftlicher Verwertbarkeit. Konsequent hierzu steht das durch die jeweiligen Arbeitsleistungen erzielte Ergebnis nach dem Arbeitsrecht stets dem Arbeitgeber zu.[98]

Bei sogenannter Spezifikation, d. h. bei Schaffung neuer selbständiger körperlicher Gegenstände im Produktionsprozess erfährt diese der Risikoverteilung im arbeitsvertraglichen Leistungsaustausch folgende Grundüberlegung eine im Hinblick auf die Frage des Eigentumserwerbs notwendige Ergänzung in den Normierungen des Sachenrechtes.[99] Nach § 950 BGB entsteht das Sacheigentum an den neu geschaffenen Werkstücken, die ein Arbeitnehmer bei Ausführung seiner arbeitsvertraglichen Tätigkeit und Pflichterfüllung schafft, den sogenannten corpus mechanici, unmittelbar und originär in der Person des Arbeitgebers. Er allein ist der nach der Verkehrsanschauung anhand objektiver Kriterien, wie beispielsweise dem Weisungsrecht für die Produktionsgestaltung, dem Eigentum an Produktionsmitteln sowie der Risikotragung bei Misserfolgen zu ermittelnde Hersteller i. S. d. § 950 BGB.[100]

Das Urheberrecht besitzt demgegenüber die Aufgabe, rechtliche Grundlage für das schutzwürdige Schaffen aller Kreativen in den Bereichen Kunst, Literatur und Wissenschaft zu sein. Aufbauend auf das Schöpferprinzip und dessen zwingende Folgewirkungen, insbesondere die Anforderungen an die Qualität des Schaffensergebnisses sowie den Beteiligungsgrundsatz dient das Urheberrecht nicht nur dem Schutz der Urheberpersönlichkeit. Vielmehr sucht es den Werkschaffenden auch in seinen materiellen Interessen abzusichern. Hierbei weist es das Urheberrecht als immaterialgüterrechtliche Rechtsposition vollumfänglich allein dem Werkschaffenden selbst zu.[101]

Für den Bereich des Arbeitnehmerurheberrechts entscheidend verlieren diese Zuordnungsüberlegungen nach heute nahezu einhelliger Meinung ihre Gültigkeit auch dann nicht, wenn der den individuellen Schöpfungscharakter des Werkes begründende Urheber in einem Arbeitsverhältnis

---

[98] Hubmann H., Festschrift für Hueck, 1959, S. 45 ; Rehbinder M., Beiträge zum Urheber- und Medienrecht, 1995, S. 38 ; Buchner H., Der Schutz von Computerprogrammen, in: Lehmann M. (Hrsg.), 1993, S. 422 f. ; vgl. a. Lucas M., Softwareentwicklung durch Arbeitnehmer, 1993, S. 19 ff. m. w. N. zu weiteren Begründungsansätzen.

[99] Schaub G., Arbeitsrechts- Handbuch, 2002, S. 1222 f. ; Hueck A./ Nipperdey H. C., Lehrbuch des Arbeitsrechts, Erster Band, 1963, S. 496 ; Wandtke A.- A., Die Rechte der Urheber, 1993, S. 51 ff.

[100] Palandt/ Bassenge § 950 RN 6, 8 ff. ; Staudinger/ Wiegand § 950 RN 37 ; vgl. a. Münchener Handbuch/ Sack § 100 RN 2 f.

[101] vgl. hierzu: B. II. 2..

steht und die von ihm erbrachte geistig-kreative Leistung aus Tätigkeit resultiert, die der Erfüllung arbeitsvertraglicher Pflichten dient. Unter konsequenter Beachtung von urheberrechtlichem Schöpfungsprinzip und Beteiligungsgrundsatz bleibt es vielmehr auch bei der Figur des Arbeitnehmerurhebers bei einer unmittelbaren und originären Zuordnung des Urheberrechts an seine Person. § 43 UrhG als einzige urheberrechtsgesetzliche Vorschrift für das Arbeitnehmerurheberrecht erfordert und begründet keinerlei Einschränkung.[102]
Damit zeichnet sich der nach diesem Urheberrechtsverständnis maßgebliche Zielkonflikt des Arbeitnehmerurheberrechts als Schnittpunkt zweier Rechtsmaterien bereits deutlich ab. Das Arbeitsrecht und dessen eigentumsrechtliche Fortschreibung weist das Ergebnis eines unter Mithilfe von Arbeitnehmern vollendenden Schaffensprozesses eindeutig und umfassend dem Arbeitgeber zu. Zur umfassenden Verwertung und wirtschaftlichen Nutzung einer urheberrechtlichen Schöpfung genügen diese Rechtszuweisungen allein jedoch noch nicht. Neben der schuldrechtlichen Zuordnung und dem sachenrechtlichen Eigentum am Werkexemplar benötigt der Arbeitgeber, beispielsweise zur Erstellung weiterer Exemplare oder körperlichen bzw. unkörperlichen Verbreitung des Werkes, auch die Rechte und Befugnisse, die das Urheberrecht an den in diesen Gegenständen zum Ausdruck kommenden immateriellen Werkideen festmacht. Sie stehen nach der dem Schutz des Werkschöpfenden verpflichteten Konzeption des Urheberrechts aber vollumfänglich dem Arbeitnehmer zu. Aus schutzrechtlichen Erwägungen heraus sind die Urheberrechte in ihrer Zuordnung an dessen Person nach § 29 Absatz 1 UrhG auch der rechtsgeschäftlichen Übertragung entzogen. Ein vertraglicher Erwerb der Urheberrechte durch den Arbeitgeber scheidet ebenfalls aus. Somit erwirbt der Arbeitgeber zwar unmittelbar Sacheigentum an Werken der Literatur, Kunst und Wissenschaft. Die urheberrechtlichen Befugnisse gebühren aber dem Arbeitnehmer. Sacheigentum und immaterielles Eigentum fallen auseinander.
Mit Blick auf Relation und Funktion von Arbeits- und Urheberrecht in der Rechtsbeziehung von Arbeitnehmerurheber und Arbeitgeber existieren zunächst keine Unterschiede zu sonstigen arbeitsrechtlichen Austauschverhältnissen. Auch der Arbeitnehmerurheber ist zur Erbringung einer bestimmten Tätigkeit und nicht zur Erzielung eines Arbeitserfolgs verpflichtet. Bleibt die schöpferische Leistung trotz pflichtgemäßer Anstrengung des Arbeitnehmers hinter den an ihr anknüpfenden unternehmerischen Erwartungen des Arbeitgebers zurück, hat er dennoch den vollen Arbeitslohn zu zahlen. Der Arbeitgeber trägt das wirtschaftliche Risiko der Werkentstehung ebenso wie das der Verwertbarkeit des Werkes.

---

[102] vgl. statt vieler: BT- Drs. IV/ 270 S. 61 f. ; Münchener Handbuch/ Sack § 102 RN 7 und FN 20 m. w. N. zu Rechtsprechung und Literatur ; vgl. zur Bedeutung des § 43 UrhG: C. II.

Gleichzeitig wird der Arbeitnehmerurheber, im Gegensatz zum freien Urheber, nicht ausschließlich nach eigenen Ideen und Vorstellungen kreativ tätig. Er vollbringt seine Leistung in der Organisation des Arbeitgebers und unterliegt gegebenenfalls dessen Weisungen. Insoweit erscheint die Zuordnung des Ergebnisses der Arbeitsleistungen an den Arbeitgeber gerechtfertigt.
Auf der anderen Seite erbringt der Arbeitnehmerurheber gerade nicht nur irgendeine Arbeitsleistung. In den relevanten Fällen erfolgreicher Tätigkeit führen seine Bemühungen vielmehr zu einer urheberrechtlich schutzwürdigen Schöpfung. Mit ihr entsteht nicht nur ipso iure ein Urheberrecht zu Gunsten des Arbeitnehmerurhebers. An sie knüpfen auch anerkennenswerte ideelle und materielle Interessen des Werkschöpfers an, die das Arbeitsrecht nicht kennt und regelt. Eine Zuordnung des Arbeitsergebnisses an den Arbeitgeber ist nicht derart eindeutig möglich wie sonst. Aufgabe des neben das Arbeitsrecht tretenden Urheberrechts ist es daher, den aus der Rechtsbeziehung des Arbeitnehmerurhebers zu seiner Schöpfung resultierenden anerkennenswerten Interessen umfassend Geltung und Nachdruck zu verleihen. Hierbei beschränkt es sich keinesfalls allein auf persönlichkeitsrechtliche Aspekte. Beide Interessengruppen, persönlichkeitsrechtliche wie vermögensrechtliche, bestimmen die Beziehung des Urhebers zu seinem Werk.

II. Die Bedeutung des § 43 UrhG

Ein Lösungsansatz des oben geschilderten Zielkonflikts hat die Schutzinteressen des Arbeitnehmers ebenso wie die Verwertungsinteressen des Arbeitgebers zu berücksichtigen. Nach dem deutschen Gesetzgeber liegt er darin, die urheberrechtlichen Befugnisse des Arbeitnehmers zu Gunsten des Arbeitgebers mit dem Abschluss schuldrechtlicher Vereinbarungen, der Einräumung von Nutzungsrechten und einem stückweiten Verzicht auf gesetzlich gewährte Persönlichkeitsrechte zu belasten.
Die Zulässigkeit derartiger Beschränkungen der Urheberrechtsposition wird im Zuge der durch das Gesetz zur Stärkung der vertraglichen Stellung von Urhebern und ausübenden Künstlern[103] eingeführten Neuerungen im deutschen Urheberrechtsgesetz von § 29 Absatz 2 UrhG nun allgemein ausdrücklich klargestellt.[104]
Die an eine derartige Konfliktlösung anknüpfenden vertragsrechtlichen Fragestellungen des Arbeitnehmerurheberrechts, ob der Arbeitnehmer auf Grund der arbeitsrechtlichen Besonderheiten grundsätzlich zu einer solchen Rechtseinräumung verpflichtet ist und wenn ja, in welchem Umfang, wie ein solcher Rechtsübergang auszusehen hat und welche

---
[103] BGBl. I 2002, S. 1155.
[104] vgl. hierzu: Mestmäcker/ Schulze/ Scholz § 29 RN 3 ff.

Dauer und Reichweite er besitzt, erfahren darüber hinaus keine umfassende, beispielsweise dem Arbeitnehmererfindungsgesetz vergleichbare Regelung. Ebenso bleibt gesetzlich unbeantwortet, ob gegebenenfalls eine über den Arbeitslohn hinausgehende Vergütung zu zahlen ist bzw. inwieweit - die Nutzungsrechteinräumung flankierend und ergänzend - persönlichkeitsrechtliche Befugnisse und Rechte für den Arbeitnehmerurheber verzichtbar sind.
Allein die Vorschrift des § 43 UrhG mit ihrem eingeschränkten Verweis auf die Anwendbarkeit der §§ 31 ff. UrhG und damit auf die Möglichkeiten einer vertraglichen Nutzungsrechtsverleihung birgt Anhaltspunkte für eine Lösung.[105] Die besondere Rechtsstellung des Arbeitnehmerurhebers wird an dem Hinweis auf die Beachtung von Wesen und Inhalt des jeweiligen Arbeitsverhältnisses festgemacht. Eine statische Festschreibung der Rechte und Pflichten eines Arbeitnehmerurhebers, wie sie in den dem Urheberrechtsgesetz 1965 vorangegangenen Entwürfen vorgesehen sind, unterbleibt. So besteht die Möglichkeit, diese für jeden Einzelfall gesondert festzulegen und den konkreten Interessen beider Vertragsparteien flexibel Rechnung zu tragen.[106] Klargestellt ist allein, dass

---

[105] vgl. zur Kritik an § 43 UrhG und Reformvorschlägen:
Rehbinder M., RdA 1968, S. 309 ff ; Rojahn S., Der Arbeitnehmerurheber, 1978, S. 1 ff. ; Schricker/ Rojahn, § 43 RN 8 ; Wandtke A.-A., GRUR 1992, S. 139 ; Rehbinder M., Urheberrecht, 2004, S. 297, 311 f.; Zöllner W., ZfA 1985, S. 454 f. ; Mathis H.-P., Der Arbeitnehmer als Urheber, 1988, S. 2 ; Schwab B., AuR 1993, S. 129 ff. ; Schack H., Urheber- und Urhebervertragsrecht, 2001, RN 271, 980 f. ; Nordemann/ Nordemann Einleitung RN 8 ; Buchmüller H.-J., Urheberrecht und Computersoftware, 1986, S. 72 ff. ; § 105 des Entwurfes eines Arbeitsvertragsgesetzes des Freistaates Sachsen vom 23.5.1995, BR- Drs. 293/ 95; § 105 des Entwurfes eines Gesetzes zur Bereinigung des Arbeitsrechtes des Landes Brandenburg vom 12.9.1996, BR- Drs. 671/ 96 ; Verhandlungen des 59. Deutschen Juristentages 1992, Band I, D 7 (D 53 u. 120).
vgl. zu den bei Beratung des Urhebervertragsgesetzes vorgeschlagenen, letztlich aber wieder aufgegebenen Reformentwurf für § 43 UrhG:
BT- Drs. 14/ 6433 S. 5, 18 ; "Professorenentwurf zum Urhebervertragsrecht", GRUR 2000, S. 767, 777 ; BT- Drs. 14/ 7564 S. 9, 12 f. ; BT- Drs. 14/ 8058 S. 10, 21 ; Schwab B., AuR 2001, S. 494 ff. ; Olenhusen v. G./ Steyert H., ZRP 2000, S. 528 f. ; Olenhusen v. G., ZUM 2000, S. 738 f. ; Schack H., Urheber- und Urhebervertragsrecht, 2001, RN 978, 981, 777 ; Dietz A., ZUM 2001, S. 281 ; Schack H., ZUM 2001, S. 457 ; Stickelbrock B., GRUR 2001, S. 1091 ; Weber P, ZUM 2001, S. 313 ; Heinze M., K&R 2002, S. 5 ; Jacobs R., NJW 2002, S. 1906 ; Ory S., AfP 2002, S. 95 und C. III. 5.

[106] BT- Drs. IV/ 270 S. 62 ; Ulmer E., Urheber- und Verlagsrecht, 1980, S. 61 ; Vinck K., Die Rechtsstellung des Urhebers, 1972, S. 8 ;
vgl. allgemein zur rechtlichen Situation des Arbeitnehmerurhebers in Deutschland vor Verabschiedung des Urheberrechtsgesetzes 1965: Hirsch E. E., UFITA Band 26, 1958, S. 1 ff. ; Roithmaier H., Das Recht des Arbeitgebers, 1962, S. 1 ff. ; Honig G., Der angestellte Urheber, 1962, S. 1 ff. ; Hubmann H., FS für Hueck, 1959, S. 43 ff. ; Sahmer H., UFITA Band 21, 1956, S. 34 ff. ; Amtmann H., Das

es im Schnittpunkt arbeits- und urheberrechtlicher Grundüberlegungen trotz grundlegender Anwendbarkeit der für den freien Urheber konzipierten Gesetzesvorgaben zu arbeitsrechtlich bedingten Besonderheiten kommen kann.[107]

Gleichzeitig ist diese Art der Ausgestaltung aber auch Ausdruck des gesetzgeberischen Willens zu einer generellen Zweiteilung. Dem Arbeitsrecht unterfallen sämtliche Bereiche des Rechtsverhältnisses, die die Erbringung der Arbeitsleistung selbst betreffen, d. h. die Teile der Rechtsbeziehung, die auch ohne Urhebereigenschaft des Arbeitnehmers bestehen bleiben. Fragestellungen wie Begründung und Beendigung des Arbeitsverhältnisses, Umfang und Inhalt der geschuldeten Tätigkeit, Grenzen des Weisungsrecht des Arbeitgebers, vor allem aber das Verhältnis von Arbeitslohn und Arbeitsleistung regelt allein das Arbeitsrecht. Das Urheberrecht und seine Regelungen greifen demgegenüber ein, wenn es um die besondere Beziehung des Arbeitnehmerurhebers zu seiner Schöpfung und den aus ihr resultierenden Rechten und Pflichten geht.[108]

In ihrer Regelungswirkung unterliegen § 43 UrhG und die aus seiner Auslegung resultierenden Rechtsgedanken grundsätzlich der Dispositionsfreiheit der jeweiligen Arbeitsvertragsparteien. Insgesamt gesehen erfährt die Einarbeitung von Urheberrechtsklauseln in Individual- oder Tarifverträge[109], mit Ausnahme der Vertragspraxis in einzelnen wenigen Branchen, wie beispielsweise dem Medienbereich, jedoch noch nicht die gewünschte inhaltliche und zahlenmäßige Dichte und Ausprägung.[110] Auch im Medienbereich ist diese Entwicklung in den letzten Jahren ins Stocken geraten.[111] Hinzu kommt, dass dort, wo Tarifverträge oder auch nur Verbandsempfehlungen existieren, diese nicht zuletzt wegen der

---

Urheberrecht des „unselbständigen Urhebers“, 1960, S.1 ff. ; Ulmer E., Urheber- und Verlagsrecht, 1980, S. 226 ; RGZ 110, S. 395- Riviera ; RGZ 151, S. 51- Babbit- Übersetzung ; RGZ 124, S. 71- Besteckmuster ; BGH NJW 1952, S. 662- Krankenhauskartei ; BGH GRUR 1960, S. 200- Tofifa ; BAG GRUR 1961, S. 491- Nahverkehrschronik ; BGHZ 15, S. 346- Indeta.

[107] BT- Drs. IV/ 270 S. 61 f. ; Kraßer R., FS für Schricker, 1995, S. 112 ; Wandtke A.- A., Die Rechte der Urheber, 1993, S. 93 f.

[108] Bayreuther F., GRUR 2003, S. 571.

[109] vgl. hierzu: Rojahn S., Der Arbeitnehmerurheber, 1978, S. 43 ff., 74 ff. ; Herschel W., UFITA Band 94, 1982, S. 35 ff. ; Hubmann H., RdA 1987, S. 89 ff. ; Samson B., UFITA Band 64, 1972, S. 181 ff. ; „Professorenentwurf zum Urhebervertragsrecht“, GRUR 2000, S. 772.

[110] BT- Drs. 14/ 6433 S. 11 ; „Professorenentwurf zum Urhebervertragsrecht“, GRUR 2000, S. 771 ; Reber N., ZUM 2000, S. 730 ; Olenhusen G. v., ZUM 2000, S. 736, insb. FN 2 ; Ott S., ZRP 1996, S. 385 ; Möhring/ Nicolini/ Spautz § 43 RN 5 ; differenzierend: Lucas M., Softwareentwicklung durch Arbeitnehmer, 1993, S. 104 ff.

[111] vgl. hierzu: BT- Drs. 14/ 6433 S. 8, 16 ; Dietz A., FS für Schricker, 1995, S. 39 ff. ; Schimmel W., ZUM 2001, S. 285.

fehlenden gesetzlichen Verpflichtung hierzu in der täglichen Vertragspraxis nur teilweise oder überhaupt nicht zur Anwendung gebracht werden.[112] Bei rein individuell geschlossenen Vereinbarungen wird oftmals infolge fehlenden Bewusstseins der urheberrechtlichen Bezüge der Arbeitsbeziehung kein erkennbarer Gebrauch von der im Gesetz gewährten Dispositionsfreiheit gemacht.[113]

III. Die Nutzungsrechtserlangung des Arbeitgebers bei § 43 UrhG

1. Die Anwendungsvoraussetzungen des § 43 UrhG

Trotz dessen Stellung als einziger gesetzlicher Bestimmung zum Arbeitnehmerurheberrecht sieht der Gesetzgeber bei Formulierung von § 43 UrhG davon ab, den Begriff des Arbeitnehmerurhebers selbst zu verwenden. Statt dessen setzt er die „... in Erfüllung seiner Verpflichtungen aus einem Arbeits-(...)verhältnis..."[114] erstellten Werke eines Urhebers in Abgrenzung zu solchen Schaffensergebnissen, die von persönlich unabhängigen, in ihrem geistig-kreativen Spielraum freien Schöpfer hervorgebracht werden. Dennoch bleibt die Arbeitnehmereigenschaft des Werkschaffenden Grundvoraussetzung des Eingreifens von § 43 UrhG.
Im Rahmen seiner urheberrechtlichen Verwendung erfährt der Terminus des Arbeitsverhältnisses keinen eigenständigen Bedeutungsgehalt. In seinen Anforderungen ist er weiterhin den im Arbeitsrecht gefundenen Ausformungen zu entnehmen.[115] Dort existiert in keiner der über viele Einzelgesetze verstreuten Normierungen eine Legaldefinition. Das Arbeitsverhältnis ist jedoch als durch den Arbeitsvertrag begründetes und gestaltetes Dauerschuldverhältnis zwischen Arbeitgeber und Arbeitnehmer anerkannt, welches auf den im Sinne der §§ 320 ff. BGB gegenseitigen wirtschaftlichen Austausch von Arbeitsleistung und Vergütung abzielt.[116] Als umfassendes Rechtsverhältnis beinhaltet es auf Grundlage

---

[112] BT- Drs. 14/ 6433 S. 8.

[113] vgl. hierzu: Rojahn S., Der Arbeitnehmerurheber, 1978, S. 4 ; Buchmüller H.-J., Urheberrecht und Computersoftware, 1986, S. 67, 72 ; Mathis H.-P., Der Arbeitnehmer als Urheber, 1988, S. 2 ; Zöllner W., ZfA 1985, S. 451 f. ; Schricker/ Rojahn § 43 RN 139.

[114] § 43 UrhG ; vgl. zu den ebenfalls dem § 43 UrhG unterfallenden Dienstverhältnissen: Seewald O./ Freudling G., NJW 1986, S. 2091 ff. ; Kraßer R., FS für Schricker, 1995, S. 98 f. ; Uhl M., Der beamtete Urheber, 1988, S. 131 ff. ; Schricker/ Rojahn § 43 RN 28 ff., 34 ; Dünnwald D., Der Urheber im öffentlichen Dienst, 1999, S. 1 ff.

[115] Kraßer R., FS für Schricker, 1995, S. 88 f. ; Schricker/ Rojahn § 43 RN 11 ff. ; Haberstumpf H., Handbuch des Urheberrechts, 2000, S. 230 ff. ; Wandtke A.-A., Die Rechte der Urheber, 1993, S. 38 f.

[116] MüKO/ Müller-Glöge § 611 RN 7 ff., 125 ff. ; Söllner A., Grundriss des Arbeits-

des Arbeitsvertrages begründete Rechtsbeziehungen zwischen Arbeitgeber und Arbeitnehmer.[117]
Innerhalb dieser Definition kommt wiederum dem Arbeitsvertrag entscheidende Bedeutung zu.[118] Unter welchen Kriterien eine rechtgeschäftliche Übereinkunft zweier Vertragspartner als Arbeitsvertrag angesehen werden kann, bestimmt sich in Abgrenzung zu anderen Vertragstypen. In erster Linie ist er von den Verträgen zu unterscheiden, die eine Arbeitsverpflichtung auf Grund des ebenfalls unter dem Dach des Dienstvertragsrechts beheimateten freien Dienstvertragsrechts bzw. auf Grund des Werkvertragsrechts begründen.[119] Dies steht einer Abgrenzung dahingehend gleich, ob nach dem Vertragsinhalt seitens des Tätigkeitsverpflichteten fremdbestimmte oder selbständige Arbeit zu leisten ist, d. h. er seine Leistung als Arbeitnehmer oder Selbständiger erbringt.[120]
Die gesetzlichen Bestimmungen zum Arbeitsrecht statuieren auch keine Definition des Arbeitnehmerbegriffs. Dementsprechend kennzeichnet eine lebhaft geführte rechtswissenschaftliche Kontroverse die Konturierung und inhaltliche Ausgestaltung des Arbeitnehmerterminus[121], in deren Ergebnis Rechtsprechung und Literatur jedoch drei Hauptkriterien anerkennen, an welchen sich die Einordnung von Personen unter die Gruppe der Arbeitnehmer zu orientieren hat. Nach Formulierung der Rechtsprechung ist Arbeitnehmer, wer auf Grund eines Arbeitsverhältnisses beschäftigt und damit auf Grundlage eines privatrechtlichen Vertrags oder gleich gestellten Rechtsverhältnisses im Dienst eines anderen zur Arbeit verpflichtet ist.[122]
Die Literatur umschreibt den Arbeitnehmer als Person, die sich auf Grund Arbeitsvertrags zur Leistung fremdbestimmter, abhängiger oder

---

rechts, 2003, S. 25.

117 Söllner A., Grundriss des Arbeitsrechts, 2003, S. 1, 25 f. ; Zöllner/ Loritz, Arbeitsrecht, 1998, § 4 III vor 1 ; Münchener Handbuch-Ergänzungsband/ Richardi § 44 RN 1 ff. ; Schaub G., Arbeitsrechts-Handbuch, 2002, S. 215 f.

118 MüKO/ Müller-Glöge § 611 RN 125 ; Söllner A., Grundriss des Arbeitsrechts, 2003, S. 25 ; Schaub G., Arbeitsrechts-Handbuch, 2002, S. 215 ; Richardi R., ZfA 1988, S. 221 f.

119 Schaub G., Arbeitsrechts-Handbuch, 2002, S. 77, 213 ff. ; MüKO/ Müller-Glöge § 611 RN 133 ff ; Söllner A., Grundriss des Arbeitsrechts, 2003, S. 26 ff. ; Richardi R., DB 1999, S. 958 ff.

120 Schaub G., Arbeitsrechts-Handbuch, 2002, S. 77, 213 ff. ; MüKO/ Müller-Glöge § 611 RN 133 ff ; Söllner A., Grundriss des Arbeitsrechts, 2003, S. 26 ff.

121 vgl. hierzu: Schaub G., Arbeitsrechts-Handbuch, 2002, S. 77 ff. ; Staudinger/ Richardi Vorbem. zu §§ 611 ff. RN 132 ff. ; Münchener Handbuch/ Richardi § 24 RN 12 ff. ; MüKO/ Müller-Glöge § 611 RN 133 ff ; Erman/ Hanau § 611 RN 6 ff. ; 56 ff., 137 ff. ; Söllner A., Grundriss des Arbeitsrechts, 2003, S. 27 ff. jeweils m. w. N. zu Rechtsprechung und Literatur.

122 BAG AP Nr. 7 zu § 5 ArbGG ; BAG AP Nr. 1, 3, 6 und 12 zu § 611 Abhängigkeit ; BAG AP Nr. 2 zu § 616 BGB ; BAG AP Nr. 2 zu § 611 Beschäftigungspflicht.

unselbständiger Arbeit unter Leitung und nach Weisung des Arbeitgebers verpflichtet.[123]

Der Arbeitnehmer ist zum einen nur zur Erbringung von Arbeitsleistungen verpflichtet. Er schuldet allein die Bereitstellung und den Einsatz seiner Arbeitskraft, hat aber nicht für den Eintritt eines darüber hinaus reichenden Arbeitserfolgs einzustehen.[124] Ohne Differenzierung zwischen Arbeitnehmer und sonstigem Dienstverpflichteten impliziert dieses Charakteristikum die Abgrenzung des Dienst- gegenüber dem Werkvertragsrecht. Den Regelungsanordnungen des § 43 UrhG unterfallen mithin keine Werkverträge.[125]

Zum anderen beruht die Verpflichtung des Arbeitnehmers zur Arbeitsleistung auf einem privatrechtlichen Vertrag oder einem gleichgestellten Verhältnis.[126]

Drittes rechtliches Hauptmerkmal des Arbeitnehmerbegriff ist, dass die Arbeitsleistung im Dienst eines anderen erbracht wird, d.h. die tatsächliche Situation des Tätigkeitsverpflichteten von einer persönlichen Abhängigkeit bei der Leistungserbringung gekennzeichnet ist.[127] Sie äußert sich bei ontologisch-typologischer Konkretisierung des Merkmals[128] vor allem, keinesfalls aber abschließend, in einer Weisungsgebundenheit des Arbeitnehmers hinsichtlich Zeit, Ort und Art der Tätigkeit, im fremdnützigen Charakter der von ihm geschuldeten Arbeit sowie dessen Eingliederung in eine fremde Arbeitsorganisation, sei es, dass diese in Form

---

[123] Schaub G., Arbeitsrechts-Handbuch, 2002, S. 80 ff., 213 ff. ; Erman/ Hanau § 611 RN 5, 108 ; Staudinger/ Richardi Vorbem. zu §§ 611 ff. RN 5 ff. ; MüKO/ Müller- Glöge § 611 RN 125.

[124] Richardi R., ZfA 1988, S. 242 ff. ; Erman/ Hanau § 611 RN 13 ff. ; MüKO/ Müller-Glöge § 611 RN 23 ff.

[125] RGZ 151, S. 50- Babbit- Übersetzung ; BGHZ 19, S. 382- Gedächtniskapelle ; BGH GRUR 1966, S. 691- Schlafsäcke ; BGH GRUR 1985, S. 1041- Inkassoprogramme ; BGH GRUR 1986, S. 885- Metaxa ; Schricker/ Rojahn § 43 RN 12 ; Nordemann/ Vinck § 42 RN 2 ; Möhring/ Nicolini/ Spautz § 43 RN 2 f. ; Münchener Handbuch/ Sack § 102 RN 3.

[126] Münchener Handbuch- Ergänzungsband/ Richardi § 44 RN 1 ff. ; Söllner A., Grundriss des Arbeitsrechts, 2003, S. 26, 32 f. ; Schaub G., Arbeitsrechts-Handbuch, 2002, S. 80 ff.

[127] BAG AP Nr. 1, 6, 24, 36, 42, 66, 74 zu § 611 Abhängigkeit ; BAG AP Nr. 133 zu § 611 BGB Lehrer und Dozenten ; Erman/ Hanau § 611 RN 56 ; MüKO/ Müller-Glöge § 611 RN 133 ff. ; Schaub G., Arbeitsrechts-Handbuch, 2002, S. 82 ff. ; Söllner A., Grundriss des Arbeitsrechts, 2003, S. 26 ff. ; Staudinger/ Richardi Vorbem. zu §§ 611 ff. RN 139 ; Münchener Handbuch/ Richardi § 24 RN 20.

[128] vgl. hierzu: Wank R., Arbeitnehmer und Selbständige, 1988, S. 24 f., 35, 389 ; BAG AP Nr. 34 zu § 611 Abhängigkeit ; MüKO/ Müller-Glöge § 611 RN 134 ff. ; Söllner A., Grundriss des Arbeitsrechts, 2003, S. 27 ff. ; Hueck A./ Nipperdey H. C., Lehrbuch des Arbeitsrechts, Erster Band, 1963, S. 41, FN 15 u. 16 ; Schaub G., Arbeitsrechts-Handbuch, 2002, S. 82 ff. ; Gamillscheg F., Arbeitsrecht Band I, 2000, S. 159 ff. ; Erman/ Hanau § 611 RN 56 ff. ; Staudinger/ Richardi Vorbem. zu § 611 RN 136 ff.

eines Betriebs, eines Haushalts oder einer sonstigen vom Leistungsempfänger geschaffenen Organisationsform betrieben wird.[129]
Von Arbeitnehmern zu unterscheiden sind arbeitnehmerähnliche Personen. Ihnen unterfallen diejenigen Erwerbstätigen, die vertragliche Leistungsverpflichtungen zwar in Art, Zeit und Ort frei und selbständig erfüllen, d. h. nicht persönlich abhängig sind, über diese Kennzeichen einer Selbständigkeit hinaus aber für fremde Rechnung arbeiten und hierbei mit einem oder mehreren Auftraggebern in einem so engen Verhältnis stehen, dass sie von diesen und deren Auftragserteilungen wirtschaftlich abhängig und damit in ihrer Existenz einem Arbeitnehmer vergleichbar sozial schutzbedürftig sind.[130]
In die Regelungszusammenhänge des § 43 UrhG ist diese Gruppierung nicht einzubeziehen, auch wenn sie de facto oftmals gezwungen ist, urheberrechtliche Befugnisse in ähnlicher Weise wie festangestellte Urheber auf den Vertragspartner zu übertragen.[131] § 43 UrhG bedarf bereits aus seiner Gesamtsystematik heraus eines tatsächlichen Arbeitsverhältnisses und bringt dies in seinem Wortlaut deutlich zum Ausdruck. Der Aspekt ausnahmsweiser Gleichstellung arbeitnehmerähnlich Tätiger mit Arbeitnehmern bedingt ebenfalls kein abweichendes Zuordnungsergebnis, da § 43 UrhG nicht zu einem besonderen Schutz des Arbeitnehmers führt. Unter Würdigung der aus einem Arbeitsverhältnis resultierenden Vorteile des Arbeitnehmers in der sozialen Absicherung beschränkt er vielmehr dessen urheberrechtliche Handlungsmöglichkeiten.[132]

---

[129] vgl. hierzu: BAG AP Nr. 24, 53, 59, 74, 79, 90 zu § 611 Abhängigkeit ; zusammenfassend: BAG 26 zu § 611 Abhängigkeit ; MüKO/ Müller-Glöge § 611 RN 135 ff. ; Söllner A., Grundriss des Arbeitsrechts, 2003, S. 28 ff. ; Hueck A./ Nipperdey H. C., Lehrbuch des Arbeitsrechts, Erster Band,1963, S. 41, FN 15 u. 16 ; Schaub G., Arbeitsrechts-Handbuch, 2002, S. 82 ff. ; Gamillscheg F., Arbeitsrecht Band I, 2000, S. 159 ff. ; Erman/ Hanau § 611 RN 56 ff. ; Staudinger/ Richardi Vorbem. zu § 611 RN 141 ff.

[130] BGH NZA 2000, S. 391- Status einer als Marktleiterin tätigen Franchisenehmerin ; BGH NZA 1999, S. 55- Franchisenehmer als arbeitnehmerähnliche Person- Eismann ; BGH NZA 1999, S. 112- Frachtführer als arbeitnehmerähnliche Person; Schricker/ Rojahn § 43 RN 18 ; Wandtke A.- A., Die Rechte der Urheber, 1993, S. 40 ff. ; Haberstumpf H, Handbuch des Urheberrechts, 2000, S. 231 ; Olenhusen v. G., GRUR 2002, S. 12 f. ; Hromadka W., NZA 1997, S. 1251 ff. ; Buchner H., NZA 1998, S. 1146 ff. ; Schaub G., Arbeitsrechts-Handbuch, 2002, S. 92 ff.

[131] Olenhusen v. G., GRUR 2002, S. 13 ff. ; Schricker/ Rojahn § 43 RN 18 ; Münchener Handbuch/ Sack § 102 RN 3.

[132] Haberstumpf H., Handbuch des Urheberrechts, 2000, S. 231 ; MüKO/ Müller-Glöge § 611 RN 18 ; Kraßer R., FS für Schricker, 1995, S. 88 ; Schack H., Urheber- und Urhebervertragsrecht, 2001, RN 981 ; Möhring/ Nicolini/ Spautz § 43 RN 2 ; a.A.: Nordemann/ Vinck § 43 RN 2, der für eine Einordnung arbeitnehmerähnlicher Personen unter § 43 UrhG auf das Überwiegen dienst- oder werkvertraglicher Elemente beim jeweils zu Grunde liegenden Vertragsverhältnis abstellt.

Zusätzlich zur Stellung des Werkschaffenden als Arbeitnehmer setzt ein Eingreifen von § 43 UrhG voraus, dass das schöpferische Arbeitsergebnis "in Erfüllung" der arbeitsvertraglichen Leistungsverpflichtungen des Arbeitnehmerurhebers erbracht wird. Terminologisch bilden sich in diesem Zusammenhang früh vom Gesetzeswortlaut unabhängige, in Rechtsprechung und Schrifttum anerkannte Begrifflichkeiten heraus.
Werke, die das Gesetz mit der Formulierung „...in Erfüllung seiner Verpflichtungen aus dem Arbeits-(...)verhältnis geschaffen..."[133] umschreibt, werden als sogenannte Arbeitswerke[134] bzw. gebundene Werke[135] oder Pflichtwerke[136] des Arbeitnehmers bezeichnet. Ihnen stehen als rechtlicher Kontrapunkt die sogenannten freien Werke des Arbeitnehmerurhebers gegenüber, welche zwei Unterbereiche des schöpferischen Arbeitens umfassen, die sogenannten reinen Freizeitwerke sowie das Werkschaffen „im Rahmen"[137] oder „bei Gelegenheit"[138] der arbeitsvertraglichen Pflichtenerfüllung. Letzteres ist - wie bei § 278 BGB - konträr und in Abgrenzung zu „in Erfüllung" arbeitsvertraglicher Pflichten bewirkten Schöpfungen zu verstehen.
Die Unterscheidung der in § 43 UrhG erfassten Pflichtwerke von den in der Freizeit geschaffenen freien Werken bereitet die geringsten Schwierigkeiten. Unter die Kategorie der Freizeitwerke sind die Schöpfungen einzuordnen, die ohne jede Beziehung und Berührungspunkte zum eingegangenen Arbeitsverhältnis zusammenhangslos neben diesem stehen, beispielsweise die musikalische Komposition eines Werbetexters oder die Verfassung eines Romans durch einen angestellten Rechtsanwalt. Folge der fehlenden Verbindung zum arbeitsvertraglich geschuldeten Tätigkeitsbereich ist, dass der Werkschaffende hinsichtlich dieser Schöpfungen trotz seiner erwerbsrechtlichen Stellung als Arbeitnehmer ohne jede Einschränkung wie ein freier Urheber im Sinne der grundlegenden Konzeption des Urheberrechts zu behandeln ist. Innerhalb der gesetzlichen Vorgaben kann er frei darüber entscheiden, ob, mit wem und mit welchem, insbesondere vergütungsrechtlichem Inhalt er Urheberverträge aushandelt und abschließt.[139]
Den Gegenstand der eigentlichen rechtlichen Diskussion bilden die nicht seltenen Fälle der Werkerstellung „bei Gelegenheit", die zwischen ar-

---

[133] § 43 UrhG.
[134] Scholz M., Die rechtliche Stellung, 1989, S. 26.
[135] Mathis H.- P., Der Arbeitnehmer als Urheber, 1988, S. 11.
[136] Schricker G./ Kraßer R., Patent- und Urheberrecht, 1988, S. 97.
[137] Wandtke A.- A., Die Rechte der Urheber, 1993, S. 47 ff.
[138] Ullmann E., GRUR 1987, S. 8 ; Mathis H.-P., der Arbeitnehmer als Urheber, 1988, S. 28 ; Wandtke A.- A., Die Rechte der Urheber, 1993, S. 45 ff.
[139] BGH GRUR 1985, S. 129 f.- Elektrodenfabrik ; Wandtke A.- A., GRUR 1999, S. 392 ; Buchner H., GRUR 1985, S. 12 f. ; Haberstumpf H., Handbuch des Urheberrechts, 2000, S. 235 ; Nordemann/ Vinck § 43 RN 3.

beitsvertraglicher Pflichtenerfüllung und freizeitlichem Schaffensprozess liegen.
Eine Gruppierung der Rechtswissenschaft wählt im Schwerpunkt ihrer Ausführungen einen rein temporären Faktor als Differenzierungskriterium.[140] Ohne weitergehende Unterscheidung bei den „freien Werken" unterstellt sie allein diejenigen schöpferischen Leistungen § 43 UrhG, die innerhalb der jeweils zu beachtenden Arbeitszeit geschaffen werden. Gerade auf dem Gebiet der schöpferischen Arbeit mit ihren künstlerisch-wissenschaftlichen Eigenarten stellt dieser äußerst pragmatische Differenzierungsansatz aber keinen geeigneten Anhaltspunkt für die Entscheidung über das Vorliegen vertraglicher oder außervertraglicher Leistungen dar.[141] Schöpferisch-geistige Arbeitsleistungen wie die eines Arbeitnehmerurhebers lassen sich nicht an einen in Stunden und Minuten gemessenen Zeitraum binden. Die Entwicklung von Ideen wird bei einer schöpferisch-kreativen Problembewältigung mit Ende der Arbeitszeit nicht abgestellt, sondern dauert regelmäßig über die vereinbarte Mittagspause bzw. den täglichen Arbeitsschluss fort.[142]
Ebenso wenig kann das in seiner Praktikabilität vergleichbare Kriterium des Ortes der Erbringung einer Arbeitsleistung als maßgebendes Unterscheidungs- und Einordnungscharakteristikum fungieren.[143] Unter Verweis auf obige Argumentation ist es für die Differenzierung unerheblich, ob die Werkschöpfung in der freien Natur, zu Hause, auf dem angewiesenen Arbeitsplatz oder an allen diesen Orten gemeinsam begonnen, durchgeführt oder beendet wird.
Die Schöpfungen des Arbeitnehmers, die eindeutig dem in seiner Gesamtheit aus Arbeitsvertrag, tatsächlichem Tätigkeitsbereich, Treuepflicht oder möglichen Änderungsverträgen zu ermittelnden[144] vertraglichen Aufgabengebiet des Arbeitnehmers unterfallen und damit Werke darstellen, zu deren Erstellung der Arbeitnehmer angestellt ist, gehören

---

[140] Nordemann/ Vinck § 43 RN 3 ; Vinck K., Die Rechtsstellung, des Urhebers, 1972, S. 20, 22 ; Rehbinder M., FS für Roeber, 1973, S. 489 f. ; Westen K., JR 1967, S. 406.

[141] Mathis H.- P., Der Arbeitnehmer als Urheber, 1988, S. 39 ff., 52 f. ; Münchener Handbuch/ Sack § 102 RN 4, 11 ; Schricker/ Rojahn § 43 RN 23 ; Rehbinder M., Urheberrecht, 2004, S. 298 ; Kraßer R., FS für Schricker, 1995, S. 91; Wandtke A.- A., Die Rechte der Urheber, 1993, RN 108 f..

[142] vgl. hierzu: Möhring/ Nicolini/ Spautz § 43 RN 7 ; Rehbinder M., Urheberrecht, 2004, S. 298.

[143] so aber wohl Vinck K., Die Rechtsstellung des Urhebers, 1972, S. 22.

[144] vgl. hierzu: BT- Drs. IV/ 270 S. 61 ; BAG AP Nr. 1, 2 zu § 24 BAT ; BAG AP Nr. 2 zu § 611 BGB- Beschäftigungspflicht ; BAG AP Nr. 26 zu § 611- Direktionsrecht ; Mathis H.- P., Der Arbeitnehmer als Urheber, 1988, S. 18 f. ; Buchner H., GRUR 1985, S. 5, 13 ; Haberstumpf H., Handbuch des Urheberrechts, 2000, S. 232 ; Wandtke A.- A., GRUR 1999, S. 391 ; Rehbinder M., Urheberrecht, 2004, S. 297 f. ; Schaub G., Arbeitsrechts-Handbuch, 2002, S. 406 f. ; Zöllner W./ Loritz K.- G., Arbeitsrecht, 1998, § 11 II 1 ; Schricker/ Rojahn § 43 RN 22 f.

unproblematisch zum Kreis der von § 43 UrhG bezeichneten Pflichtwerke. Bei einer an Kriterien, wie dem allgemein brachenüblichen bzw. besonderen betrieblichen Berufsbild, der gewählten Berufsbezeichnung und der tatsächlichen betrieblichen Funktion des Betroffenen angelehnten Auslegung des konkreten vertraglichen Pflichtenumfangs steht das schöpferische Ergebnis in kausaler Beziehung zur geschuldeten bzw. tatsächlichen Tätigkeit.[145]

Übergeordnetes, allgemeingültiges Charakteristikum aller Pflichtwerke nach § 43 UrhG ist mithin, dass ein Arbeitnehmer seine arbeitsvertraglichen Pflichten verletzen würde, würde er diese nicht herstellen bzw. sich während der vereinbarungsgemäßen Tätigkeitsausübung nicht mit seiner gesamten ihm zur Verfügung stehenden Arbeitskraft um den Eintritt des Werkerfolges bemühen.[146]

Hiervon ausgehend begegnet die Rechtsprechung auch den Situationen arbeitnehmerurheberrechtlichen Werkschaffens, die nicht von einer solch eindeutigen Verbindung zwischen Werkschöpfung und arbeitsvertraglicher Verpflichtung gezeichnet sind, ansonsten aber in Beziehung zum Arbeitsverhältnis stehen, wie beispielsweise bei einer über die geschuldeten Schreib- und Hilfsarbeiten hinausführenden inhaltlichen Mitarbeit an einem Buchmanuskript.[147] Auch dort werden von ihr nur die Schöpfungen dem Bereich gebundenen Werkschaffens nach § 43 UrhG zugeordnet, bei welchen der Arbeitnehmer arbeitsrechtlich zur Erbringung der konkreten, insbesondere gegenüber anderen, beispielsweise rein mechanischen Leistungen, abgrenzbaren schöpferischen Tätigkeit verpflichtet ist, die der Entstehung des schutzfähigen Ergebnisses denknotwendig vorausgesetzt ist und zur Werkentstehung hinführt.[148]

„Bei Gelegenheit" der arbeitsvertraglichen Pflichtenerfüllung geschaffene Werke kennzeichne demgegenüber, dass sie außerhalb des vertraglich vereinbarten Pflichten- und Aufgabenumfanges liegen, mithin auf vertraglich nicht geschuldete Tätigkeiten zurückzuführen sind, aber während des Bestehens des Arbeitsverhältnisses entstehen und mit diesem, sei es über die verwendeten materiellen oder immateriellen Arbeitsmittel, sei es über die inhaltliche Thematik in einem gewissen Zusammenhang stehen.[149] Das Vorliegen oder Fehlen von Faktoren wie Verwendung der

---

[145] RGZ 110, S. 393 ff.- Riviera ; BGH GRUR 1974, S. 482- Hummelrechte ; BGH GRUR 1978, S. 244- Ratgeber für Tierheilkunde ; BAG GRUR 1961, S. 492- Nahverkehrschronik.

[146] Kraßer R., FS für Schricker, 1995, S. 90 ; Schricker/ Rojahn § 43 RN 23, 25.

[147] BGH GRUR 1952, S. 257 f.- Krankenhauskartei ; BGH GRUR 1978, S. 244- Ratgeber für Tierheilkunde ; BGH GRUR 1972, S. 713- Dezernent des Arbeitsgebietes Musikwesen ; BAG GRUR 1984, S. 431- Statikprogramme.

[148] BGH GRUR 1952, S. 257 f.- Krankenhauskartei ; BGH, GRUR 1978, S. 244- Ratgeber für Tierheilkunde.

[149] BGH GRUR 1972, S. 713- Dezernent des Arbeitsgebietes Musikwesen ; BAG GRUR 1984, S. 431- Statikprogramme ; BGH GRUR 1952, S. 257 f.- Kranken-

vom Arbeitgeber zur Verfügung gestellten Arbeitsmittel, Einsatz der aus dem Tätigkeitsfeld geschöpften Kenntnisse und Erfahrungen bzw. subjektive Interessen oder ein allgemeines betriebliches Interesse an der Werkentstehung hätten ohne Einfluss auf die rechtliche Einordnung zu bleiben.[150] Maßgebend sei allein die Frage nach Umfang und Inhalt der konkret arbeitsvertraglich geschuldeten schöpferischen Bemühungen sowie deren kausale Verknüpfung mit dem geschaffenen Werk.[151]
Diesem Zuordnungsansatz der Rechtsprechung folgt auch der Großteil der Literaturstimmen.[152] Mit - wie bereits ausgeführt - teilweise unterschiedlichen Begriffen sowie untereinander divergierenden Schwerpunkten bei den entscheidenden Einzelkriterien charakterisiert auch nach deren Auffassung das Pflichtwerk i. S. d. § 43 UrhG die Zugehörigkeit zum Kreis der arbeitsvertraglichen Tätigkeitspflichten. Der Arbeitnehmer muss mit der Arbeitsleistung, die im Ergebnis zu der Entstehung des Werkes führt, arbeitsvertraglich betraut sein. Quellen derartiger Leistungspflichten sind auch nach Vorstellung der Literaturstimmen der Arbeitsvertrag, dessen mögliche nachträgliche Abänderung sowie aus dem tatsächlichen Tätigkeitsbereich oder der Treuepflicht resultierende Weiterungen des Aufgabenkatalogs.[153] Variationen erfahren hierbei sowohl die Anzahl der zu beachtenden Gesichtspunkte als auch die Gewichtung der für eine Auslegung entscheidenden Kriterien.[154]

---

hauskartei ; BGH GRUR 1978, S. 244- Ratgeber für Tierheilkunde ; BGH GRUR 1966, S. 691- Schlafsäcke.

[150] BGH GRUR 1966, S. 691- Schlafsäcke ; BGH GRUR 1978, S. 244- Ratgeber für Tierheilkunde ; BGH GRUR 1972, S. 713- Dezernent des Arbeitsgebiets Musikwesen.

[151] BGH GRUR 1972, S. 713- Dezernent des Arbeitsgebietes Musikwesen ; BAG GRUR 1984, S. 431- Statikprogramme ; BGH GRUR 1952, S. 257 f.- Krankenhauskartei ; BGH GRUR 1978, S. 244- Ratgeber für Tierheilkunde ; BGH GRUR 1966, S. 691- Schlafsäcke.

[152] Ullmann E., GRUR 1987, S. 8 ; Zirkel M., WRP 2003, S. 61 f. ; Kraßer R., FS für Schricker, 1995, S. 90 ; Möhring/ Nicolini/ Spautz § 43 RN 2 ; Wandtke A.-A., GRUR 1999, S. 391 f. ; Haberstumpf H., Handbuch des Urheberrechts, 2000, S. 32 ; Schricker/ Rojahn § 43 RN 22 ff. ; Mathis H.- P., Der Arbeitnehmer als Urheber, 1988, S. 32 ; Fischer H.-J./ Reich S., Urhebervertragsrecht, 1993, S. 46 ; Rehbinder M., Urheberrecht, 2004, S. 297 ff.

[153] vgl. hierzu: BT- Drs. IV/ 270 S. 61 ; BAG AP Nr. 1, 2 zu § 24 BAT ; BAG AP Nr. 2 zu § 611 BGB- Beschäftigungspflicht ; BAG AP Nr. 26 zu § 611- Direktionsrecht ; Mathis H.- P., Der Arbeitnehmer als Urheber, 1988, S. 18 f. ; Buchner H., GRUR 1985, S. 5, 13 ; Haberstumpf H., Handbuch des Urheberrechts, 2000, S. 232 ; Wandtke A.- A., GRUR 1999, S. 391 ; Schaub G., Arbeitsrechts- Handbuch, 2002, S. 406 f. ; Zöllner W./ Loritz K.- G., Arbeitsrecht, 1998, § 11 II 1.

[154] Ullmann E., GRUR 1987 S. 8 ; Haberstumpf H., Handbuch des Urheberrechts, 2000, S. 232 ; Schricker/ Rojahn § 43 RN 22 ; Mathis H.- P., Der Arbeitnehmer als Urheber, 1988, S. 32 ; Kraßer R., FS für Schricker, 1995, S. 90 ; Fischer H.-J./ Reich S., Urhebervertragsrecht, 1993, S. 46. vgl. zu erweiternden Definitionsansätzen unter Heranziehung der Vorschriften des ArbnErfG: BT- Drs. II/ 1648

2. Die Mechanismen der Nutzungsrechtsverleihung bei § 43 UrhG

Urheberrechtliche Nutzungsrechte erhalten in § 31 Absatz 1 Satz 1 UrhG eine Legaldefinition. Sie sind die auf eine, mehrere oder alle wirtschaftlichen Nutzungsarten bezogenen verwertungsrechtlichen Befugnisse eines vom Urheber verschiedenen Dritten, die inhaltlich den von §§ 15 ff. UrhG näher, aber nicht abschließend klassifizierten originären Verwertungsrechten des Urhebers im weitesten Sinn entsprechen.[155]
Bei Erwerb der Nutzungsrechte scheidet eine rechtsgeschäftliche Übertragung der Rechtspositionen vom Urheber auf den außenstehenden Werkverwerter aus, da sie erst in der Person des nicht in den Schaffensprozess involvierten, aber an der Werknutzung interessierten Dritten entstehen.[156] Absprachen zur Einräumung werkbezogener Nutzungsrechte nach § 31 Absatz 1 Satz 1 UrhG, seien sie auf bestimmte Befugnisse beschränkt oder unbeschränkt, sind somit nicht im Sinne eines Rechtstransfers und damit einer Überlassung bereits bestehender Befugnisse zu verstehen. Sie sind vielmehr eine Art „konstitutiver Lizenzierung"[157], d. h. Einschränkungen der dem Werkschaffenden gebührenden Befugnisse durch erstmalige Begründung von Rechten außenstehender Dritter.[158]
Das Schöpferprinzip behält auch im Arbeitnehmerurheberrecht seine Gültigkeit. Urheber und damit Inhaber der Verwertungsrechte ist der Arbeitnehmer. Der Arbeitgeber vermag sich die von ihm benötigten Vermarktungsbefugnisse allein über einen Nutzungsrechtserwerb zu verschaffen. Da § 43 UrhG eine vertragliche Lösungen entbehrlich machende, normative Zessionsregelung fehlt, ist zwischen Arbeitnehmerurheber und verwertungsinteressiertem Arbeitgeber eine rechtsgeschäftliche Einigung über den begehrten Nutzungsrechterwerb zu erzielen und zu realisieren. § 31 Absatz 1 Satz 1 UrhG ist mithin auch auf dem Gebiet des Arbeitnehmerurheberrechts grundsätzlich vollumfänglich anwendbar. Erst eine vertragliche Einigung zwischen Arbeitnehmer und am Schaf-

---

S. 19 ; Wandtke A.-A., GRUR 1999, S. 392 ; Mathis H.-P., Der Arbeitnehmer als Urheber, 1988, S. 38 f., 44f., 59 f. ; Münchener Handbuch/ Sack § 102 RN 4 f. ; Kraßer R., FS für Schricker, 1995, S. 90 ; Vinck K., Die Rechtsstellung des Urhebers, 1972, S. 21 f. ; Rehbinder M., FS für Hubmann, 1985, S. 361.

[155] Mathis H.- P., Der Arbeitnehmer als Urheber, 1988, S. 117 f. ; Rehbinder M., Urheberrecht, 2004, S. 263 f. ; Möhring/ Nicolini/ Spautz § 32 RN 5 f. ; Genthe B., Der Umfang der Zweckübertragungstheorie, 1981, S. 52.

[156] Vinck K., Die Rechtsstellung des Urhebers, 1972, S. 15.

[157] Rehbinder M., Beiträge zum Urheber- und Medienrecht, 1995, S. 44 ; vgl. a. Wandtke A.- A., Die Rechte der Urheber, 1993, S. 72 f. ; Nordemann/ Hertin vor § 28 Vorbemerkung.

[158] Schricker/ Schricker Vor §§ 28 ff. RN 43 ; Ulmer E., Urheber- und Vertragsrecht, 1980, S. 358 f.

fensprozess unbeteiligtem Arbeitgeber führt zu dessen Nutzungsrechtserwerb.[159]
Gleichzeitig sind nach § 43 UrhG die aus Wesen oder Inhalt des Arbeitsverhältnisses resultierenden Besonderheiten zu beachten. Ließe man den einschränkenden Einfluss des Arbeitsverhältnisses i. S. d. § 43 UrhG außen vor, stünde der in einem abhängigen Beschäftigungsverhältnis stehende Werkschöpfer in seinen urheberrechtlichen Befugnissen dem freien Urheber gleich. Dies würde faktisch aber nicht zu einer Gleich-, sondern einer erheblichen Besserstellung des Arbeitnehmerurhebers führen.
Der freie Urheber kann bei seinem Werkschaffen auf keine finanzielle Absicherung zurückgreifen, sondern ist unter Übernahme des gesamten wirtschaftlichen Risikos auf die Erträgnisse aus der Eigen- bzw. Fremdverwertung seiner Werke angewiesen. Kämen die Urheberrechtspositionen, die ihm daher die alleinige Verfügungsgewalt über das Schaffensergebnis und damit über sämtliche Nutzungs- und Verwertungsrechte zusprechen, in vollem Umfang auch dem wirtschaftlich abgesicherten Arbeitnehmerurheber zu, könnte dieser trotz regelmäßiger Entlohnung Nutzungen der eigenen Schöpfung durch den Arbeitgeber von seiner insbesondere an eine zusätzliche Vergütung gebundenen Zustimmung abhängig machen.[160]
Aufgabe von Wesen und Inhalt des Arbeitsverhältnisses nach § 43 UrhG ist es, einer solchen im Widerspruch zu den Funktionsvoraussetzungen einer arbeitsteiligen Wirtschaftsordnung stehenden Bedeutung des Arbeitnehmerurhebers entgegenzuwirken. Sie sind die Maßstäbe, an denen eine Anwendbarkeit bzw. Modifizierung der für den freien Urheber konzipierten Schutzvorschriften des Urheberrechtsgesetzes, insbesondere der Anordnungen der §§ 31 ff. UrhG zu überprüfen sind.[161]
Das Wesen eines Arbeitsverhältnisses umfasst die Summe aller typenbildenden Strukturmerkmale des Arbeitsverhältnisses i. S. eines besonderen Schuldverhältnisses und besitzt gegenüber dem Terminus „Inhalt" einen höheren Grad an Abstraktheit.[162] Konkret sind heute in erster Linie

---

[159] BT- Drs. IV/ 270 S. 61 ; BGH NJW 1974, S. 905- Hummelrechte ; BAG NJW 1984, S. 1580- Statikerprogramme ; Kraßer R., FS für Schricker, 1995, S. 83 f..
[160] Möhring/ Nicolini/ Spautz § 43 RN 13 ; Mathis H.-P., Der Arbeitnehmer als Urheber, 1988, S. 67.
[161] BGH GRUR 1974 S. 482- Hummelrechte ; Kraßer R., FS für Schricker, 1995, S. 87 ; Mathis H.-P., Der Arbeitnehmer als Urheber, 1988, S. 73 ff. ; Schricker/ Rojahn § 43 RN 33 ; Fischer H.-J./ Reich S., Urhebervertragsrecht, 1993, S. 47 ; Wandtke A.- A., Die Rechte der Urheber, 1993, S. 71 f.
[162] BT- Drs. IV/ 270 S. 110 ff. ; Mathis H.-P., Der Arbeitnehmer als Urheber, 1988, S. 73 ff. ; Schricker/ Rojahn § 43 RN 33 ; Wandtke A.- A., Die Rechte der Urheber, 1993, S. 71 f. ; a.A.: Westen K., JR 1967, S. 402 ; widersprüchlich: Bollack G., GRUR 1976, S. 76 ; Vinck K., Die Rechtsstellung des Urhebers, 1972, S. 11, die bei den Strukturmerkmalen auf das konkrete Arbeitsverhältnis abstellen.

drei Gesichtspunkte anerkannt, die das Arbeitsverhältnis als Gesamtrechtsbeziehung zwischen Arbeitgeber und Arbeitnehmer grundlegend typisieren.
Das Arbeitsverhältnis beherrscht zunächst der Grundsatz des „do ut des". Die Bereitstellung der Arbeitskraft des tätigkeitsverpflichteten Arbeitnehmers und die Lohnzahlungsverpflichtung der Arbeitgeberseite stehen sich in einem auf Gegenseitigkeit beruhenden privatrechtlichen Austauschverhältnis gegenüber.[163]
Das zweite Strukturmerkmal des Arbeitsverhältnisses findet sich in dessen Grundkonzeption als für einen längeren Zeitraum abgeschlossenes Dauerschuldverhältnis.[164]
Mit ihr in enger Relation steht das dritte Typenmerkmal, der bereits aus der Definition des Arbeitnehmerbegriffs bekannte personale Charakter der arbeitsrechtlichen Verbindung[165], der durch die geplante bzw. tatsächliche Dauerhaftigkeit der rechtlichen Verbindung eine nicht unerhebliche Bedeutungssteigerung erfährt.
Aus diesen drei Strukturelementen sind die grundlegend aus dem Arbeitsverhältnis resultierenden Einflüsse auf die Anwendung der für den freien Urheber konzipierten urheberrechtsgesetzlichen Schutzanordnungen abzulesen.
In Ergänzung der durch den Wesensbegriff für alle Arbeitsverhältnisse generell relevanten Umstände sind die Besonderheiten des konkreten Einzelfalles, seien sie vertraglich ausdrücklich fixiert, konkludent vereinbart oder aus tatsächlichen Gegebenheiten gewonnen, im Terminus Inhalt des Arbeitsverhältnisses zusammengefasst.[166] Wegen der weit gefächerten Bandbreite urheberrechtlichen Schaffens divergieren die dem Inhaltsbegriff unterzuordnenden Besonderheiten des Einzelarbeitsverhältnisses zwangsläufig stark und lassen sich nur schwer übergeordneten, sei es auch nur gruppenspezifischen Wertungsgesichtspunkten, Kategorien oder Abwägungsergebnissen zuweisen. In der Regel haben einzelfallbezogene Auslegungen der jeweiligen Vertragsabsprachen zu erfolgen und die konkret vorherrschenden betrieblichen Besonderheiten sowie aus ihnen resultierende Billigkeitserwägungen Berücksichtigung zu finden.[167]

---

[163] MüKO/ Müller-Glöge § 611 RN 8 ff., 126 ; Münchener Handbuch- Ergänzungsband/ Richardi § 44 RN 1 f. ; Schricker/ Rojahn § 43 RN 33 ; Schaub G., Arbeitsrechts-Handbuch, 2002, S. 213 ff.

[164] Schaub G., Arbeitsrechts-Handbuch, 2002, S. 215 ; MüKO/ Müller-Glöge § 611 RN 17 ff ; Schricker/ Rojahn § 43 RN 10 ; Münchener Handbuch/ Richardi § 24 RN 71 ff.

[165] vgl. hierzu: C. III. 1., insbesondere FN 124-126.

[166] Mathis H.-P., Der Arbeitnehmer als Urheber, 1988, S. 75 ; Schricker/ Rojahn § 43 RN 33 ; Wandtke A.- A., Die Rechte der Urheber, 1993, S. 71.

[167] Mathis H.-P., Der Arbeitnehmer als Urheber, 1988, S. 75.

Trotz anders lautenden Wortlauts des § 43 UrhG bleibt die Vorrangstellung von Inhalt und Wesen des Arbeitsverhältnisses nicht auf den in §§ 31 ff. UrhG geregelten Normierungsbereich beschränkt. Auch andere urheberrechtsgesetzliche Anordnungen, Auslegungsregeln und gesetzliche Vermutungen - dispositiv oder zwingend - haben zurückzutreten, wenn im Arbeitsverhältnis kraft dispositiver Normen oder auf Grund der für das Arbeitsverhältnis einschlägigen Generalklauseln „etwas anderes" gilt.[168] Grund hierfür sind die erheblichen Unterschiede in der Schutzbedürftigkeit der finanziell abgesicherten sowie weisungsgebunden agierenden abhängig beschäftigen Werkschaffenden einerseits und der mit dem vollen wirtschaftlichen Risiko ihres Schaffens belasteten, aber frei schöpferisch tätigen Urheber andererseits, die auch außerhalb der §§ 31 ff. UrhG Differenzierungen erforderlich machen.[169] Die Beschränkung des Vorrangs der arbeitsrechtlichen Besonderheiten im Wortlaut des § 43 UrhG auf die Vorschriften des Unterabschnitts zu den Nutzungsrechten ist in dem Zusammenhang zu sehen, dass der dort geregelte Bereich der Nutzungsrechtsverleihung in erster Linie von dessen Auswirkungen betroffen ist. Daher hält der Gesetzgeber hier eine ausdrückliche gesetzliche Regelung für angebracht.[170]

Bei dem vom Arbeitgeber begehrten Nutzungsrechtserwerb i. S. d. § 31 Absatz 1 Satz 1 UrhG besteht auch dann, wenn der Abschluss einer ausdrücklichen urheberrechtlichen Verpflichtungs- bzw. Verfügungsvereinbarung fehlt, eine grundlegende schuldrechtliche Verpflichtung des Arbeitnehmers zur Befugnisverleihung an seinen Arbeitgeber. Sie resultiert aus dem Arbeitsvertrag und dessen anerkannten Wesensmerkmalen.

Nach höchstrichterlicher Rechtsprechung[171] und nahezu einhelliger Auffassung sämtlicher Stimmen der Literatur[172] muss der Arbeitnehmer bei

---

[168] BT- Drs. IV/ 270 S. 62 ; Schricker/ Rojahn § 43 RN 36, 49 ; Möhring/ Nicolini/ Spautz § 43 RN 10, 13 ; Schack H., Urheber- und Urhebervertragsrecht, 2001, RN 981 ; Kraßer R., FS für Schricker, 1995, S. 87 f., 94 ff. ; Zöllner W., FS für Hubmann, 1985, S. 527 ; Münchener Handbuch/ Sack § 102 RN 23 ff. ; widersprüchlich: Wandtke A.- A., Die Rechte der Urheber, 1993, S. 71.

[169] Nordemann/ Vinck § 43 RN 3 ; Kraßer R., FS für Schricker, 1995, S. 84 f., 88 ; Rehbinder M., Beiträge zum Urheber- und Medienrecht, 1995, S. 51 ; Schricker/ Rojahn § 43 RN 36 ; Möhring/ Nicolini/ Spautz § 43 RN 10 ; a.A.: Rieg T., GRUR 1994, S. 428.

[170] Schricker/ Rojahn § 43 RN 36.

[171] RGZ 110, S. 395- Riviera ; RGZ 153, S. 8- Rundfunksendung von Schallplatten ; BGH GRUR 1952 S. 257 f.- Krankenhauskartei ; BGH GRUR 1974, S. 483- Hummelrechte ; BAG GRUR 1961 S. 491 - Nahverkehrschronik ; BAG GRUR 1984, S. 431- Statikerprogramme.

[172] Rehbinder M., Beiträge zum Urheber- und Medienrecht, 1995, S. 44 ; Haberstumpf H., Handbuch des Urheberrechts, 2000, S. 233 f. ; Vinck K., Die Rechtsstellung des Urhebers, 1972, S. 19 ; Wandtke A.- A., Die Rechte der Urheber, 1993, S. 72 ff. , Münchener Handbuch/ Sack § 102 RN 9 ; Möhring/ Nicolini/

Eingehung des Arbeitsverhältnisses um die immaterialgüterrechtlichen Konsequenzen seiner wirtschaftlich abgesicherten Stellung wissen. Die Belastung des Arbeitgebers mit den Risiken der Werkschaffung, welche mit der finanziellen Absicherung des Arbeitnehmers korrespondiert, bringt es mit sich, dass eine bei Tätigkeitsausübung bewirkte schöpferische Leistung dem Arbeitgeber in dem Sinne auch immaterialgüterrechtlich zusteht, dass sie einer seinen Vorstellungen entsprechenden Verwertung zugänglich ist. Der Arbeitgeber darf darauf vertrauen, dass der Arbeitnehmer seinem Interesse an einer gewinnreichen Verwertung des entstandenen Pflichtwerkes entspricht und sich verpflichtet, die entsprechend erforderlichen Nutzungsrechte einzuräumen. Mit Arbeitsvertragsabschluss kommt es neben den streng arbeitsrechtlichen Inhalten zwingend zu einem zumindest konkludenten Verpflichtungsgeschäft über die urheberrechtliche Nutzungsrechtsgewährung an den Arbeitgeber.[173]
Zur hinreichenden Sicherung der Interessen des vom Werkschaffenden verschiedenen Dritten an der Vermarktung des urheberrechtlichen Werks reicht eine rein schuldrechtliche Verpflichtung des Schöpfers zur Nutzungsrechtverleihung nicht aus. Durch sie ist der Urheber weder an einer, wenn auch vertragswidrigen, tatsächlichen Verfügung zu Gunsten eines Zweitinteressenten noch an einer umfassenden Verweigerung der Rechtsgewährung gehindert. Dem Erstinteressent blieben nur Schadensersatzansprüche, ohne eine tatsächliche Rechtseinräumung an sich selbst durchsetzen zu können. An die schuldrechtliche Vereinbarung über die Nutzungsrechterteilung hat daher als zweiter Schritt deren immateriellgüterrechtlicher Vollzug im Sinne eines quasi-dinglichen Verfügungsgeschäftes anzuschließen.
Im arbeitnehmerurheberrechtlichen Kontext kann die Annahme einer rechtsgeschäftlichen Einigung von Arbeitnehmer und Arbeitgeber über die tatsächliche Rechtsgewährung an den Arbeitgeber wiederum auf das Arbeitsverhältnis gestützt werden.[174] In Parallelität zur Argumentation bei Begründung der schuldrechtlichen Verpflichtung ziehen es nach übereinstimmender Auffassung von höchstrichterlicher Rechtsprechung[175]

Spautz § 43 RN 7 ; Schricker/ Rojahn § 43 RN 38, 40 ; Ulmer E., Urheber- und Verlagsrecht, 1980, S. 401 f. ; Kraßer R., FS für Schricker, 1995, S. 84 ; a.A.: Wandtke A.- A., GRUR 1992, S. 142, der die sog. Trennungstheorie vertritt, vgl. hierzu FN 251.

[173] Mathis H.- P., Der Arbeitnehmer als Urheber, 1988, S. 85 f. ; Schricker/ Rojahn § 43 RN 38 ff. ; Rehbinder M., Beiträge zum Urheber- und Medienrecht, 1995, S. 44 ; Möhring/ Nicolini/ Spautz § 43 RN 7 ; Rojahn S., Der Arbeitnehmerurheber, 1978, S. 53 ; zustimmend, aber kritisch im Hinblick auf das Schriftformerfordernis des § 40 UrhG: Vinck K., Die Rechtsstellung des Urhebers, 1972, S. 15 f. (vgl. a. FN 182).

[174] BT- Drs. IV/ 270 S. 62.

[175] BGH GRUR 1952, S. 258- Krankenhauskartei ; BGH GRUR 1960, S. 612- Wägen und Wagen ; BGH GRUR 1974, S. 483- Hummelrechte ; BAG GRUR 1961,

und Literatur[176] die aus dem Austauschcharakter eines jeden Arbeitsverhältnisses resultierende Verteilung der finanziellen Risiken sowie die hierauf aufbauende Funktionsfähigkeit der bestehenden Wirtschaftsordnung zwingend nach sich, dass dem mit diesen Unwägbarkeiten im Schaffensprozess belasteten Arbeitgeber die Verwertung des Arbeitsergebnisses gebührt. Er darf darauf vertrauen, dass der werkschaffende Arbeitnehmer dies anerkennt und auch die hierzu erforderliche quasidingliche Nutzungsrechteinräumung vornimmt.[177]
Divergierende Auffassungen bestehen über den Zeitpunkt, in dem bei Fehlen einer ausdrücklichen vertraglichen Regelung eine arbeitsrechtlich bedingte Nutzungsrechtseinräumung abgeschlossen ist. Der BGH führt in einer Entscheidung an, dass mit Übergabe des Werkes auch die zu seiner Auswertung erforderlichen Nutzungsrechte stillschweigend mit übergehen.[178] Während der BGH diese Aussage mangels Entscheidungserheblichkeit nicht näher erläutert und in späteren Entscheidungen auch nicht wiederholt, greifen Teile der Literatur die Werkübergabe an den Arbeitgeber als regelmäßig maßgeblichen Zeitpunkt auf.[179] Nur so könne auch im arbeitnehmerurheberrechtlichen Pflichtwerksbereich das Schöpferinteresse des Arbeitnehmers daran gewahrt bleiben, erst nach Entstehung des Werkes mit dem Arbeitgeber Art und Weise der weiteren Veröffentlichung und Verwertung festzulegen bzw. eigenständig über den Zeitpunkt der endgültigen Fertigstellung der Schöpfung zu entscheiden.[180]
Diese Argumentation vernachlässigt jedoch berechtigte Interessen des Arbeitgebers und steht in Widerspruch zum Wesen des Arbeitsverhältnisses und dessen typenbildenden Elementen. Das personale Element des Arbeitsverhältnisses realisiert und konkretisiert sich in erster Linie im Weisungsrecht des Arbeitgebers gegenüber dem Arbeitnehmer. Mit diesem erhält der Arbeitgeber die Position des „Herrn des Schaffens-

---

S. 491- Nahverkehrschronik ; BAG BB 1997, S. 2112- Schaufensterdekoration ; KG GRUR 1976, S. 264- Gesicherte Spuren.

176 Schricker/ Rojahn § 43 RN 40, 45 ; Nordemann/ Vinck § 43 RN 3 ; Münchener Handbuch/ Sack § 102 RN 12 ; Ulmer E., Urheber- und Verlagsrecht, 1980, S. 402 ; Rehbinder M., Beiträge zum Urheber- und Medienrecht, 1995, S. 45 ; Vinck K., Die Rechtsstellung des Urhebers, 1972, S. 19 ; Möhring/ Nicolini/ Spautz § 43 RN 8.

177 BGH GRUR 1974, S. 483- Hummelrechte ; KG GRUR 1976, S. 265- Gesicherte Spuren.

178 BGH GRUR 1974, S. 480- Hummelrechte ; vgl. a. BAG NZA 1997, S. 766- Schaufensterdekoration; BGH GRUR 1952, S. 258- Krankenhauskartei ; RGZ 153, S. 8- Schallplatten- Rundfunksendung.

179 Vinck K., Die Rechtsstellung des Urhebers, 1972, S. 19, 25 ; Nordemann/ Vinck § 43 RN 3 ; unter Einschränkungen: Möhring/ Nicolini/ Spautz § 43 RN 8.

180 Vinck K., Die Rechtsstellung des Urhebers, 1972, S. 19, 25 ; so für Einzelfällen: Kraßer R., FS für Schricker, 1995, S. 97.

prozesses".[181] Ihm allein steht es - innerhalb der von den Urheberpersönlichkeitsrechten gezogenen Grenzen[182] - zu, beispielsweise den Abbruch der Arbeit an einem Pflichtwerk anzuordnen, indem er dem Arbeitnehmer die Tätigkeitsaufgabe entzieht, einem anderen Arbeitnehmer zuteilt oder das bisher unvollendete Werk vollständig aus dem Arbeitsprozess nimmt. Derartige Eingriffsmöglichkeiten sind jedoch nur gewährleistet, wenn zu diesem Zeitpunkt entsprechende Befugnisse beim Arbeitgeber existieren. Deren Einräumung hat daher regelmäßig bereits mit Abschluss des Arbeitsvertrages zu erfolgen. Dort muss es im Sinne einer zusätzlichen, zumindest stillschweigenden Einigung zu einer quasidinglichen Vorausverfügung über die Nutzungsrechte an künftig geschaffenen Pflichtwerken kommen.[183] Auf sie sind neben § 31 Absatz 1 UrhG ergänzend die §§ 398 ff. BGB analog anzuwenden.[184]
Die hierzu scheinbar im Widerspruch stehende Aussage des BGH zu dieser Problematik ist daher m. E. so zu verstehen, dass spätestens die Ablieferung des Werkes an den Arbeitgeber immaterialgüterrechtliche Nutzungsrechte zur Entstehung gelangen lässt und die Rechtseinräumung vollendet. Im Regelfall ist jedoch davon auszugehen, dass die Einräumung infolge der Vorausverfügung bereits im Zeitpunkt der Entstehung des Urheberrechtes beim Arbeitnehmer und damit bei Eintritt seiner Bemühungen in einen urheberrechtsschutzfähigen Werkzustand zum Tragen kommt, d. h. schon in dieser Phase der Nutzungsrechtserwerb durch den Arbeitgeber abgeschlossen wird.[185]

---

181 Mathis H.- P., Der Arbeitnehmer als Urheber, 1988, S. 95 ; Rehbinder M., Urheberrecht, 2004, S. 301 f.

182 vgl. hierzu: C. III. 4.

183 Rehbinder M., Beiträge zum Urheber- und Medienrecht, 1995, S. 45 ; Schack H., Urheber- und Urhebervertragsrecht, 2001, RN 984 f. ; Wandtke A.- A., Die Rechte der Urheber, 1993, S. 74 f. ; Rojahn S., Der Arbeitnehmerurheber, 1978, S. 43 ; Blatz R., Das Recht des Arbeitgebers, 1967, S. 56 ff. ; Mathis H.- P., Der Arbeitnehmer als Urheber, 1988, S. 94 ff. ; Haberstumpf H., Handbuch des Urheberrechts, 2000, S. 234 ; Hubmann H., RdA 1987, S. 91 ; Balle K., NZA 1997, S. 871 ; differenzierend: Kraßer R., FS für Schricker, 1995, S. 97 ; Ulmer E., Urheber- und Verlagsrecht, 1980, S. 402 f. ; Möhring/ Nicolini/ Spautz § 43 RN 8 ; unklar: Münchener Handbuch/ Sack § 102 RN 12 f. ; Schricker / Rojahn § 43 RN 40 ff., 46.

184 Schricker/ Schricker Vor §§ 28 ff., RN 45 ; Kraßer R., FS für Schricker, 1995, S. 83 f. ; Ulmer E., Urheber- und Verlagsrecht, 1980, S. 360.

185 Kraßer R., FS für Schricker, 1995, S. 97 ; Schricker/ Rojahn § 43 RN 41 ; Wandtke A.-A., Die Rechte der Urheber, 1993, S. 74 f. ;
vgl. zur Relation zwischen den Rechtgeschäften und der Frage der Schriftform: Mathis H.- P., Der Arbeitnehmer als Urheber, 1988, S. 96 ff., 99 ff. ; Nordemann/ Vinck vor § 31 RN 59 ff., § 43 RN 3 ; Schricker/ Schricker Vor §§ 28 ff. RN 61 ; Schricker/ Rojahn § 43 RN 43 f. ; Ulmer E., Urheber- und Verlagsrecht, 1980, S. 390 ; Schack H., Urheber- und Urhebervertragsrecht, 2001, RN 527 ; Zöllner W., FS für Hubmann, 1985, S. 533 ; Balle K., NZA 1997, S. 871 ; Haberstumpf H., Handbuch des Urheberrechts, 2000, S. 234 ; Münchener Handbuch/ Sack § 102

3. Die Reichweite der Nutzungsrechtseinräumung nach § 43 UrhG

Die in ihrer Entwicklung und Bezeichnung auf den Juristen Wenzel Goldbaum zurückzuführende[186] sogenannte Zweckübertragungstheorie, die unter dieser Bezeichnung schon früh Aufnahme in die Entscheidungsfindung des Reichsgerichts findet[187] und seitens des BGH übernommen wird[188], sieht vor, dass sich bei Fehlen konkreter vertraglicher Vereinbarungen der Umfang einer Nutzungsrechtseinräumung nach dem im Vertrag von beiden Parteien übereinstimmend verfolgten Zweck richtet.[189]

Aber nicht nur bei gänzlichem Fehlen ausdrücklicher vertraglicher Regelungen, vielmehr auch in den Konstellationen, in denen die rechtsgeschäftliche Einigung pauschal eine „uneingeschränkte“ Einräumung aller nutzungsrechtlichen Befugnisse vorsieht oder in anderer Wiese uneindeutig bleibt, ist die Rechtsgewährung in ihrem Umfang nach den Vorgaben des jeweiligen Vertragszwecks zu ermitteln. Dieser kann sich entweder eindeutig aus den Erklärungen der Vertragspartner selbst ergeben oder ist aus den Begleitumständen des Vertragsschlusses zu erkennen.[190]

Ihren rechtsdogmatischen Ausgangspunkt findet die Zweckübertragungstheorie im Beteiligungsgrundsatz, nach dem der werkschöpfende Urheber möglichst weitreichend wirtschaftlich an den aus der Verwertung seines Schaffens gezogenen Früchten zu beteiligen ist.[191] Zur Sicherung dieser angemessenen Teilhabe an den Werkerträgnissen besitzt das Urheberrecht daher die Tendenz, soweit wie möglich beim Urheber selbst zu bleiben.[192] Bei Abschluss einer vertraglichen Nutzungsrechtseinräumung überträgt ein Urheber im Zweifel nur so viele Rechte,

---

RN 13 ; Wandtke A.- A., GRUR 1999, S. 393 f. ;
vgl. zu Vorausverfügungen zu Gunsten von Verwertungsgesellschaften: Wandtke A.- A., Die Rechte des Urhebers, 1993, S. 75 ; Münchener Handbuch/ Sack § 102 RN 15 ; Schack H., Urheber- und Urhebervertragsrecht, 2001, RN 985 ; Stolz F., UFITA Band 101, 1985, S. 29 f., 36, 40 ; Rehbinder M., Beiträge zum Urheber- und Medienrecht, 1995, S. 46.

186 Goldbaum W., Kommentar zum Urheber- und Verlagsrecht, 1927, S. 47 ff.

187 RGZ 118, S. 287- Musikantenmädel ; RGZ 134, S. 198- Schallplattenrechte ; RGZ 140, S. 231- Hampelmann.

188 BGHZ 9, S. 265- Schwanenbilder ; BGH NJW 1952, S. 661 f.- Krankenhauskartei.

189 Nordemann/ Hertin §§ 31/ 32 RN 30 ; Schricker/ Schricker §§ 31/32 RN 32.

190 Nordemann/ Hertin §§ 31/ 32 RN 19, 24 ; Schricker / Schricker §§ 31/ 32 RN 37 ; BGH GRUR 1971, S. 480- Schwarzwaldfahrt ; BGH GRUR 1981, S. 197- Honorarvereinbarung ; BGH GRUR 1988, S. 300- Fremdenverkehrsbroschüre.

191 RGZ 123, S. 312- Wilhelm Busch ; BGHZ 11, S. 135- Lautsprecherübertragung ; BGH GRUR 1974, S. 787- Kasettenfilm ; BGH GRUR 1976, S. 383- Kaviar.

192 Ulmer E. Urheber- und Verlagsrecht, 1980, S. 365 ; Schricker/ Schricker §§ 31/ 32 RN 31 ; BGH GRUR 1979, S. 638 f.- White Christmas ; BGH GRUR 1988, S. 298- GEMA- Vermutung IV.

wie sie der Vertragszweck unbedingt erfordert. Ein Nutzungsrecht, das für den Erwerber weder erforderlich noch ausdrücklich eingeräumt ist, verbleibt beim Urheber.[193]
Den beiden Vertragspartnern Urheber und Werkverwerter gegenüber verhält sich die Zweckübertragungstheorie folglich keineswegs neutral. Sie stellt sich eindeutig auf die Seite des Urhebers.
Eine gesetzliche Regelung erhält die Zweckübertragungstheorie in § 31 Absatz 5 UrhG. Demnach richtet sich bei Fehlen hinreichender vertraglicher Absprachen Reichweite und Umfang der vertraglich vereinbarten Nutzungsrechtgewährung nicht nur im Hinblick auf die Nutzungsarten, sondern insgesamt nach dem übereinstimmend getroffenen Vertragszweck. In jeder denkbaren Richtung gelten Rechte nicht weitergehend eingeräumt, als dies der Zweck des entsprechenden Vertrages erfordert.[194]
Für das Arbeitnehmerurheberrecht besteht in Rechtsprechung[195] und überwiegendem Schrifttum[196] Einigkeit darüber, dass sich bei Fehlen abweichender Absprachen auch dort nicht nur das „ob“, sondern auch

---

[193] BGH GRUR 1981, S. 197- Honorarvereinbarung ; BGHZ 131, S. 12- Pauschale Rechtseinräumung ; BGHZ 137, S. 387- Comic- Übersetzungen ; BGH MMR 2002, S. 231- SPIEGEL-CD-ROM ; Nordemann/ Hertin §§ 31/ 32 RN 19 f. ; Rehbinder M., Urheberrecht, 2004, S. 270.

[194] BGH ZUM 1996, S. 238- Pauschale Rechtseinräumung ; Genthe B., Der Umfang der Zweckübertragungstheorie, 1981, S. 16 ff. ; Nordemann/ Hertin §§ 31/ 32 RN 19, 23 ff. ; Rehbinder M., Urheberrecht, 2004, S. 270 ; Wandtke A.- A., GRUR 1999, S. 393. vgl. zu Sonderreglungen in §§ 37 ff oder 44 UrhG bzw. spezielleren Lizenzklauseln: BGH GRUR 1984, S. 48 f.- Honorarbedingungen ; Nordemann/ Hertin §§ 31/32 RN 21 ; Mathis H.- P., Der Arbeitnehmer als Urheber, 1988, S. 128 f. ; Schack H., ZUM 2001, S. 456. Kraßer R., FS für Schricker, 1995, S. 92 ; Rojahn S. Der Arbeitnehmerurheber, 1978, S. 55 ; Zöllner W., FS für Hubmann, 1985, S. 539 ; Mathis H.- P., Der Arbeitnehmer als Urheber, 1988, S. 113, 128 f. ; Nordemann/ Vinck § 43 RN 3 ; Schricker/ Rojahn § 43 RN 60 ; Münchener Handbuch/ Sack § 102 RN 18 f.

[195] RGZ 110, S. 395- Riviera ; RGZ 153, S. 8 f.- Schallplatten- Rundfunksendung ; BGH GRUR 1952, S. 258- Krankenhauskartei ; BGHZ 33, S. 34- Figaros Hochzeit ; BGH GRUR 1974, S. 482- Hummelrechte ; BAG GRUR 1984, S. 431- Statikerprogramme.

[196] Rehbinder M., Beiträge zum Urheber- und Medienrecht, 1995, S. 46 ; Schricker/ Rojahn § 43 RN 48, 51 ; Münchener Handbuch/ Sack § 102 RN 16 ; Nordemann/ Vinck § 43 RN 3 ; Schaub G., Arbeitsrechts-Handbuch, 2002, S. 1241 ; Haberstumpf H., Handbuch des Urheberrechtes, 2000, S. 233 f. ; Kraßer R., FS für Schricker, 1995, S. 91 ; Vinck K., Die Rechtsstellung des Urhebers, 1972, S. 24, 27 ; Wandtke A.- A., Die Rechte des Urhebers, 1993, S. 76 ; a.A.: Zöllner W., FS für Hubmann, 1985, S. 531, insb. FN 25, der die mittels der Zweckübertragungstheorie gewonnenen Erkenntnisse durch eine Abwägung der Vertragsinteressen beider Seiten ersetzt, um so die verwertungsrechtlich besonders gelagerten Konstellationen untypischen arbeitnehmerurheberrechtlichen Pflichtwerkschaffens zu erfassen.

der Umfang einer dem Arbeitgeber zu Gute kommenden Nutzungsrechtseinräumung am Pflichtwerkschaffen an den Zwecksetzungen der zu Grunde liegenden vertraglichen Vereinbarung zu orientieren hat. Fraglich ist das Verhältnis der aus § 31 Absatz 5 UrhG bzw. den Grundsätzen der Zweckübertragungsregelung gewonnenen Erkenntnissen zu den Besonderheiten des Wesens des Arbeitverhältnisses nach § 43 UrhG.

Grundsätzlich existiert auf Grund der nach § 43 UrhG vorrangig zu beachtenden Besonderheiten und Grundstrukturen des Arbeitsverhältnisses kein generelles Anwendungsverbot des für den freien Urheber in § 31 Absatz 5 UrhG niedergelegten Zweckgedankens.[197] Eine vom konkreten Vertragszweck gelöste, stets unbeschränkte Verpflichtung des Arbeitnehmers zur Nutzungsrechtsverleihung an den Arbeitgeber lässt sich trotz der Besonderheiten der Vertragsbeziehung auf Grund der weiterhin fortbestehenden Urheberstellung des Arbeitnehmers nicht rechtfertigen. Diejenigen Nutzungsformen, die angesichts des vertraglich verfolgten Zweckes für den Arbeitgeber bedeutungslos bleiben, haben beim Schöpfer, d. h. beim Arbeitnehmer selbst zu verbleiben.[198] Ist ein diesen Zweck übersteigender Umfang der Rechtseinräumung angestrebt, beispielsweise die vollständige Einräumung aller Nutzungsrechte, bedarf es einer entsprechenden vertraglichen Vereinbarung, die insbesondere vergütungsrechtliche Absprachen zu treffen hat.[199]

Gleichzeitig kann § 31 Absatz 5 UrhG aber nicht uneingeschränkt fortgelten. Der Austauschcharakter der arbeitsvertraglichen Rechtsbeziehung verwehrt es dem Arbeitnehmer, seine nutzungsrechtliche Einräumungsverpflichtung dem Arbeitgeber gegenüber zu eng begrenzt zu verstehen. Vielmehr sind dessen berechtigten Interessen an einer seinen Vorstellungen entsprechenden möglichst umfassenden Vermarktung der Pflichtwerkschöpfung auch bei stillschweigender Nutzungsrechtsertei-

---

[197] Schricker/ Rojahn § 43 RN 48, 51 ; Nordemann/ Vinck § 43 RN 3 ; Möhring/ Nicolini/ Spautz § 43 RN 7 ; Kraßer R. FS für Schricker, 1995, S. 91.

[198] BGH GRUR 1974, S. 482- Hummelrechte ; BAG NZA 1997, S. 766- Schaufensterdekoration ; BGH NJW 1991, S. 1482- Grabungsmaterialien ; Ulmer E., GRUR 1984, S. 433 ; Kraßer R., FS für Schricker, 1995, S. 91 ; Wandtke A.- A., Die Rechte der Urheber, 1993, S. 76 ; Genthe B., Der Umfang der Zweckübertragungstheorie, 1981, S. 30 ; Rehbinder M., RdA 1968, S. 312 ; Münchener Handbuch/ Sack § 102 RN 16 m. w. N. zu Rechtsprechung und Literatur.

[199] BGH GRUR 1978, S. 245- Ratgeber für Tierheilkunde ; Münchener Handbuch/ Sack § 102 RN 16 ; Wandtke A.- A., Die Rechte der Urheber, 1993, S. 76 f. ; Vinck K., Die Rechtsstellung des Urhebers, 1972, S. 24 f. ; Zirkel M., WRP 2003, S. 63 ; Wimmers J./Rode T., CR 2003, S. 402 f. mit jeweils unterschiedlichen Ansätzen für das Zusammenspiel von §§ 32, 32a UrhG und arbeitnehmerurheberrechtlichem Pflichtwerkschaffen ; kritisch für den Fall, dass sich auch dann die Auswertung der Nutzungsrechte im betrieblichen Rahmen hält: Nordemann/ Vinck § 43 RN 3.

lung hinreichend Rechnung zu tragen. Die den Zweckübertragungsgedanken kennzeichnende Tendenz eines Verbleibs urheberrechtlicher Befugnisse beim Werkschaffenden ist daher wesenbezogen zu modifizieren und zu beschränken.[200] Diejenigen nutzungsrechtlichen Befugnisse, die in erkennbarem Zusammenhang mit dem Vertragszweck und damit den nach objektiven Kriterien gemeinsamen Zielvorstellungen beider Vertragsparteien bzw. den hieraus resultierenden berechtigten Vermarktungsüberlegungen des Rechtserwerbers stehen, sind als stillschweigend an den Arbeitgeber eingeräumt anzusehen.[201]
Bei näherer Konkretisierung dieses grundlegend maßgebenden Vertragszwecks legt das Schrifttum, ohne einen weitergehenden Zusammenhang zur ursprünglichen Zweckübertragungstheorie herzustellen, unterschiedliche, sich scheinbar widersprechende Kriterien zu Grunde.[202] Eine Gruppe von Literaturstimmen sieht allein die Zwecke des vom Arbeitgeber betriebenen Unternehmens und damit die Aussage, inwieweit Nutzungsrechte für die betriebliche Auswertung des Werkes erforderlich sind, als maßgebend an.[203] Eine andere Gruppierung rückt den Zweck des konkreten Arbeitsvertrages und damit ausschließlich die Zwecksetzung des Werkschaffens selbst in den Mittelpunkt ihrer Argumentation.[204] Eine dritte Auffassung sieht explizit den Zweck des Arbeitsvertrages und die im gesamten Betrieb verfolgten Zwecke des Unternehmens als gleichberechtigte Kriterien an und setzt beide Elemente nebeneinander.[205]
Entsprechend § 43 UrhG müssen nicht nur die den Inhalt einer arbeitsvertraglichen Rechtsbeziehung tragenden individuellen Einzelzwecksetzungen des konkreten Arbeitsverhältnisses, sondern auch die sich aus den typenbildenden Wesenselementen des Vertragsverhältnisses ergebenden Besonderheiten angemessene Berücksichtigung finden. Letztere rechtfertigen es, bei der Bestimmung der arbeitsvertraglichen

[200] Kraßer R., FS für Schricker, 1995, S. 91 ; Schricker/ Rojahn § 43 RN 51 ; Münchener Handbuch/ Sack § 102 RN 16 ; Wandtke A.- A., Die Rechte der Urheber, 1993, S. 72.
[201] BGH GRUR 1974, S. 482- Hummelrechte ; Kraßer R., FS für Schricker, 1995, S. 91 ; Schricker/ Rojahn § 43 RN 51 ; Nordemann/ Vinck § 43 RN 3 ; Münchener Handbuch/ Sack § 102 RN 16 ; Wandtke A.- A., Die Rechte der Urheber, 1993, S. 77.
[202] Mathis H.- P., Der Arbeitnehmer als Urheber, 1988, S. 106 f.
[203] Vinck K., Die Rechtsstellung des Urhebers, 1972, S. 7 f., 24 ; Nordemann/ Vinck § 43 RN 3 ; Haberstumpf H., Handbuch des Urheberrechtes, 2000, S. 233 f. ; Schricker/ Rojahn § 43 RN 51 ; Ulmer E., GRUR 1984, S. 433 ; Wandtke A.- A., GRUR 1999, S. 393 ; Rehbinder M., Beiträge zum Urheber- und Medienrecht, 1995, S. 46 f.
[204] Kolle G., GRUR 1985, S. 1021 f.
[205] Münchener Handbuch/ Sack § 102 RN 16 ; Kraßer R., FS für Schricker, 1995, S. 91.

Zweckausrichtung auch die grundlegenden betrieblichen Zwecke, die jeder Unternehmer mit dem Aufbau einer arbeitsteiligen Produktion verfolgt und typischerweise jedem Arbeitsvertrag zu Grunde liegen, bei Ermittlung des Einräumungsumfangs mit zu berücksichtigen, sofern keine anderslautende Absprache vorliegt.[206] Insbesondere der Realisierung des arbeitsvertraglichen Austauschcharakters wäre ein Riegel vorgeschoben, verblieben dem Arbeitnehmerurheber Verwertungsrechte, die nicht in direktem Zusammenhang mit der individuellen Aufgabenstellung und Zwecksetzung des Einzelarbeitsvertrages stehen, vom Unternehmer aber zur Erreichung seiner betrieblichen Zwecksetzungen benötigt werden. Die für den freien Urheber konzipierte Grundaussage der Zweckübertragungstheorie lässt sich unter Einbeziehung der Systematik des § 43 UrhG daher dahingehend modifizieren, dass der Arbeitnehmer dem Arbeitgeber so viele Nutzungsrechte einräumt, wie es nach Inhalt und Wesen des Arbeitsverhältnisses erforderlich ist.

Bei Änderungen der betrieblichen Zweckausrichtung ist zu differenzieren. Schaffensergebnisse, die vor Eintritt der verändernden Umstände als arbeitvertraglich bedingte Pflichtwerke vollendet werden, sind stets nur im ursprünglichen, d. h. im Zeitpunkt des Arbeitsvertragsabschluss bestehenden Zweckrahmen von nutzungsrechtlichen Erklärungen ihres Schöpfers erfasst.[207] In einer neuen Zweckrelation müssen sie gesondert erworben werden und begründen auch bei stillschweigender Duldung der Nutzungsausweitung durch den Arbeitnehmerurheber einen nach § 32 UrhG gesetzlich gesicherten, zusätzlichen Vergütungsanspruch.[208] Eine Verpflichtung des Arbeitnehmers, die begehrten Nutzungsrechte seinem Arbeitgeber in diesen Fällen gegen entsprechende Vergütung einzuräumen, ist umstritten.[209]

---

[206] BGH GRUR 1974, S. 482- Hummelrechte ; OLG Hamburg GRUR 1977, S. 558- Zwischen Marx und Rothschild ; BGH GRUR 1978, S. 244- Ratgeber für Tierheilkunde ; OLG Karlsruhe GRUR 1984, S. 522- Herrensitze ; Mathis H.-P., Der Arbeitnehmer als Urheber, 1988, S. 108 ff. ; Vinck K., Die Rechtsstellung des Urhebers, 1972, S. 26 f. ; Münchener Handbuch/ Sack § 102 RN 16 ; Kraßer R., FS für Schricker, 1995, S. 91.

[207] BGH GRUR 1974, S. 483- Hummelrechte ; BGH GRUR 1991, S. 133 ff.- Videozweitauswertung.

[208] Vinck K., Die Rechtsstellung des Urhebers, 1972, S. 35 ; Rehbinder M., Beiträge zum Urheber- und Medienrecht, 1995, S. 47 ; Nordemann/ Vinck § 43 RN 3 ; Münchener Handbuch/ Sack § 102 RN 17 ; Holländer G., Arbeitnehmerrechte an Computersoftware, 1991, S. 146 f. ; Sack R., BB 1991, S. 2169 ; wohl auch: Wandtke A.- A., GRUR 1999, S. 393 ; vgl. a. Zirkel M., WRP 2003, S. 62 f. ; Wimmers J./ Rode T., CR 2003, S. 402 f. mit zugleich unterschiedlichen Ansätzen für das Zusammenspiel von §§ 32, 32a UrhG und arbeitnehmerurheberrechtlichem Pflichtwerkschaffen.

[209] vgl. hierzu: Münchener Handbuch/ Sack § 102 RN 17 u. FN 53.

Verwertungsrechtlich interessantes Werkschaffen des Arbeitnehmerurhebers nach Veränderung des betrieblichen Tätigkeitsbereiches und dessen vorrangiger Zweckausrichtung ist hiervon divergierend zu beurteilen. Mit Abänderung des betrieblichen Tätigkeitsfelds hat ein Arbeitnehmer infolge des untrennbaren Zusammenhangs von Arbeitsvertrag, nutzungsrechtlichem Verpflichtungs- bzw. Verfügungsvertrag und Betriebszweck damit zu rechnen, dass sich künftige Nutzungen seiner zu schaffenden Werke auch in diesem neu eröffneten Bereich bewegen sollen. Setzt er sein Arbeitsverhältnis ohne Einwände fort, akzeptiert er die neu entstandenen Nutzungsbedürfnisse des Arbeitgebers an seinen weiteren Schöpfungen. Dies führt zu einer stillschweigenden Änderung und Erweiterung der im Arbeitsvertrag wurzelnden Rechtseinräumung schuldrechtlich wie quasi-dinglich.[210] Dem Arbeitnehmerurheber ist es zur Sicherung eigener Interessen zuzumuten, sich hier im Zusammenhang mit der betrieblichen Zweckänderung stehende Rechte ausdrücklich vorzubehalten und dem Arbeitgeber - gegebenenfalls gegen gesonderte Vergütung - nur in einer neuen Vereinbarung zu überlassen.[211]
Die Erfordernisse des Betriebs des Arbeitgebers und die konkrete Tätigkeit des Arbeitnehmers bestimmen bei fehlender ausdrücklicher bzw. eindeutiger Regelung auch die Art der eingeräumten Nutzungsbefugnisse.[212] Sind entgegenstehende Anhaltspunkte nicht vorhanden, ist nach Literatur[213] und Rechtsprechung[214] davon auszugehen, dass dem Arbeit-

---

[210] Rehbinder M., Beiträge zum Urheber- und Medienrecht, 1995, S. 47 ; Kraßer R., FS für Schricker, 1995, S. 91 ; Vinck K., Die Rechtsstellung des Urhebers, 1972, S. 35 f ; Schricker/ Rojahn § 43 RN 54 ; Münchener Handbuch/ Sack § 102 RN 6, 17 ; differenzierend: Nordemann/ Vinck § 43 RN 3 ; Schricker/ Rojahn § 43 RN 54, die für einzelne Bereiche eine ausdrückliche Erweiterung der Nutzungsrechtseinräumung für erforderlich halten.

[211] Vinck K., Die Rechtsstellung des Urhebers, 1972, S. 35 f. ; Rehbinder M., Beiträge zum Urheber- und Medienrecht, 1995, S. 47 ;
vgl. zur Fortgeltung der Unwirksamkeit vertraglicher Vereinbarungen zu noch unbekannten Nutzungsarten nach § 31 Absatz 4 UrhG bei § 43 UrhG: BGH GRUR 1991, S. 133- Videozweitauswertung I ; BGH GRUR 1988, S. 298- GEMA-Vermutung IV ; Mathis H.- P., Der Arbeitnehmer als Urheber, 1988, S. 123 ff. ; Kraßer R., FS für Schricker, 1995, S. 92 ; Rehbinder M., Beiträge zum Urheber- und Medienrecht, 1995, S. 50 ; Schricker /Rojahn § 43 RN 36, 49, 54 f. ; Haberstumpf H., Handbuch des Urheberrechtes, 2000, S. 234 ; Wandtke A.- A., Die Rechte der Urheber, 1993, S. 78 f. ; Nordemann/ Vinck § 43 RN 3 ; Hubmann H., RdA 1987, S. 93 f. ; differenzierend zwischen schuldrechtlicher Verpflichtung und quasi-dinglicher Nutzungsrechtseinräumung: Schmechel-Gaume A., K&R 2001, S. 75 f.

[212] Rehbinder M., Beiträge zum Urheber- und Medienrecht, 1995, S. 48 ; Schricker/ Rojahn RN 51 ; Münchener Handbuch/ Sack § 102 RN 18.

[213] Rehbinder M., Beiträge zum Urheber- und Medienrecht, 1995, S. 48 ; Mathis H.- P., Der Arbeitnehmer als Urheber, 1988, S. 113 ; Ulmer E., GRUR 1984, S. 433 ; Haberstumpf H., Handbuch des Urheberrechts, 2000, S. 233 ; Wandtke A.- A., Die Rechte der Urheber, 1993, S. 80 ff. ; Blatz R., Das Recht des Arbeit-

geber i. d. R. ausschließliche Nutzungsrechte i. S. v. § 31 Absatz 3 Satz 1 UrhG verliehen werden.
Da der finanziell abgesicherte Arbeitnehmerurheber seine Tätigkeit im Interesse des mit den wirtschaftlichen Risiken des Schaffensprozesses belasteten Arbeitgebers ausübt, gebührt das Arbeitsergebnis allein dem Arbeitgeber. Könnte der Arbeitnehmerurheber - wie bei Verleihung nur einfacher Nutzungsrechte bzw. beschränkter Ausschließlichkeit nach § 31 Absatz 3 Satz 2 UrhG möglich - unter treuwidrigem Aufbau einer Konkurrenzsituation über Zurückbehaltung eigener oder Einräumung weiterer Rechte an Dritte die vom Arbeitgeber zu effektiver Vermarktung des Schaffensergebnisses benötigten Rechtswirkungen der Nutzungsrechtsverleihung schmälern, wäre dieses Ergebnis konterkariert. Auch das aus dem personalen Strukturmerkmal des Arbeitsverhältnisses resultierende Weisungsrecht macht es regelmäßig erforderlich, den Arbeitgeber zu ermächtigen, den Arbeitnehmerurheber mittels ausschließlicher Nutzungsrechte von einer Arbeitgeberinteressen zuwiderlaufenden Einwirkung auf die von ihm geschaffene Schöpfung rechtlich auszuschließen.[215]
§ 31 Absatz 1 Satz 2 UrhG a. E. gestattet dem freien Urheber ausdrücklich, Dritten Nutzungsbefugnisse gegebenenfalls nur inhaltlich, zeitlich oder räumlich beschränkt einzuräumen, um so eine eigenen Bedürfnissen und Vorstellungen entsprechende Verwertung des Werkes sicherzustellen.[216] Im arbeitnehmerurheberrechtlichen Kontext bedingen Zweckübertragungstheorie und ihre am Wesen des Arbeitsverhältnisses orientierte Ausrichtung, dass die Reichweite der Rechtsverleihung bei Fehlen abweichender Absprachen auch in dieser Hinsicht von den durch den Betriebszweck vorgegebenen Notwendigkeiten abhängt.[217] In der Regel

---

gebers, 1967, S. 71 f. ; Ullmann E., GRUR 1987, S. 7, 12 ; Schricker/ Rojahn § 43 RN 45 ; Vinck K., RdA 1975, S. 162.

[214] OLG Koblenz BB 1983, S. 993 ; OLG Karlsruhe BB 1983, S. 992.

[215] Wandtke A.- A., Die Rechte der Urheber, 1993, S. 80 f.; Münchener Handbuch/ Sack § 102 RN 18 ; Mathis H.-P., Der Arbeitnehmer als Urheber, 1988, S. 113 f. ; vgl. zur Befugnis des Arbeitgebers zur Weitergabe bzw. Lizenzierung erlangter Nutzungsrechte i. S. d. §§ 34, 35 UrhG:
BGH GRUR 1974, S. 482- Hummelrechte; Mestmäcker/ Schulze / Scholz § 31 S. 2 ; Schricker/ Schricker §§ 31/ 32 RN 4 ; Mathis H.-P., Der Arbeitnehmer als Urheber, 1988, S. 134 ff ; Nordemann/ Vinck § 43 RN 3 ; Rehbinder M., Beiträge zum Urheber- und Medienrecht, 1995, S. 49 f. ; Schricker/ Rojahn RN 56 ff. ; Münchener Handbuch/ Sack 3 102 RN 20.

[216] vgl. hierzu: BT- Drs. IV/ 270 S. 56 ; BGH GRUR 1990, S. 672- Bibelreproduktion und Literatur ; Mestmäcker/ Schulze/ Scholz § 31 S.1 ; Rehbinder, Urheberrecht, 2004, S. 267 ff.

[217] Rehbinder M., Urheberrecht, 2004, S. 304 f. ; Schricker/ Rojahn § 43 RN 51 ; Wandtke A.- A., Die Rechte des Urhebers, 1993, S. 81.

erfolgt sie frei von jeglicher Beschränkung, sei sie inhaltlich, räumlich oder zeitlich.[218]
Der Austauschcharakter der arbeitsrechtlichen Beziehung wie die Verteilung der wirtschaftlichen Risiken lässt die Entscheidungsbefugnis über Art und Weise der gewinnbringenden Werkverwertung dem Arbeitgeber zustehen. Dem Arbeitnehmer, der sich mit dem Abschluss des Arbeitsvertrages in den vom Arbeitgeber geleiteten Schaffensprozess eingliedert, ist sich dieser Kompetenzverteilung, die nicht zuletzt in seiner Lohnsicherheit zum Ausdruck kommt, auch bewusst.
Der zeitlich unbeschränkte Charakter der Nutzungsrechtseinräumung an den Arbeitgeber wird oftmals kritisch gesehen und die Auffassung vertreten, dass mit Beendigung des Arbeitsverhältnisses auch die Einräumung der bis zu diesem Zeitpunkt entstandenen verwertungs- bzw. nutzungsrechtlichen Befugnisse ihr Ende findet.[219]
Ab diesem Zeitpunkt könne der Arbeitgeber nicht nur keine nutzungsrechtlichen Befugnisse an zukünftig entstehenden Werken des Arbeitnehmers mehr erhalten, vielmehr sei ihm auch die rechtliche Grundlage für die bislang durch Lohnzahlung gerechtfertigte Beanspruchung der bereits verliehenen Rechte entzogen.[220] Jede weitere Nutzung der Schöpfungen durch den Arbeitgeber bedürfe mithin einer neuen, insbesondere vergütungsrechtliche Fragen aufgreifenden Verfügungsabsprache, welche der Arbeitnehmer in der rechtlichen Position eines freien Urhebers und damit ohne Beachtung der sich aus § 43 UrhG ergebenden Besonderheiten aushandeln könne.[221]
Diese Argumentation ist abzulehnen.[222] Wie bereits ausgeführt, weist der Austauschcharakter der arbeitsrechtlichen Beziehung ausschließlich dem Arbeitgeber, der in die Werkerstellung wie möglicherweise auch in Verwertungsvorbereitungen nicht unerhebliche Kosten und Mühen investiert, die Entscheidungsbefugnis über die Verwertung des dort pflicht-

---

[218] Mathis H.- P., Der Arbeitnehmer als Urheber, 1988, S. 122 f. , Ullmann E., GRUR 1987, S. 7 ; Rehbinder M., Beiträge zum Urheber- und Medienrecht, 1995, S. 48.
[219] LAG Schleswig- Holstein BB 1983, S. 994 f. ; Samson B., FS für Roeber, 1973, S. 553 ; Pakuscher E. K., FS für Gaedertz, 1992, S. 453 ; Wandtke A.- A., GRUR 1992, S. 144 ; Schwab B., AuR 1993, S. 135 ; Fischer H.- J./ Reich S., Urhebervertragsrecht, 1993, S. 54.
[220] Wandtke A.- A., Die Rechte des Urhebers, 1993, S. 82 ; Fischer H.- J./ Reich S., Urhebervertragsrecht, 1993, S. 54 ; Pakuscher E. K., FS für Gaedertz, 1992, S. 453.
[221] Wandtke A.- A., Die Rechte der Urheber, 1993, S. 82 ; Samson B., FS für Roeber, 1973, S. 553.
[222] Rehbinder M., Beiträge zum Urheber- und Medienrecht,1995, S. 48 ; Haberstumpf H., Handbuch des Urheberrechtes, 2000, S. 233 ; Münchener Handbuch/ Sack § 102 RN 21 ; Kolle G., GRUR 1985, S. 1022 ; Kraßer R., FS für Schricker, 1995, S. 97 ; Hunziker M., UFITA Band 101, 1985, S. 60 ; unklar: Wandtke A.- A., GRUR 1999, S. 394.

gemäß geschaffenen Werkes zu. Eine auf das Ende des Arbeitsverhältnis gerichtete Beschränkung der nutzungsrechtlichen Befugnisse hieße die Funktionsfähigkeit dieses arbeitsrechtlichen Austauschverhältnisses und damit die Grundlage der arbeitsteiligen Wirtschaftsordnung insgesamt außer Kraft zu setzen. Jeder Arbeitgeber müsste damit rechnen, dass der Schöpfer eines in der Verwertung erfolgreichen bzw. zumindest gewinnversprechenden Werkes sein Arbeitsverhältnis kündigt, um auf diese Weise die an ihn zurückfallenden Rechte unter Vereinbarung einer in der Höhe verbesserten Vergütung zu seinem eigenen Vorteil erneut an den Arbeitgeber oder einen Dritten zu veräußern bzw. selbst einzusetzen. Den Kosten und dem Aufwand seiner bisherigen, langfristig ausgerichteten Investitionen könnte er keinen Nutzen gegenüberstellen.[223] Die im Austauschcharakter des Arbeitsverhältnisses wurzelnden Lohnzahlungen des Arbeitgebers bilden nicht nur die Grundlage der Nutzungsrechtseinräumung. Sie sind auch Gegenleistung für die Schaffung des Arbeitsergebnisses und damit für eine zeitlich unbeschränkte Ausübung der erworbenen Befugnisse. Deren Fortsetzung nach Beendigung des Arbeitsverhältnisses bedarf keiner zusätzlichen Vereinbarung und rechtfertigt im Regelfall auch keine weiterführenden Vergütungsansprüche des Arbeitnehmers.[224] Eine Zusatzvergütung des Arbeitnehmerurhebers ist allein in den Fällen denkbar, in denen die kurze Dauer der arbeitsvertraglichen Beziehung zu einer Störung des Äquivalenzverhältnisses von Lohnzahlung und Nutzungsrechtserwerb sowie dessen Fortdauer führt. Zu ihrer Durchsetzung steht nach Einführung der Neuerungen des Gesetzes zur Stärkung der vertraglichen Stellung von Urhebern und ausübenden Künstlern mit § 32a UrhG eine geeignete Gesetzesgrundlage zur Verfügung.[225]

4. Die urheberpersönlichkeitsrechtliche Situation des Arbeitnehmerurhebers unter § 43 UrhG

Urheberpersönlichkeitsrechte, sei es, dass sie in den §§ 31 ff. UrhG geregelt sind, sei es, dass sie ihre gesetzliche Grundlage außerhalb dieses Normierungsabschnitts finden, sind bei einem Werkschaffen im Abhängigkeitsverhältnis nicht den vorrangig zu beachtenden Besonderheiten von Wesen und Inhalt eines Arbeitsverhältnisses entzogen.[226] Die aus

---

[223] BGH GRUR 1966, S. 692 f.- Schlafsäcke ; Mathis H.- P., Der Arbeitnehmer als Urheber, 1988, S. 123.
[224] BAG GRUR 1984, S. 432- Statikerprogramme ; Kraßer R., FS für Schricker, 1995, S. 97 ; Münchener Handbuch/ Sack § 102 RN 21 ; Hunziker M., UFITA Band 101, 1985, S. 49 ff., 60, 68, 72 ; Schack H., Urheber- und Urhebervertragsrecht, 2001, RN 986.
[225] vgl. hierzu: C. III. 5.
[226] vgl. a. C. III. 2.

dem Wesen des Arbeitsverhältnisses ableitbaren generellen Einflüsse sind gerade hier jedoch als reine Grundaussagen zu werten, welche durch die konkreten Inhalte der Einzelarbeitsverhältnisse und deren individuell verschiedene Vertragsschwerpunkte in Inhalt wie Umfang weitreichend abgewandelt und bis ins Gegenteil verkehrt werden können.
Urheberpersönlichkeitsrechte und die auf diese zurückzuführenden nutzungsrechtlichen Rechtspositionen sind für jeden Werkschaffenden, auch für den Arbeitnehmerurheber, nach § 29 Absatz 1 UrhG unter Lebenden rechtsgeschäftlich nicht übertragbar und in ihrem Kern- und Wesensgehalt unverzichtbar.[227] Dem Werkschöpfer steht es aber frei, seinem verwertungsinteressierten Vertragspartner persönlichkeitsrechtliche Kompetenzen in der Form zur Durchsetzung zu überlassen, dass er diese mit einer einzelfallspezifischen Ausübungsbefugnis desselben belastet, entsprechend der durch nutzungsrechtliche Lizenzierung begründeten Einschränkung der Verwertungsbefugnisse.[228] Darüber hinaus besitzt er die Möglichkeit, seinem Vertragspartner gegenüber schuldrechtlich auf die Geltendmachung solcher urheberpersönlichkeitsrechtlicher Ansprüche zu verzichten, die Verwertungsdispositionen des Nutzungsberechtigten des Schaffensergebnisses gefährden könnten.[229] Die Anordnung der Unverzichtbarkeit der Persönlichkeitsrechte im Kerngehalt beschränkt sich in ihrem Wirksamkeitsmangel allein auf solche Vereinbarungen, die ihre rechtliche Wirkung gegenüber jedermann und damit absolut-dinglich entfalten.[230]
§ 12 UrhG gewährt dem freien Urheber in Absatz 1 die Befugnis, darüber zu entscheiden, ob, zu welchem Zeitpunkt und in welcher Form seine Schöpfung über die nähere Schaffenssphäre hinaus einem unbestimmten Kreis von Personen präsentiert, d. h. veröffentlicht wird.[231] § 12 Absatz 2 UrhG ergänzt diesen Entscheidungsspielraum mit dem Recht der ersten öffentlichen Mitteilung über den Inhalt des Werkes bzw. dessen

[227] Münchener Handbuch/ Sack § 102 RN 22 ; Mestmäcker/ Schulze/ Scholz § 29 S. 1 f. ; Schricker/ Dietz Vor §§ 12 ff. RN 26 ff. ; Rehbinder M., Urheberrecht, 2004, S. 278 f. ; bei den in § 29 Absatz 2 UrhG explizit benannten zulässigen Rechtsgeschäften über Urheberpersönlichkeitsrechte nach § 39 UrhG handelt es sich um redaktionelles Versehen, da eine entsprechende Umgestaltung des § 39 UrhG im Gesetzgebungsverfahren wieder aufgegeben wurde.
[228] BGHZ 15, S.258- Cosima Wagner ; Vinck K., Die Rechtsstellung des Urhebers, 1972, S. 28 f. ; Rehbinder M., Beiträge zum Urheber- und Medienrecht, 1995, S. 51 ; Schricker/ Dietz Vor §§ 12 ff. RN 26 f.
[229] Münchener Handbuch/ Sack § 102 RN 22 ; Mestmäcker/ Schulze/ Scholz § 29 S. 1 ; Rehbinder M., Urheberrecht, 2004, S. 279, 306 f. ; Schricker/ Dietz Vor §§ 12 ff. RN 28.
[230] BGH GRUR 1963, S. 42- Straßen- gestern und morgen ; Vinck K., Die Rechtsstellung des Urhebers, 1972, S. 28 f. ; Rehbinder M., Beiträge zum Urheber- und Medienrecht, 1995, S. 51.
[231] Schricker/ Dietz § 12 RN 7 ff. ; Rehbinder M., Urheberrecht, 2004, S. 196 f.

Beschreibung.[232] Beide Absätze sind als sachliche Einheit zu behandeln und beinhalten nach Ansicht des BGH neben persönlichkeits- auch vermögensrechtliche Bestandteile.[233]
Im arbeitnehmerurheberrechtlichen Kontext wäre der grundsätzlich nutzungsberechtigte Arbeitgeber in seinen verwertungsbezogenen Dispositionen erheblich eingeschränkt, könnte er trotz der Nutzungsrechte nicht auch urheberpersönlichkeitsrechtliche Veröffentlichungsbefugnisse für sich in Anspruch nehmen und die zu vermarktende Schöpfung der Allgemeinheit oder zumindest einem Fachpublikum zugänglich machen. Aus dem Wesen des Arbeitsverhältnisses folgt daher, dass ein Arbeitnehmerurheber bei Abschluss des Arbeitsvertrages dem Arbeitgeber in dem Umfang, in dem er zur Einräumung von Nutzungsrechten verpflichtet ist, regelmäßig stillschweigend auch die Rechte des § 12 UrhG überlässt.[234] Abweichende Ergebnisse auf Grund der Besonderheiten des konkreten Arbeitsverhältnisses bleiben jeder Zeit denkbar, sei es, dass eine Veröffentlichung des Werks durch den Arbeitgeber generell individualvertraglich ausgeschlossenen ist, sei es, dass eine solche - insbesondere die erstmalige - zu einem bestimmten Zeitpunkt bzw. in einer bestimmten Form ausscheiden muss, da von ihr eine nicht hinzunehmende Beeinträchtigung materieller oder immaterieller Interessen des Arbeitnehmerurhebers ausgeht.[235]
Im Gegensatz zu § 12 UrhG bilden die Regelungen des § 13 Satz 1 und 2 UrhG keine einheitliche Vorschrift.[236] Der in § 13 Satz 1 UrhG als allgemeines Schutzprinzip normierte Anspruch des Urhebers auf Anerkennung seiner Urheberschaft ist die Befugnis des Werkschaffenden, sich positivrechtlich auf die eigene urheberrechtliche Stellung zu berufen und negativrechtlich jeder anderen Person entgegenzutreten, die sich ungerechtfertigt die Urheberschaft anmaßt oder die Rechtsposition des Urhe-

[232] Schricker/ Dietz § 12 RN 23 ff. ; Rehbinder M., Urheberrecht, 2004, S. 197 f.
[233] BGHZ 15, S. 258- Cosima Wagner ; vgl. a. Kellerhals M., Urheberpersönlichkeitsrechte, S. 163 ff.
[234] BGHZ 15, S. 258- Cosima Wagner ; Vinck K., Die Rechtsstellung des Urhebers, 1972, S. 36 f. ; Schricker/ Rojahn § 43 RN 73 f ; Rehbinder M., Beiträge zum Urheber- und Medienrecht, 1995, S. 51 f. ; Kraßer R., FS für Schricker, 1995, S. 94 ; Zöllner W., FS für Hubmann, 1985, S. 523, 531 ; Wandtke A.- A., Die Rechte der Urheber, 1993, S. 55 ; Möhring/ Nicolini/ Spautz § 43 RN 10; Nordemann/ Vinck § 43 RN 3 ; Münchener Handbuch/ Sack § 102 RN 23 ; a.A.: Kellerhals M., Urheberpersönlichkeitsrechte, S. 170 f., die davon ausgeht, dass sich der Arbeitnehmer mit Abschluss des Arbeitsvertrages lediglich verpflichten kann, sein Veröffentlichungsrecht innerhalb einer bestimmten Frist auszuüben.
[235] vgl. hierzu: Kraßer R., FS für Schricker, 1995, S. 94 ; Schricker/ Rojahn § 43 RN 74 ;Schricker/ Dietz § 12 RN 20 ; Münchener Handbuch/ Sack § 102 RN 23 ; Scholz M., Die rechtliche Stellung, 1989, S. 79 ff. ; Nordemann/ Hertin § 12 RN 2 f., 7 ; Sack R., BB 1991, S. 2170.
[236] vgl. hierzu: Kellerhals M., Urheberpersönlichkeitsrechte, S. 171 ff.

bers bestreitet.[237] Dieses Recht auf Anerkennung der Urheberschaft bleibt auch bei Einbindung des Urhebers in ein Arbeitsverhältnis erhalten. Dem Arbeitgeber ist es grundsätzlich untersagt, dem tatsächlich werkschaffenden Arbeitnehmer die Urheberschaft abzuerkennen, indem er beispielsweise sich, einen weiteren Arbeitnehmer oder einen außenstehenden Dritten als Werkschöpfer benennt bzw. umgekehrt dem Arbeitnehmer eine nicht von ihm begründete fremde Urheberstellung zuzuschreiben.[238] Dem Arbeitnehmer steht es aber frei, sich, beispielsweise als Ghostwriter, dem Arbeitgeber gegenüber - ausdrücklich oder konkludent - schuldrechtlich dahingehend zu verpflichten, auf die Ausübung seines Rechts auf Anerkennung der Urheberschaft zu verzichten.[239] Anhaltspunkte für eine konkludente Verzichtserklärung des Arbeitnehmerurhebers lassen sich neben individualvertraglichen Besonderheiten in erster Linie aus der für die Branche üblichen Rechtspraxis gewinnen.[240] Zum Schutz des Urhebers vor übermäßiger Einschränkung seines Persönlichkeitsrechts sind jedoch strenge Maßstäbe anzulegen und ein stillschweigender Verzicht auf Anerkennung der Urheberschaftsstellung nicht einfach zur Verkehrssitte zu erklären.[241]
Das Recht auf Namensnennung in § 13 Satz 2 UrhG folgt aus dem Schöpfungsakt selbst und stellt das rechtliche Hauptinstrument eines Werkschöpfers zur Dokumentation seiner Urheberschaft dar. Positivrechtlich statuiert es die Befugnis des Urhebers, darüber zu entscheiden, ob das Werk mit einer Urheberbezeichnung zu versehen ist und falls ja, welcher Art diese sein darf. Negativrechtlich verbietet es einem Dritten, den Schöpfer gegen dessen Willen ausdrücklich und erkennbar als Urheber zu benennen.[242]

---

237 Möhring/ Nicolini/ Kroitzsch § 13 RN 6 f. ; Nordemann/ Vinck § 43 RN 3 ; Schricker/ Rojahn § 43 RN 76.

238 RGZ 110, S. 393- Riviera ; BGH GRUR 1978, S. 360- Hegel- Archiv ; Schricker/ Rojahn § 43 RN 76 ; Rehbinder M., Beiträge zum Urheber- und Medienrecht, 1995, S. 52 ; Möhring/ Nicolini/ Kroitzsch § 13 RN 28 ; Nordemann/ Vinck § 43 RN 3 ; Wandtke A.-A., Die Rechte der Urheber, 1993, S. 56 ; Kraßer R., FS für Schricker, 1995, S. 94 ; Vinck K., Die Rechtsstellung des Urhebers, 1972, S. 39 f. ; Kellerhals M., Urheberpersönlichkeitsrechte, S. 173 ; zustimmend, aber kritisch hinsichtlich einer grundsätzlichen Anwendbarkeit: Zöllner W., FS für Hubmann, 1985, S. 536 f.

239 Nordemann/ Hertin § 13 RN 16 ; Kraßer R., FS für Schricker, 1995, S. 94 ; Wandtke A.- A., Die Rechte der Urheber, 1993, S. 56 ; Schricker/ Dietz § 13 RN 9, 28 ; Schack H., Urheber- und Urhebervertragsrecht, 2001, RN 989 ; vgl. ausführlich zur Rechtstellung des Ghostwriters: Stolz H., Der Ghostwriter, 1971, S. 16, 20, 61 ff. ; Rojahn S., Der Arbeitnehmerurheber, 1978, S. 109 ff.

240 BT- Drs. IV/ 270 S. 62 ; Kraßer R., FS für Schricker, 1995, S. 94 ; Schricker/ Rojahn § 43 RN 78 ; Zöllner W., FS für Hubmann, 1985, S. 536 f.

241 Schricker/ Rojahn § 43 RN 78 ; Möhring/ Nicolini/ Kroitzsch § 13 RN 28 ; Kraßer R., FS für Schricker, 1995, S. 94 ; Schricker/ Dietz § 13 RN 27.

242 Radmann F., ZUM 2001, S. 789 ff. ; Schricker / Dietz § 13 RN 7 ; Möhring/

Auch der Arbeitnehmerurheber ist grundsätzlich positivrechtlich befugt, seinen Namen oder eine andere Urheberbezeichnung zur Kennzeichnung seiner Urheberpersönlichkeit an eigenen Werken anzubringen.[243] Das Wesen des Arbeitsverhältnisses wird im Regelfall aber zu einer Aufhebung dieses Rechts führen. Aus dem Inhalt der Arbeitsaufgabe, der Art des Werkes, den Umständen seiner Nutzung bzw. den generellen betrieblichen Zwecken ergeben sich regelmäßig Anhaltspunkte dafür, dass eine erkennbare Nennung des Urhebers die Vermarktung des Werks stören könnte. Als unternehmerische Weichenstellung bei der Vermarktung der Schöpfung muss daher die Entscheidung über die Urheberbezeichnung in der Regel dem ausschließlich verwertungsberechtigten Arbeitgeber zustehen. Bei Abschluss des Arbeitsvertrags erklärt der Arbeitnehmerurheber daher zumindest stillschweigend, dass er bei anerkennenswerten verwertungsbedingten Notwendigkeiten im Rahmen der betrieblichen Zwecke auf die Ausübung des Rechtes auf Namensnennung verzichtet.[244]
Grundsätzlich unbenommen bleibt es dem Arbeitnehmerurheber, die negativ-rechtliche Seite des Rechts auf Namensnennung gegenüber seinem Arbeitgeber wahrzunehmen. Bei Fehlen abweichender ausdrücklicher Absprachen kann er eine seinen persönlichen Belangen zuwiderlaufende Nennung der eigenen Person als Werkschöpfer untersagen.[245]
Das werkbezogene Entstellungsverbot des § 14 UrhG steht in engem sachlichen Zusammenhang mit dem in den Regelungen zur Nutzungsrechtseinräumung statuierten § 39 UrhG, der das Verhältnis zwischen Verbotsrecht und Nutzungsrechten näher bestimmt.[246] Obwohl es für den Nutzungsrechtserwerber im Rechtsalltag häufig notwendig sein wird, anvertraute Werke durch Modifikationen, beispielsweise bei Inhalt oder Form, auf den Betriebzweck auszurichten bzw. eigenen Vorstellungen oder technischen Verwertungsmöglichkeiten anzupassen, normiert § 39

Nicolini/ Kroitzsch § 13 RN 28 ; Rehbinder M., Urheberrecht, 2004, S. 201.

243 RGZ 110, S. 393- Riviera ; Nordemann/ Hertin § 13 RN 10 ; Schricker/ Rojahn § 43 RN 80.

244 RGZ 110, S. 397- Innenausstattung ; BGH BB 1994, S. 1654- Namennennungsrecht des Architekten ; Hock M., Das Namensnennungsrecht des Urhebers, 1994, S. 132 ff, 148 f. ; Vinck K., Die Rechtsstellung des Urhebers, 1972, S. 41 f. ; Rehbinder M., ZUM 1991, S. 226 f. ; Schricker/ Rojahn § 43 RN 80 ff. ; Münchener Handbuch/ Sack § 102 RN 24 ; Kellerhals M., Urheberpersönlichkeitsrechte, S. 173 ff. ; Schack H., Urheber- und Urhebervertragsrecht, 2001, RN 338, 989 ; Kraßer R., FS für Schricker, 1995, S. 95 ; Schwab B., NZA 1999, S. 1258 f. ; kritisch : Möhring/ Nicolini/ Kroitzsch § 13 RN 28.

245 Kraßer R., FS für Schricker, 1995, S. 94 ; Schricker/ Rojahn § 43 RN 81 f. ; vgl. zu einer Pflicht zur Gestattung der Namensnennung: Nordemann/ Vinck § 43 RN 3 ; Kraßer R., FS für Schricker, 1995, S. 94 f.

246 Schricker/ Dietz § 39 RN 1 ff. ; Kellerhals M., Urheberpersönlichkeitsrechte, S. 180 ff.

UrhG in seinen beiden Absätzen ein grundsätzliches Verbot der Änderung der vom Urheber vorgegebenen Werkgestaltung, Urheberbenennung oder Betitelung. Ziel ist es, die gefundene künstlerische oder geistige Gestaltung des Werkes, die aus der individuellen Persönlichkeit des Werkschöpfers resultiert, sowohl in Formgebung als auch in Inhalt angemessen gegen ungerechtfertigte Eingriffe zu schützen.[247] In Durchbrechung dieses Verbots weist das Urheberrechtsgesetz dem Werkschöpfenden in § 39 Absatz 1 Halbsatz 2 UrhG jedoch die Möglichkeit zu, abändernde Vereinbarungen zu treffen bzw. gibt diesem nach § 39 Absatz 2 UrhG auf, die Änderungen des Nutzungsberechtigten an Werk oder Werktitel zu dulden, zu denen er nach Treu und Glauben seine urheberrechtliche Zustimmung nicht hätte versagen können.[248]
Das Änderungsverbot des § 39 Absatz 1 UrhG behält seine Gültigkeit grundsätzlich auch dann, wenn der Werkschaffende in einem Arbeitsverhältnis steht. Auch der arbeitsvertraglich gebundene Urheber besitzt ein anerkennenswertes Interesse an der in Inhalt und Gestaltung unbeeinträchtigten Dokumentation seines Schaffens. Dieses ist so groß, dass es von den Besonderheiten des Arbeitsverhältnisses nicht vollumfänglich aufgehoben wird.[249] Andererseits lässt sich aus dem Austauschcharakter des Arbeitsverhältnisses sowie dem dem personalen Element der arbeitsvertraglichen Rechtsbeziehung entnommenen Weisungsrecht des Arbeitgebers erkennen, dass der Arbeitnehmerurheber in der Handhabung des Änderungsverbotes nicht gänzlich uneingeschränkt sein darf. Bereits aus dem Wesen des Arbeitsverhältnisses lassen sich daher Befugnisse des Arbeitgebers zu einschränkenden Modifikationen ableiten, die vom Arbeitnehmerurheber als stillschweigende vertragliche Vereinbarungen nach § 39 Absatz 1 Halbsatz 2 oder in Anlehnung an § 39 Absatz 2 UrhG als von Treu und Glaube bedingte Duldungsverpflichtungen hinzunehmen sind. Maßgebende Bedeutung bei Ermittlung der konkreten Reichweite der wesensbedingten Änderungsbefugnis erlangen neben den Verwertungserfordernissen auf Arbeitgeberseite die Branchenübung sowie Grad und Höhe der persönlichen eigenschöpferischen

[247] Nordemann/ Vinck § 39 RN 1 ; Schricker/ Dietz § 39 RN 1.

[248] Rehbinder M., Urheberrecht, 2004, S. 204 ff. ; Schricker/ Dietz § 39 RN 8 ff. ; Nordemann/ Vinck § 39 RN 2 ff.

[249] Vinck K., Die Rechtsstellung des Urhebers, 1972, S. 48 ; Schricker/ Rojahn § 43 RN 83 ; Kraßer R., FS für Schricker, 1995, S. 95 ; Nordemann/ Vinck § 43 RN 6 ; Rehbinder M., Beiträge zum Urheber- und Medienrecht, 1995, S. 53 ; Kellerhals M., Urheberpersönlichkeitsrechte, S. 181 ; Münchener Handbuch/ Sack § 102 RN 25 ; a.A.: Mathis H.- P., Der Arbeitnehmer als Urheber, 1988, S. 145 f., der ggf. verletzbare Interessen des Arbeitnehmers bereits dadurch geschützt sieht, dass der Arbeitgeber aus seiner arbeitsrechtlichen Fürsorgepflicht gegenüber dem Arbeitnehmer auf die Benennung des Urhebers verzichtet.

Leistung des Urhebers und damit Schwere und Intensität der durch die angestrebte Änderung bedingten Verletzung.[250]
Unumstößliche Grenze jeder Umgestaltung stellt das auch im Arbeitsverhältnis gültige, zu Gunsten des Arbeitgebers nicht modifizierbare Entstellungsverbot des § 14 UrhG dar.[251] Auch hier ist eine entstellende und damit den Urheber in seinen persönlichen Interessen gefährdende Änderung um so eher anzunehmen, desto größer die durch die Individualität des Werkschaffenden geprägte Gestaltungshöhe des Werkes selbst und damit die Intensität des Eingriffs in den urheberpersönlichkeitsrechtlichen Werkbestand ist.[252]

5. Die vergütungsrechtliche Situation des Arbeitnehmerurhebers unter § 43 UrhG

Über Vergütungsansprüche des Arbeitnehmerurhebers und damit die Frage, wem das im Arbeitsverhältnis geschaffene Pflichtwerk wirtschaftlich gebührt, gibt das Urheberrecht keine Auskunft. Dies beurteilt sich nach Arbeitsrecht.
Die Werkschöpfung in Erfüllung arbeitsvertraglicher Pflichten ist Gegenstand und Ausfluss der dem Arbeitnehmer obliegenden Arbeitsleistung. Diese steht umfassend ausschließlich dem Arbeitgeber zu. Der von ihm an den Arbeitnehmer fortlaufend, d. h. auch bei Misserfolgen entrichtete Arbeitslohn ist Äquivalent für die Werkschöpfung als solche, aber auch dafür, dass ihm der Arbeitnehmer die Nutzungsrechte einräumt, welche

---

[250] vgl. hierzu: Schricker/ Rojahn § 43 RN 86 f. ; Nordemann/ Vinck § 43 RN 6 ; Wandtke A.- A., Die Rechte der Urheber, 1993, S. 59 f. ; Möhring/ Nicolini/ Spautz § 43 RN 10, 13 ; Rehbinder M., Beiträge zum Urheber- und Medienrecht, 1995, S. 53 f.; Kraßer R., FS für Schricker, 1995, S. 95 ; Vinck K., Die Rechtsstellung des Urhebers, 1972, S. 56 f. ; Schricker/ Dietz § 14 RN 34 ; Kellerhals M., Urheberpersönlichkeitsrechte, S. 183 ff. ; Haberstumpf H., Handbuch des Urheberrechtes, 2000, S. 234 ; Münchener Handbuch/ Sack § 102 RN 26.

[251] Nordemann/ Vinck § 39 RN 2, § 43 RN 6 ; Rehbinder M., Beiträge zum Urheber- und Medienrecht, 1995, S. 53 ; Möhring/ Nicolini/ Spautz § 43 RN 13 ; Kraßer R., FS für Schricker, 1995, S. 95 ; Schricker/ Dietz § 39 RN 10 ; Kellerhals M., Urheberpersönlichkeitsrechte, S. 193.

[252] Mathis H.- P., Der Arbeitnehmer als Urheber, 1988, S. 142 ; Vinck K., Die Rechtsstellung des Urhebers, 1972, S. 57 ;
vgl. zu den ebenfalls den Urheberpersönlichkeitsrechten zugeordneten Rückrufsrechten nach §§ 41, 42 UrhG im Arbeitnehmerurheberrecht: Vinck K., Die Rechtsstellung des Urhebers, 1972, S. 70, 73 ff., 76 f. ; Möhring/ Nicolini/ Spautz § 43 RN 13 ; Kraßer R., FS für Schricker, 1995, S. 93, 95 f. ; Münchener Handbuch/ Sack § 102 RN 27 f. ; Ullmann E., GRUR 1987, S. 13 ; Mathis H.- P., Der Arbeitnehmer als Urheber, 1988, S. 150, 152 ; Rehbinder M., Beiträge zum Urheber- und Medienrecht, 1995, S. 54 ; Schricker/ Rojahn § 43 RN 88 f., 93 f. ; Zöllner W., FS für Hubmann, 1985, S. 538 ; Haberstumpf H., Handbuch des Urheberrechtes, 2000, S. 234.

er für seine unternehmerischen Zwecke benötigt.[253] Der Arbeitnehmer kann insoweit weder für die Werkschaffung noch für die Einräumung von Rechten eine zusätzliche Vergütung neben seinem Arbeitslohn beanspruchen. Dies ist mit der Lohnzahlung umfassend abgegolten.[254] Abweichende tarif- oder einzelarbeitsvertragliche Absprachen bleiben jederzeit möglich.[255]

Daneben kann der grundlegende vergütungsrechtliche Äquivalenzgrundsatz sowohl arbeitsrechtlich als auch urheberrechtlich bedingte Durchbrechungen erfahren. In Parallelität zur bereits erörterten grundsätzlichen Relation von Arbeits- und Urheberrecht im Arbeitnehmerurheberrecht[256] erfolgt die Zuordnung der Umstände, die Sondervergütungsansprüche des Arbeitnehmers hervorrufen können.[257]

---

[253] BGH CR 2001, S. 223- Wetterführungspläne I ; BGH CR 2002, S. 249 ff.- Wetterführungspläne II ; BAG GRUR 1984, S. 429- Statikprogramme ; BAG, NZA 1997, S. 765 ff.- Schaufensterdekoration ; Hubmann H., FS für Hueck, 1959, S. 55 ; Nordemann/ Vinck § 43 RN 37 ; Kolle G., GRUR 1985, S. 1016 ff. ; Rehbinder M., FS für Hubmann, 1985, S. 363 ; Schricker/ Rojahn § 43 RN 64 ; Sack R., BB 1991, S. 2171 ; Vinck K., Die Rechtsstellung des Urhebers, 1972, S. 61 ; Ullmann E., GRUR 1987, S. 7 ; Schaub G., Arbeitsrechts-Handbuch, 2002, S. 1241 ; Kraßer R., FS für Schricker, 1995, S. 96, 110 ; Münchener Handbuch/ Sack § 102 RN 31 ; Ulmer E., Urheber- und Verlagsrecht, 1980, S. 118 ; Balle K., NZA 1997, S. 871.

[254] BGH CR 2001, S. 223- Wetterführungspläne I ; BGH CR 2002, S. 249 ff.- Wetterführungspläne II ; Schricker/ Rojahn § 43 RN 64 ; Sack R., BB 1991, S. 2171 ; Vinck K., Die Rechtsstellung des Urhebers, 1972, S. 61 ; Ullmann E., GRUR 1987, S. 7 ; Schaub G., Arbeitsrechts-Handbuch, 2002, S. 1241 ; Kraßer R., FS für Schricker, 1995, S. 96, 110 ; Münchener Handbuch/ Sack § 102 RN 31; Balle K., NZA 1997, S. 871 ; a.A.: Wandtke A.- A., GRUR 1999, S. 394 ff. ; Wandtke/ Bullinger/ Wandtke § 43 RN 136 m. w. N., der die sog. Abgeltungslehre ablehnt und die sog. Trennungstheorie vertritt, nach der zwischen einem arbeitsrechtlichem Vergütungsanspruch für die Tätigkeit und einem urheberrechtlichen Vergütungsanspruch für die Rechtseinräumung und Nutzung des geschaffenen Arbeitsergebnisses zu unterscheiden ist. Sie widerspricht aber den oben genannten tatsächlichen Gegebenheiten. Der Urheber wird i. d. R. dazu eingestellt, um für den Arbeitgeber Werke zu schaffen. Wenn sich das Interesse des Arbeitgebers aber auf die Werkschöpfung richtet, zahlt er gerade für diese Lohn.

[255] Sack R., BB 1991, S. 2171 ; Holländer G., Arbeitnehmerrechte an Software, 1991, S. 219 f. ; Münchener Handbuch/ Sack § 102 RN 31 ;
vgl. zur Begründung zusätzlicher Vergütungsansprüche unter Heranziehung von §§ 9 f., 20 ArbnErfG analog: Gaul D., RdA 1993, S. 93 ; Wandtke A.- A., GRUR 1992, S. 141 ; Schwab B., AuR 1993, S. 134 ; Hubmann H., FS für Hueck, 1959, S. 55 ; Münchener Handbuch/ Sack § 102 RN 31;Schricker/ Rojahn § 43 RN 64 ; Rehbinder M., Beiträge zum Urheber- und Medienrecht, 1995, S. 55 ; Sack R., BB 1991, S. 2171.

[256] vgl. C. II.

[257] a.A. wohl BAG AP Nr. 1 zu § 2 UrhG, wo ohne erkennbare Unterscheidung zwischen arbeits- und urheberrechtlichen Ansprüchen gewechselt wird.

Arbeitnehmerurheberrechtliche Sachverhalte, bei welchen es um die Inäquivalenz zwischen Arbeitslohn und Arbeitsleistung geht, begründen, wie andere gleichgelagerte arbeitsrechtliche Sachverhalte auch, Sondervergütungsansprüche des Arbeitnehmerurhebers nach dem Arbeitsrecht. Auch für den in abhängiger Beschäftigung Werkschaffenden besitzt der vom BAG aufgestellte Grundsatz Gültigkeit, wonach ein Arbeitnehmer, der höherwertigere Dienste leistet, als er nach dem Arbeitsvertrag schuldet, für diese Dienste entsprechend § 612 BGB zu vergüten ist, falls im Arbeitsvertrag eine entsprechende ausdrückliche Regelung fehlt.[258] Übersteigt die werkschöpfende Tätigkeit des Arbeitnehmers quantitativ oder qualitativ das, wozu er vertraglich verpflichtet ist, schuldet der Arbeitgeber grundsätzlich ein zusätzliches Entgelt zum Arbeitslohn.[259] Auch eine besondere Leistung schöpferischer Art, die über das von einem Arbeitnehmer üblicherweise zu erwartende Leistungsergebnis hinausgeht, ist dem Urheber grundsätzlich gesondert zu vergüten.[260]
Durch das Urheberrecht erfährt der arbeitsrechtliche Abgeltungsgrundsatz, nach dem dem Arbeitgeber nicht nur das Arbeitsergebnis, sondern auch der Gewinn gebührt, welchen er aus dessen Verwertung erzielt, Durchbrechungen, sofern der Sachverhalt, an welchen die Sondervergütung anknüpfen soll, in Zusammenhang mit der Urhebereigenschaft des Arbeitnehmers steht. In diesen Fällen ist die besondere Beziehung des schöpferisch tätigen Arbeitnehmers zu seinem Werk anspruchsbegründend.
Nach dem sogenannten Fairnessausgleich in § 32a UrhG kann ein Urheber von seinem Vertragspartner in den Fällen eine Anpassung der Vergütungsvereinbarung verlangen, in denen der Verwerter mit dem fraglichen Werk wirtschaftliche Vorteile erzielt, die in einem auffälligen Missverhältnis zu der von ihm gezahlten Vergütung stehen.[261] § 32a UrhG tritt im Jahr 2001 mit Einführung der Neuerungen des Gesetzes zur Stärkung der vertraglichen Stellung von Urhebern und ausübenden Künstlern in leicht modifizierter Form[262] an die Stelle des sogenannten Bestsellerparagraphen § 36 a. F. UrhG. Obwohl die Anwendbarkeit des § 36 a. F. UrhG zu Gunsten des abhängig beschäftigten Werkschaffen-

[258] Staudinger/ Richardi § 611 RN 29 m. w. N..
[259] vgl. hierzu: BGH NJW 1960, S. 2043- Figaros Hochzeit ; BAG AP Nr. 1 zu § 612 BGB Leistungsschutz ; BGH GRUR 1966, S. 88- Abdampfverwertung ; BGH GRUR 1978, S. 244 ff.- Ratgeber für Tierheilkunde ; BAG NZA 1997, S. 767- Schaufensterdekoration ; BAG AP Nr. 1 u. Nr. 5 zu § 611 BGB Mehrarbeitsvergütung ; Mathis H.- P., Der Arbeitnehmer als Urheber, 1988, S. 19 ff. ; Buchner H., GRUR 1985, S. 12 ; Wandtke A.- A., Die Rechte des Urhebers, S. 48 ; Münchener Handbuch/ Sack § 102 RN 36 f. ; Rehbinder M., Beiträge zum Urheber- und Medienrecht, 1995, S. 56.
[260] BAG GRUR 1966, S. 88- Abdampfverwertung.
[261] BT- Drs. 14/ 8058 S. 19 f.
[262] vgl. zu den konkreten Anspruchsvoraussetzungen unten.

den von Rechtsprechung und Literatur nahezu einhellig bejaht wird[263], steht die des Anspruchs auf weitere Beteiligung nach § 32a UrhG in Frage.
Die hierzu in den Gesetzgebungsmaterialien enthaltenen Ausführungen sind unklar. Nach unterschiedlichen Fassungen des § 43 UrhG im Laufe des Gesetzgebungsverfahrens[264] verweisen die in der endgültigen Gesetzesbegründung explizit zu § 43 UrhG getroffenen Erläuterungen im vergütungsrechtlichen Zusammenhang allein auf § 32 Absatz 4 bzw. § 32a Absatz 4 UrhG. Diese normieren einen Vorrang entsprechender tarifvertraglich getroffener Abreden vor den gesetzlich neu statuierten Vergütungsansprüchen der §§ 32 und 32a Absatz 1 Satz 3 UrhG.[265]
Gegen eine Fortgeltung der §§ 32 und 32a UrhG auch im arbeitsrechtlich überlagerten Wirkungsbereich eines Urhebers spricht in erster Linie, dass der ursprünglich in § 43 Absatz 3 UrhG des Regierungsentwurfes aufgenommene ausdrückliche Verweis auf § 32 UrhG und die von ihm statuierten Vergütungsansprüche[266] seitens des Gesetzgebers vollumfänglich aufgegeben wird[267].[268]
Formuliert der Regierungsentwurf noch in § 43 Absatz 3 UrhG „Der Urheber hat einen Anspruch aus § 32, soweit die Nutzung seiner Werke nicht durch Lohn oder Gehalt tatsächlich abgegolten ist."[269], fällt diese Klarstellung in der endgültigen Gesetzesfassung weg. Statt dessen betont der Gesetzgeber vergütungsrechtlich, dass „das geltende Recht (...) beibehalten (wird). (...) Die von der Rechtsprechung und Lehre entwickelten Grundsätze zu den Vergütungsansprüchen der Urheber in Ar-

---

263 vgl. hierzu: BAG GRUR 1966, S. 88- Abdampfverwertung ; BGH CR 2002, S. 252- Wetterführungspläne II ; Möhring/ Nicolini/ Spautz § 43 RN 11 ; Münchener Handbuch/ Sack § 102 RN 33 ; Schricker/ Rojahn § 43 RN 71 ; Rehbinder M., Beiträge zum Urheber- und Medienrecht, 1995, S. 56 f. ; Vinck K., Die Rechtsstellung des Urhebers, 1972, S. 61 f. ; Kraßer R., FS für Schricker, 1995, S. 96, 111 ; Balle K., NZA 1997, S. 871 ; Wandtke/ Bullinger/ Grützmacher § 43 RN 134 ; Mestmäcker/ Schulze/ Lindner § 32 S. 9 ; Berger C., ZUM 2003, S.178 ; Koch P., ZUM 1986, S. 80; Mathis H.-P., Der Arbeitnehmer als Urheber, 1988, S. 155 ff.

264 vgl. hierzu: BT- Drs. 14/ 6433 S. 5, 18 ; "Professorenentwurf zum Urhebervertragsrecht", GRUR 2000, S. 767, 777 ; BT- Drs. 14/ 7564 S. 9, 12 f. ; BT- Drs. 14/ 8058 S. 10, 21 ; Schwab B., AuR 2001, S. 494 ff. ; Olenhusen v. G./ Steyert H., ZRP 2000, S. 528 f. ; Olenhusen v. G., ZUM 2000, S. 738 f. ; Schack H., Urheber- und Urhebervertragsrecht, 2001, RN 978, 981, 777 ; Dietz A., ZUM 2001, S. 281 ; Stickelbrock B., GRUR 2001, S. 1091 ; Weber P., ZUM 2001, S. 313 ; Heinze M., K&R 2002, S. 5 ; Jacobs R., NJW 2002, S. 1906 ; Ory S., AfP 2002, S. 95 ; Schack H., ZUM 2001, S. 457.

265 BT- Drs. 14/ 8058 S. 21.

266 BT- Drs. 14/ 6433 S. 5 ; vgl. zu § 32 UrhG: BT- Drs. 14 8058 S. 1 f., 18 f..

267 BT- Drs. 14/ 8058 S. 10 ; vgl. zur Kritik des Bundesrats an der ursprünglichen Regelung: BT- Drs. 7564, S. 9.

268 Wimmers J./ Rode T., CR 2003, S. 401 f. ; Stickelbrock B., GRUR 2001, S. 1091.

269 BT- Drs. 14/ 6433 S. 3.

beits- und Dienstverhältnissen bleiben unberührt."[270] Damit gelten die Grundaussagen der Abgeltungstheorie weiterhin umfassend fort.
Dennoch ist nach dem Willen des Gesetzgeber eine grundsätzliche Anwendung der §§ 32 und 32a UrhG auf den Arbeitnehmerurheber nicht auszuschließen. Den Regelungsgehalt des geplanten, letztlich aber aufgegebenen § 43 Absatz 3 UrhG sieht die Gesetzesbegründung durch die Vorschriften der §§ 32 Absatz 4 bzw. 32a Absatz 4 UrhG aufgefangen und trifft den oben angesprochenen Hinweis auf die beiden neu formulierten Bestimmungen.[271] Da Tarifverträge gerade bei Arbeitnehmern eingreifen, bliebe die Bezugnahme gänzlich unverständlich, würden bei Fehlen derartiger kollektivvertraglicher Absprachen die verschiedenen in §§ 32 und 32a UrhG normierten Vergütungsgrundsätze für den Arbeitnehmerurheber nicht zur Anwendung kommen.[272]
Auf diese Weise ist auch dem Beteiligungsgrundsatz, der im Arbeitnehmerurheberrecht Gültigkeit behält, hinreichend Rechnung getragen, ohne sich in Widerspruch zur weiterhin fortgeltenden Abgeltungstheorie zu setzen. § 32a UrhG ist von vorneherein als Ausnahmeregelung für nach Vertragsschluss eintretende Sonderkonstellationen konzipiert. Darüber hinaus unterliegt die Vorschrift ebenso wie § 32 UrhG - der Regelungssystematik des § 43 UrhG entsprechend - den aus der arbeitsrechtlichen Beziehung resultierenden Besonderheiten. Sie können von einer Modifizierung bis zu einem Ausschluss der für den freien Urheber konzipierten Gesetzesvorgaben führen.
Von der Sondersituation der Existenz von Tarifverträgen abgesehen, ist mithin von einer grundsätzlichen Anwendbarkeit der §§ 32 und 32a UrhG auf den Arbeitnehmerurheber auszugehen.[273] Dies steht auch mit dem Wortlaut des § 43 UrhG in Einklang, der die Vorschriften des eigenen Unterabschnitts, d. h. die §§ 31-41 UrhG, vorbehaltlich arbeitsrechtlicher Besonderheiten für grundsätzlich anwendbar erklärt.
Die aus dem Wesen des Arbeitsverhältnisses bzw. der Zweckübertragungslehre entwickelten Grundsätze zu ob, wie bzw. Umfang einer stillschweigenden Nutzungsrechtseinräumung an den Arbeitgeber bleiben

---

[270] BT- Drs. 14/ 8058 S. 16 f.
[271] BT- Drs. 14/ 8058 S. 21.
[272] vgl. a. Berger C., ZUM 2003, S. 176, dessen Einwand, dass § 32 Absatz 4 und § 32a Absatz 4 UrhG nur für arbeitnehmerähnliche Personen gelten, mit der Gesetzesbegründung in BT- Drs. 14/ 8058 S. 20 zurückzuweisen ist, in der ausdrücklich klargestellt wird, dass beide Gruppen unter die entsprechende Regelung fallen sollen.
[273] BGH GRUR 2002, S. 149- Wetterführungspläne II ; Grobys M./ Foerstl U., NZA 2002, S. 1016 ; Lejeune M., ITRB 2002, S. 146 ; Bayreuther F., GRUR 2003, S. 572 ff. ; Zirkel M., WRP 2003, S. 61 ; Berger C., ZUM 2003, S. 175 ff. ; Rehbinder M., Urheberrecht, 2004, S. 311 ; a.A.: Wimmers J./ Rode T., CR 2003, S. 402 f., die § 32 UrhG nur eingeschränkt zur Anwendung bringen wollen, vgl. hierzu unten, insb. FN 284.

von diesem Ergebnis gänzlich unberührt.[274] Die Anwendbarkeit der mit § 32 und § 32a UrhG geschaffenen vergütungsrechtlichen Sicherungsmechanismen kann jedoch gegebenenfalls zu einer Abschwächung der zum Schutz des Urhebers bislang restriktiven Auslegung einzelner Faktoren im Rahmen des § 31 Absatz 5 UrhG führen.[275]

In Aufbau wie Eingriffsvoraussetzungen greift § 32a Absatz 1 Satz 1 UrhG die Struktur des § 36 a. F. UrhG auf.[276] Gleichzeitig realisiert er aber die vehement, insbesondere unter Hinweis auf Art. 14 GG und seine Schutzwirkung auch für das geistige Eigentum geforderten[277] Verbesserungen zu Gunsten der Urheber. Sie sollen „fair" an den nach Vertragsschluss auftretenden wirtschaftlichen Erfolgen der Werknutzung beteiligt werden.[278].

Zur Anspruchsbegründung ist in Abweichung gegenüber der bisherigen Rechtslage statt eines groben nur noch ein auffälliges Missverhältnis zwischen Nutzungserträgnissen bzw. -vorteilen und vereinbarter Gegenleistung verlangt. Dieser Begriff ist in Parallelität zum Wuchertatbestand des § 138 Absatz 2 BGB zu sehen und in der Regel bei einer Abweichung von 100 Prozent oder mehr im Vergleich zum Marktpreis anzunehmen.[279]

Ebenso aufgegeben ist das Erfordernis der Unvorhersehbarkeit des Missverhältnisses zwischen Vergütung und Ertrag. Den Erträgen und Vorteilen der Nutzung und damit den Gewinnen, die unmittelbar oder

[274] Grobys M./ Foerstl U., NZA 2002, S. 1017 ; a.A.: Zirkel M., WRP 2003, S. 62 ff., der § 43 UrhG und dessen Regelungswirkungen auf eine über den Vertragszweck hinausführende Nutzung von Pflichtwerken und nichtpflichtgebundenen Werken ausdehnen will, da sonst § 32 IV UrhG sinnlos sei, nachdem für § 32 Absatz 1 Satz 3 UrhG im bisherigen Anwendungsbereich des § 43 UrhG auf Grund der Abgeltungstheorie kein Raum bleibe. Eine solche Einordnung ist jedoch von vorneherein abzulehnen, da, wären derartig weitreichende Änderungen in der Gesetzessystematik gewollt, diese bei Einführung der Neuregelungen angesprochen worden wären. Dies ist aber nicht der Fall, im Gegenteil wird betont, dass das geltende Recht beibehalten wird.

[275] Ory S., MMR 2002, S. 235.

[276] BT- Drs. 14/ 8058, S. 19 ; a.A.: Wimmers J./ Rode T., CR 2003, S. 402, 404 ; Berger C., ZUM 2003, S. 176 ; vgl. zu den Voraussetzungen des § 36 a. F. UrhG: BGH GRUR 1991, S. 901 f.- Horoskopkalender ; BGH GRUR 2002, S. 154 f.- Kinderhörspiele ; BGH GRUR 2002, S. 602- Musikfragmente ; BGHZ 137 ff.- Comic-Übersetzungen ; Schricker/ Schricker § 36 RN 3, 12 ; Hagen L., Der Bestsellerparagraph, 1990, S. 1 ff. ; Nordemann/ Hertin § 36 RN 1 ff. ; Möhring/ Nicolini/ Spautz § 36 RN 1 ff.

[277] Kraßer R., FS für Schricker, 1995, S. 112 f.

[278] BT- Drs. 14/ 8058 S. 19.

[279] BGH NJW- RR 1989, S. 1068 ; BGHZ 128, S. 259 ; BGHZ 104, S. 105 ; BGHZ 110, S. 338 ; BT- Drs. 14/ 8058 S. 19 ; a.A. für § 36 a. F. UrhG: BGH, GRUR 1996, S. 765 f.- Salome II.

mittelbar aus der Werknutzung stammen[280], ist die vereinbarte Vergütung gegenüber zu stellen.
Gerade für den Arbeitnehmerurheberbereich entscheidend hat dies aber nicht isoliert zu erfolgen. Einzubeziehen ist vielmehr die gesamte Rechtsbeziehung des Werkschöpfers zum Verwerter, so dass der Inhaber von Nutzungsrechten an mehreren Werken des gleichen Werkschaffenden Verluste aus der Verwertung eines Werkes mit Gewinnen aus der Vermarktung einer anderen Schöpfung ausgleichen kann. Ebenso hat die grundsätzliche Risikoverteilung arbeitnehmerurheberrechtlichen Werkschaffens Berücksichtigung zu finden. Während der Arbeitnehmer kein finanzielles Risiko für den Erfolg seiner schöpferischen Tätigkeit trägt, muss der Arbeitgeber oftmals hohe Kosten aufwenden, bevor feststeht, ob eine Vermarktung überhaupt möglich ist. Diese Investitionen des Arbeitgebers sind vollumfänglich gewinnmindernd einzubeziehen.[281]
Liegt ein Missverhältnis vor, so erhält der Werkschaffende mit § 32a Absatz 1 Satz 1 UrhG einen Anspruch auf Korrektur des eingetretenen Zustands in Form eines Anspruchs auf Einwilligung des Geschäftspartners in eine Vertragsänderung. Ziel ist nicht nur eine Beseitigung des Missverhältnisses, sondern eine Anhebung der Vergütung auf ein angemessenes Niveau.[282] Denkbar ist ein solcher Korrekturanspruch des Arbeitnehmers insbesondere in den Konstellationen, in welchen der Arbeitgeber bei verhältnismäßig kurzer Dauer des Arbeitsvertrages einen so hohen, unerwarteten finanziellen Nutzen aus dem geschaffenen Werk und seiner Verwertung zieht, dass demgegenüber die Entlohnung des Arbeitnehmers keine adäquate Gegenleistung mehr darstellt.[283]
Kernregelung der neuen urheberrechtlichen Vergütungsansprüche bildet § 32 Absatz 1 Satz 3 UrhG.[284] Dieser statuiert einen generellen Anspruch des Werkschaffenden auf angemessene Vergütung für die Einräumung von Nutzungsrechten in Form eines Anspruchs gegen den Vertragspartner auf Korrektur des rechtsgeschäftlich Vereinbarten. Anders als bei § 32a UrhG kann der Arbeitnehmer nicht nur bzw. erst dann Vergütungskorrektur fordern, wenn das Verhältnis zwischen Arbeitslohn und aus der Verwertung erzielten Erträgen auseinander klafft, sondern bereits dann, wenn der Arbeitslohn von vorneherein nicht als ausreichendes Äquivalent für die werkschöpfende Tätigkeit selbst erscheint. Inhaltlich richtet sich diese wegen des Dauerschuldcharakters des Arbeitsver-

---

[280] BT-Drs. 14/ 8058 S. 19 ; Mestmäcker/ Schulze/ Lindner § 32a S. 3.
[281] Wimmers J./ Rode T., CR 2003, S. 402.
[282] BGH GRUR 2002, S. 155- Kinderhörspiele.
[283] Münchener Handbuch/ Sack § 102 RN 33 ; Rehbinder M., Beiträge zum Urheber- und Medienrecht, 1995, S. 57 ; Vinck K., Die Rechtsstellung des Urhebers, 1972, S. 62 ; Möhring/ Nicolini/ Spautz § 43 RN 11 ; Grobys M./ Foerstl U., NZA 2002, S. 1017 FN 44.
[284] vgl. zu § 32 UrhG: BT- Drs. 14/ 8058, S. 1 f., 18 f. ; vgl. zur Kritik an § 32 UrhG: Thüsing G., GRUR 2002, S. 203 ; Stickelbrock B., GRUR 2001, S. 1087.

hältnisses auf eine Einwilligung des Arbeitgebers in die Anpassung der Entgeltbezüge bzw. bei bereits eingetretener Fälligkeit der Vergütung unmittelbar auf Auszahlung des Differenzbetrags.[285]
Trotz genereller Anwendbarkeit der Vorschrift im Arbeitnehmerurheberrecht passt die Korrekturregelung des § 32 Absatz 1 Satz 3 UrhG, die, wie die gesamte Reform des Urhebervertragsrechts, den freien Urheber und dessen Beziehung zu seinem Werk im Blickpunkt hat[286], nicht auf das Pflichtwerkschaffen in einem Arbeitsverhältnis.[287] Nachdem der Arbeitnehmer diesen Korrekturanspruch bereits geltend machen kann, wenn der Arbeitslohn generell nicht als ausreichendes Äquivalent zur werkschöpfenden Tätigkeit selbst erscheint, greift sie mit ihrem Ausgleichsanspruch in nichts anderes ein als in das Verhältnis von Arbeitsleistung und der dem Arbeitnehmer gezahlten Vergütung.
In diesem Bereich erhält er aber bereits durch die arbeitsrechtlichen Sondervergütungsgrundlagen hinreichenden Schutz. Sowohl bei quantitativer als auch bei qualitativer Mehrleistung in seiner schöpferischen Tätigkeit lässt sich eine fehlende Äquivalenz von Arbeitsleistung und Vergütung über arbeitsrechtliche Grundsätze ausgleichen. Hier lassen sich auch arbeitsverhältnisspezifische Gesichtspunkte berücksichtigen, wie der Umstand, dass der Arbeitgeber nicht nur die Mittel zur Werkerstellung bereitstellt, sondern auch das Risiko der Werkschöpfung trägt, nicht nur in Bezug auf die Verwertbarkeit des Werks, sondern auch in Bezug auf das mögliche Scheitern der Werkerstellung selbst. Ebenso kann Sonderkonstellationen in der Hinsicht Rechnung getragen werden, dass Arbeitnehmer neben ihrer kreativen Tätigkeit auch noch andere Tätigkeiten im Unternehmen verrichten. Dies würde bei einer Anwendung des § 32 Absatz 1 Satz 3 UrhG auf das Arbeitsverhältnis nicht berücksichtigt bzw. bewirken, dass der Arbeitslohn bei Berechnung des Nachforderungsanspruchs künstlich aufgespaltet werden müsste, da mit ihm auch diese anderen Arbeiten abgegolten werden.
Von einer Erstreckung des § 32 UrhG auf das Pflichtwerkschaffen des Arbeitnehmerurhebers sollte daher abgesehen werden.[288] Hier ergeben

[285] BT- Drs. 14/ 8058 S. 43 ; Jacobs R., NJW 2002, S. 1907 ; Grobys M./ Foerstl U., NZA 2002, S. 1017.
[286] BT- Drs. 14/ 8058 S. 1 ; Berger C., ZUM 2003, S. 176 ; Ory S., AfP 2002, S. 95.
[287] Bayreuther F., GRUR 2003, S: 574 f. ; Grobys M./ Foerstl U., NZA 2002, S. 1017; ähnlich, aber widersprüchlich: Wimmers J./ Rode T., CR 2003, S. 402 f., die einerseits grundsätzlich keinen Raum für die Anwendung des § 32 UrhG in Arbeitsverhältnissen sehen, andererseits § 32 UrhG dort eingeschränkt anwenden wollen, wo der Arbeitgeber Schöpfungen außerhalb des Pflichtwerkschaffens bzw. Pflichtwerke außerhalb des Betriebszwecks verwertet, d. h. § 43 UrhG und die Abgeltungstheorie nicht eingreifen.
[288] Bayreuther F., GRUR 2003, S. 574 f. ; Grobys M./ Foerstl U., NZA 2002, S. 1017; ähnlich, aber widersprüchlich: Wimmers J./ Rode T., CR 2003, S. 402 f., die einerseits grundsätzlich keinen Raum für die Anwendung des § 32 UrhG in

sich aus der vom freien Urheberwerkschaffen abweichenden Tätigkeitssituation des Arbeitnehmers vorrangig zu beachtende Besonderheiten i. S. d. § 43 UrhG, die zu einem Anwendungsausschluss führen. Betreffen die Inäquivalenzkonstellationen das Verhältnis von werkschöpfender Tätigkeit und Vergütung ist mit arbeitsrechtlichen Instrumentarien mühelos eine Lösung zu finden. Steht der Werkertrag in keinem Verhältnis zur gezahlten Vergütung ist diese Sonderkonstellation über § 32a UrhG sachgerecht lösbar.

IV. Schöpfungen des Arbeitnehmerurhebers außerhalb arbeitsvertraglichen Pflichtwerkschaffens

Bei Bestimmung der dem Anwendungsbereich des § 43 UrhG unterfallenden Schöpfungen und deren Abgrenzung zu den sogenannten freien Werken des angestellten Urhebers ist bereits auf die reinen Freizeitwerke des Werkschöpfers eingegangen.[289] Die rechtliche Position des Arbeitnehmerurhebers zu solchen Werken ist uneingeschränkt der Position eines freien Urhebers gleichgestellt. Innerhalb der gesetzlichen Vorgaben kann er frei darüber entscheiden, ob, mit wem und mit welchem, insbesondere vergütungsrechtlichen Inhalt er Urheberverträge aushandelt und abschließt.[290] Zu klären bleibt, wie sich die rechtliche Position eines Arbeitnehmers in den Fällen darstellt, in denen er sein Werk „bei Gelegenheit" arbeitsvertraglicher Verpflichtungen schafft.
Ein Werkschaffen „bei Gelegenheit" der arbeitsvertraglich geschuldeten Pflichtenerfüllung liegt in den Situationen des Rechtsalltages vor, in denen der Arbeitnehmer während des Bestehens eines Arbeitsverhältnisses, in inhaltlicher Nähe und im Zusammenhang mit diesem durch eine zusätzliche Tätigkeit, zu der er seinem Arbeitgeber gegenüber nicht verpflichtet ist, eine Schöpfung bewirkt. Insbesondere Änderungen und Erweiterungen des Katalogs der vom Arbeitnehmer arbeitsvertraglich geschuldeten Verpflichtungen während des Laufs der Rechtsbeziehung dürfen das in Frage stehende Werk nicht zum Teil des Pflichtenkreises des Arbeitsvertrags machen.[291]
Trotz fehlender Einbeziehung in den arbeitsvertraglichen Pflichtenzusammenhang besteht infolge des Bezugs zur Tätigkeit im Arbeitsverhält-

---

Arbeitsverhältnissen sehen, andererseits § 32 UrhG dort eingeschränkt anwenden wollen, wo der Arbeitgeber Schöpfungen außerhalb des Pflichtwerkschaffens bzw. Pflichtwerke außerhalb des Betriebszwecks verwertet, d. h. § 43 UrhG und die Abgeltungstheorie nicht eingreifen.

289 vgl. a. C. III. 1.

290 BGH GRUR 1985, S. 129 f.- Elektrodenfabrik ; Wandtke A.- A., GRUR 1999, S. 392 ; Buchner H., GRUR 1985, S. 12 f. ; Haberstumpf H., Handbuch des Urheberrechts, 2000, S. 235 ; Nordemann/ Vinck § 43 RN 3.

291 vgl. a. C. III. 1.

nis oder dessen Zielrichtung auf Arbeitgeberseite oftmals dennoch Interesse an der Verwertung solcher Werke für den eigenen Geschäftsbetrieb. Dem Arbeitgeber steht es frei, Nutzungsinteressen in dieser Hinsicht, wie bei jedem anderen freien Urheber auch, durch Abschluss ausdrücklicher privatautonomer Vereinbarungen zu sichern, sei es, dass sie eine Anbietungspflicht des Arbeitnehmers statuieren, sei es, dass sie eine Verpflichtung des Arbeitnehmers zur Nutzungsrechteinräumung beinhalten.

Fraglich ist, ob den Arbeitnehmer auch ohne vertragliche Abrede eine in der arbeitsvertraglichen Rechtsbeziehung wurzelnde, stillschweigende Anbietungspflicht für seine „bei Gelegenheit" der Vertragserfüllung geschaffenen Werke dem Arbeitgeber gegenüber trifft.

Eine Entscheidung der höchstrichterlichen Rechtsprechung liegt zu dieser Problematik bislang nicht vor, da die zu behandelnden Sachverhalte entweder im dienstvertraglichen Sonderbereich liegen[292] oder allein unter den Aspekten zu entscheiden sind, ob außervertraglich geschaffene Werke vorliegen bzw. der Arbeitnehmer für eine bereits durchgeführte Rechtseinräumung eine zusätzliche Vergütung beanspruchen kann.[293]

Im Schrifttum ist die Beantwortung der Frage umstritten. Ein Teil der Literaturstimmen befürwortet eine generelle Anbietungspflicht des Arbeitnehmers bei derartigen Werken und zieht mangels urheberrechtsgesetzlicher Lösung zu deren Begründung die Vorschriften der §§ 18, 19 Arbeitnehmererfindungsgesetz analog heran.[294] Dort treffe der Gesetzgeber für eine in ihrer Grundkonstellation vergleichbare Problematik bei den sogenannten freien Erfindungen eines Arbeitnehmers ausführliche Normierungen, die auf das urheberrechtliche Gebiet übertragbar seien.[295]

Gegen eine solche analoge Anwendung der Vorschriften des Arbeitnehmererfindungsgesetzes spricht grundsätzlich dessen Konzeption als Sonderregelungskomplex allein für patent- oder gebrauchsmusterfähige technische Neuerungen. Zum anderen verbieten auch die besonderen persönlichkeitsrechtlichen Aspekte in der Beziehung zwischen Werkschaffendem und seiner Schöpfung eine Übertragung der Vorschriften für technisches Schaffen im Arbeitsverhältnis, die eine solche Verbundenheit nicht kennen und daher rechtlich auch nicht berücksichtigen. Ebenso bestehen Zweifel an der Vergleichbarkeit der Ausgangssituation,

---

292 BGH GRUR 1991, S. 528- Grabungsmaterialien.

293 BAG GRUR 1961, S. 491- Nahverkehrschronik ; BAG GRUR 1984, S. 429- Statikprogramme.

294 Vinck K., Die Rechtsstellung des Urhebers, 1972, S. 20 ff. ; Scholz M., Die rechtliche Stellung, 1989, S. 117 ; Westen K., JR 1967, S. 401 ; ebenso: LG München ZUM 1997, S. 665 f.

295 Vinck K., Die Rechtsstellung des Urhebers, 1972, S. 20 ff. ; Scholz M., Die rechtliche Stellung, 1989, S. 117 ; Westen K., JR 1967, S. 401 ; ebenso: LG München ZUM 1997, S. 665 f.

da den Arbeitgeber ein Ausschluss von der Nutzung außervertraglich geschaffener technischer Neuerungen und Erfindungen wegen der größeren rechtlichen Reichweite des Patent- bzw. Gebrauchsmusterschutzes viel schwerer und einschneidender in seinen betrieblichen Interessen trifft als im urheberrechtlichen Bereich.[296]

Andere Stimmen der Literatur suchen in der engen Relation der Schöpfung zum arbeitsvertraglichen Pflichtenumfang - sei es über die verwendeten Arbeitsmittel materieller und immaterieller Art, sei es über die Vergleichbarkeit des anvisierten Verwendungszwecks und Nutzungsbereiches - einen Begründungsansatz für die Pflicht des Arbeitnehmers zur Nutzungsofferte an den Arbeitgeber zu finden.[297]

Das Arbeitsverhältnis als von personenrechtlichen Elementen geprägtes Dauerschuldverhältnis bringe als vertragliche Nebenpflicht i. S. d. § 241 Absatz 2 BGB unstreitig eine besonders hohe Treueverpflichtung des Arbeitnehmers gegenüber seinem Arbeitgeber mit sich. Diese erschöpfe sich aber nicht in Treue als solcher, sondern lasse in unterschiedlichen Situationen des Rechtsalltages verschiedene Einzelpflichten des Arbeitnehmers zur Entstehung kommen, u. a. auch ein Konkurrenzverbot.[298]

Dessen Existenz verpflichte den Arbeitnehmer, den bestehenden Betriebsfrieden nicht durch ein Konkurrenzverhalten zu gefährden bzw. sich nach Kräften um ein Fortkommen des Betriebes zu bemühen. Folglich habe der Arbeitnehmer auch außervertragliche Schöpfungen, die im Rahmen des Arbeitsverhältnisses entstanden sind und an denen ein besonderes betriebliches Nutzungsinteresse des Arbeitgebers besteht, diesem anzubieten.[299]

Doch auch dieser Begründungsansatz vermag eine Pflicht des Arbeitnehmers zur Nutzungsofferte nicht argumentativ überzeugend herzuleiten. Ein aus der Treuepflicht des Arbeitnehmers resultierendes Wettbewerbsverbot gegenüber dem Arbeitgeber, d. h. die Untersagung, in

---

[296] Fischer H.-J./ Reich S., Urhebervertragsrecht, 1993 S. 47 ; Schack H., Urheber- und Urhebervertragsrecht, 2001, RN 982 ; Nordemann/ Vinck § 43 RN 3 ; Rehbinder M., Urheberrecht, 2004, S. 300 ; Kraßer R., FS für Schricker, 1995, S. 104 ; Holländer G., CR 1991, S. 616 ; Ullmann E., GRUR 1987, S. 9 ; Bayreuther F., GRUR 2003, S. 577 f. ; Zirkel M., WRP 2003, S. 62.

[297] Gaul D., NJW 1961, S. 1509 f. ; Rehbinder M., RdA 1968, S. 312 ; Rehbinder M., FS für Hubmann, 1985, S. 361 f. ; Wandtke A.-A., GRUR 1999, S. 392 ; Vinck K., Die Rechtsstellung des Urhebers, 1972, S. 24 ; unter starken Einschränkungen: Rehbinder M., WiB 1994, S. 461, 463 ; Ullmann E., GRUR 1987, S. 9 ; Schack H., Urheber- und Urhebervertragsrecht, 2001, RN 982 ; Haberstumpf H., Handbuch des Urheberrechts, 2000, S. 235 ; Münchener Handbuch/ Sack § 102 RN 38 ; Möhring/ Nicolini/ Spautz § 43 RN 12.

[298] Schricker/ Rojahn § 43 RN 101 ; Münchener Handbuch/ Sack § 102 RN 38.

[299] Schricker/ Rojahn § 43 RN 101; Schack H., Urheber- und Urhebervertragsrecht, 2001, RN 982 ; Rehbinder M., Urheberrecht, 2004, S. 299 ; Ullmann E., GRUR 1987, S. 9.

Konkurrenz zum Vertragspartner zu treten und dessen betrieblichen Wettbewerbsinteressen zu beeinträchtigen, kann nicht mit einer aktiven Anbietungspflicht für außervertragliche Werkschöpfungen des Urheberrechtes gleichgesetzt werden. Der Arbeitgeber ist in tatsächlichen Konkurrenzsituationen auch ohne Offerierungsverpflichtung des Arbeitnehmers durch Unterlassungsansprüche hinreichend in seinen Interessen geschützt. Bei nachweisbaren Verstößen des Tätigkeitsverpflichteten gegen Vertragspflichten ist ein Kündigungsrecht eröffnet bzw. können kompensatorische Schadensersatzforderungen geltend gemacht werden.[300]
Mit einem Teil des Schrifttums ist davon auszugehen, dass Arbeitnehmer bei Schöpfung von Werken, die „bei Gelegenheit" der arbeitvertraglichen Pflichtenerfüllung entstehen, nicht mit einer grundlegenden Anbietungspflicht gegenüber ihrem Arbeitgeber belastet sind. Wie Urheber von sogenannten Freizeitwerken auch sind sie in der Wahl des Verwerters ihrer außervertraglichen Leistungen frei.[301] Ist ein Arbeitgeber an der Nutzung der in Nähe des Arbeitsverhältnisses entstehenden Werke interessiert, ist er darauf angewiesen, eine Anbietungspflicht für diese entweder grundlegend und damit von vorneherein oder nach Beginn bzw. Abschluss des Schöpfungsprozesses nachträglich zu vereinbaren. Faktisch wird der Arbeitnehmer auf Grund des Wettbewerbsverbots ein „konkurrenzfähiges" Werk jedoch an niemand anderen als seinen Arbeitgeber lizenzieren können, ohne sich schadensersatzpflichtig zu machen.[302]
Erfolgt eine Einräumung nutzungsrechtlicher Befugnisse an den Arbeitgeber, stellt sich die Frage nach Vergütungsansprüchen des Arbeitnehmerurhebers. Im vergütungsrechtlichen Zusammenhang steht es nach ständiger obergerichtlicher Rechtsprechung[303] unter Zustimmung der nahezu einhelligen Meinung im Schrifttum[304] fest, dass ein Arbeitnehmer, der seinem Arbeitgeber Nutzungsrechte an schöpferischen Leistungen einräumt, die außerhalb des arbeitsvertraglichen Pflichtenumfanges stehen, stets, d. h. auch ohne ausdrückliche Vereinbarung mit dem Arbeitgeber, Anspruch auf eine in ihrer Höhe angemessene Vergütung besitzt. Mangels Zugehörigkeit zum arbeitsvertraglichen Pflichtenzusammenhang löst der Arbeitgeber - ebenso wie bei nicht vom Arbeitsverhältnis

[300] Kraßer R., FS für Schricker, 1995, S. 104; Nordemann/ Vinck § 43 RN 3.
[301] Kraßer R., FS für Schricker, 1995, S. 104 ; Nordemann/ Vinck § 43 RN 3 ; Schricker/ Rojahn § 43 RN 66.
[302] vgl. hierzu: Rehbinder M., Urheberrecht, 2004, S. 300.
[303] BGH GRUR 1985 S. 129- Elektrodenfabrik ; BGH GRUR 1978 S. 246- Ratgeber für Tierheilkunde.
[304] vgl. hierzu: Hubmann M., FS für Hueck, 1959, S. 55 ; Rehbinder M., RdA 1968, S. 315 ; Kraßer R., FS für Schricker, 1995, S. 105 ; Nordemann/ Vinck § 43 RN 3 ; Wandtke A.- A., Die Rechte des Urhebers, 1993, S. 102 ; Schricker/ Rojahn, § 43 RN 67, 101 ; Balle K., NZA 1997, S. 870 ; Münchener Handbuch/ Sack § 102 RN 41.

getragenen Nutzungen des Werks - weder das urheberrechtliche Schaffensergebnis noch die Gewährung nutzungsrechtlicher Befugnisse mit der arbeitsvertraglichen Lohnzahlung ab.
Nach Einführung der Neuerungen des Gesetzes zur Stärkung der vertraglichen Stellung von Urhebern und ausübenden Künstlern in das Urheberrechtsgesetz stehen dem Arbeitnehmer zur Begründung seiner Vergütungsansprüche die Korrekturvorschriften der §§ 32 und 32a UrhG zur Verfügung.[305] Fehlt eine ausdrückliche Vereinbarung über die zusätzlich geschuldete Vergütung, erhält der Arbeitnehmerurheber nach § 32 Absatz 1 Satz 2 UrhG einen gesetzlich statuierten Anspruch auf angemessene Vergütung. Bedarf eine getroffene Vergütungsabsprache wegen fehlender Angemessenheit des vereinbarten Entgelts einer Korrektur, ist in § 32 Absatz 1 Satz 3 UrhG eine entsprechende Anspruchsgrundlage normiert.
Bei Bestimmung der Höhe der angemessenen Vergütung i. S. d. Legaldefinition des § 32 Absatz 2 Satz 2 UrhG ist die Honorierung des vom Arbeitnehmer bei Schaffung des Werkes betriebenen materiellen wie immateriellen Aufwands bzw. der Vermarktungsaussichten der Werkidee in erster Linie an den Einzelfallumständen zu messen und nur aus deren Besonderheiten heraus abschließend festlegbar. Als grundlegende Richtschnur kann jedoch ein Entgelt angesetzt werden, das in etwa dem Betrag entspricht, den der Urheber bei einem Vertragsschluss mit einem außenstehenden Dritten hätte erzielen können.[306]
In Abkehr vom Grundsatz einer gesonderten Vergütungspflicht des Arbeitgebers für den Nutzungsrechterwerb an außervertraglich geschaffenen Werken erkennt eine Entscheidung des BAG aus dem Jahre 1984 in einem Einzelfall dem Werkschöpfer einen derartigen Anspruch ab, da er gegenüber seinem Arbeitgeber versäumt habe klarzustellen, dass die Rechtseinräumung nur gegen die Zahlung eines besonderen Entgeltes durchgeführt werden solle und ohne eine solche Absprache die der betrieblichen Nutzung zugeführte Schöpfung zeitlich unbeschränkt vergütungsfrei verwendet werden könne.[307] Diese Entscheidung steht jedoch

[305] Grobys M./ Foerstl U., NZA 2002, S. 1018 ; Mestmäcker/ Schulze/ Linder § 32 S. 1 ff. und § 32a S. 1 ff. ;
vgl. zur Anspruchsbegründung vor Verabschiedung der §§ 32 und 32a UrhG : BGH GRUR 1985, S. 129 ff.- Elektrodenfabrik ; BAG GRUR 1966, S. 88- Abdampfverwertung ; Buchner H., GRUR 1985, S. 1 ff ; Mathis H.-P., Der Arbeitnehmer als Urheber, 1988, S. 47 ff. ; Scholz M., Die rechtliche Stellung, 1989, S. 63 ff. ; Münchener Handbuch/ Sack § 102 RN 41 ; Nordemann/ Vinck § 43 RN 3 ; Schricker/ Rojahn § 43 RN 67 ; Kraßer R., FS für Schricker, 1995, S.105 m. w. N.
[306] Bucher H., GRUR 1985, S. 1 ff. ; Schricker/ Rojahn § 43 RN 101.
[307] BAG GRUR 1984, S. 432- Statikprogramme ; zustimmend: Sundermann H.- G., GRUR 1988, S. 354 f. ; ablehnend: insbesondere Ulmer E., GRUR 1984, S. 437 ; Schricker/ Rojahn § 43 RN 68 f.

ohne Zusammenhang zur bisherigen Entscheidungspraxis in der obergerichtlichen Rechtsprechung.[308] Sie lässt die in §§ 612, 632 BGB und nun auch in § 32 UrhG niedergelegten vergütungsrechtlichen Grundüberlegungen ebenso außer Acht wie die Grenzen des arbeitsvertraglichen Austauschverhältnisses und Äquivalenzprinzips.

V. Zusammenfassung

An die Spitze einer Rechtsskizze zum Arbeitnehmerurheber im deutschen Urheberrecht lässt sich das in § 7 und § 11 Satz 1 UrhG niedergelegte Schöpferprinzip stellen, das dem Werkschaffenden das Urheberrecht auf Grund des individuellen Schöpfungsaktes als naturgegebenes geistiges Eigentum zuordnet. Da das Urheberrecht nach deutschem Verständnis unter Lebenden rechtsgeschäftlich nicht übertragbar ist, kann sich ein werkinteressierter Dritter von Urhebern allein Nutzungsrechte im Sinne einer Belastung und Beschneidung der eigener Verwertungsrechtsposition einräumen lassen.

Wie sich aus der Formulierung des § 43 UrhG ergibt, behält diese Systematik auch für Arbeitsverhältnisse Gültigkeit. Das Urheberrecht steht als Schöpfer allein dem Arbeitnehmer zu und kann als solches nicht weitergegeben werden. Der Arbeitgeber ist darauf angewiesen, Nutzungsrechte zu erlangen und dies mangels gesetzlicher Zession auf vertraglichem Weg.

Um dem Arbeitgeber als Investitionsträger die ihm arbeitsrechtlich zustehende Verwertung der i. S. v. § 43 UrhG pflichtgemäß in einem Arbeitsverhältnis geschaffenen Werke zu sichern, unterliegt der Arbeitnehmer nach dem Wesen des Arbeitsverhältnisses als der Summe aller typenbildenden Strukturmerkmale grundsätzlich einer schuldrechtlichen Verpflichtung, dem Arbeitgeber entsprechende Nutzungsrechte einzuräumen. Aus den gleichen Gründen ist von einer zumindest stillschweigenden, den Arbeitgeber begünstigenden quasi-dinglichen Vorausverfügung des Arbeitnehmerurhebers über diese Nutzungsrechte im Zeitpunkt des Arbeitsvertragsabschlusses auszugehen. Gleichwohl kann ein Arbeitgeber nur derivative, vom Urheber abgeleitete Befugnisse am entstandenen Werk erwerben und besitzt selbst keine primären urheberrechtlichen Ansprüche. Er ist weder Urheber noch Inhaber von Urheberrechten. Trotz des Investitionsrisikos des Arbeitgebers ist stets zu berücksichtigen, dass es sich bei dem urheberrechtsfähigen Werk um kein gewöhnliches Gut des Wirtschaftslebens handelt, sondern um ein geistiges Gut, für welches besondere Grundsätze gelten. Hierzu gehört auch

---

[308] BGH GRUR 1985, S. 130- Elektrodenfabrik ; BAG GRUR 1961, S. 491- Nahverkehrschronik ; BGH GRUR 1978, S. 244- Ratgeber für Tierheilkunde.

die Maxime, dass das bestehende geistige Band zwischen Urheber und Schöpfung niemals aufgelöst werden kann.
Sucht man die der Einräumungsverpflichtung des Arbeitnehmers unterfallenden Schöpfungen zu konturieren, ist zunächst auf das Arbeitsverhältnis abzustellen. § 43 UrhG erfasst generell Werke eines Arbeitnehmers, der im urheberrechtlichen Zusammenhang ebenso zu definieren ist wie im Arbeitsrecht. Zusätzlich beschränkt sich § 43 UrhG auf die schöpferischen Ergebnisse des Arbeitnehmers, die er im Pflichtenzusammenhang seines Arbeitsverhältnisses hervorbringt. In Abgrenzung zu den sogenannten freien Werken des Arbeitsverhältnisses kennzeichnet solche Pflichtwerke, dass der Arbeitnehmer zur Erbringung der schöpferischen Tätigkeit verpflichtet sein muss, die deren Entstehung denknotwendig vorausgesetzt ist. Der konkrete Umfang der Leistungspflichten lässt sich im Einzelfall aus der Auslegung von Arbeitsvertrag, tatsächlichem Tätigkeitsbereich und Treuepflicht des Arbeitnehmers gewinnen.
Als angemessenen Ausgleich von Arbeitgeber- und Arbeitnehmerinteressen im Spannungsfeld zwischen Arbeitsrecht und Urheberrecht versucht der deutsche Lösungsansatz, eine möglichst sämtliche berücksichtigungswürdigen Belange umfassende Ausgestaltung des Problembereiches zu erreichen. Bei Abwägung von vermögensrechtlichen Interessen des Arbeitgebers gegen vermögens- wie urheberpersönlichkeitsrechtliche Belange des Arbeitnehmerurhebers bemüht er sich, neben den Positionen des Arbeitgebers die materiellen Vorstellungen des angestellten Urhebers nicht zu vergessen. Auch dessen urheberpersönlichkeitsrechtlich geprägte Belange und Interessen werden - wenn auch in eingeschränkterem Umfang als beim freien Urheber - berücksichtigt.
Eine Nutzungsrechteinräumung ist bei Fehlen abweichender ausdrücklicher Vereinbarungen nach einer vielschichtigen Interessenabwägung nur in dem Umfang anzunehmen, wie er sich aus dem Wesen des Vertragsverhältnisses, dessen einzelfallspezifischen Inhalt sowie - entsprechend dem allgemeinen Zweckübertragungsgedanken - aus dem für beide Seiten eindeutig erkennbaren Zweck der Vereinbarung selbst ergibt. Eine maßgebliche Rolle spielt hierbei die Zweckausrichtung des vom Arbeitnehmerurheber unterstützten Betriebs, die anhand verschiedener objektiver Kriterien zu konkretisieren ist.
Mit Nutzungsrechtverleihung erwirbt der Arbeitgeber ausschließliche Nutzungsrechte. Sie ermächtigen ihn, das vom Arbeitnehmer geschaffene Werk unter Ausschluss jeder weiteren Person innerhalb des betrieblichen Zweckzusammenhangs zu nutzen, insbesondere selbst Dritten einfache oder ausschließliche Nutzungsrechte zuzuweisen. Seine Nutzungsrechte stehen dem Arbeitgeber innerhalb der Schutzdauer des Urheberrechts zeitlich unbegrenzt zur Verfügung, d. h. auch über das Ende des Arbeitsverhältnisses hinaus.

Konkurrieren vermögensrechtliche Verwertungsinteressen des Arbeitgebers mit urheberpersönlichkeitsrechtlichen Belangen des angestellten Urhebers ist eine Rechtslage zu schaffen, die beiden Rechtssubjekten gerecht wird. Der angestellte Urheber hat gegenüber dem freischaffend Tätigen durchaus Einschränkungen bei seinen Persönlichkeitsrechten hinzunehmen und auf die Geltendmachung bestimmter Rechte zu verzichten bzw. deren Ausübung zum Teil dem Arbeitgeber zu überlassen. Dennoch stellt ihn der deutsche Gesetzgeber, obwohl er den aufkommenden Interessenkonflikt in erster Linie zu Gunsten des Arbeitgebers löst, nicht völlig schutzlos. Einschnitte in die ideellen Befugnisse des Schöpfers machen weiterhin eine umfassende Abwägung von Arbeitnehmerurheber- und Arbeitgeberinteressen erforderlich, bei der durchaus Belange des angestellten Urhebers im Vordergrund stehen können. Ein gewisses Kontinuum in der Rechtspraxis wird auch dadurch erreicht, dass Branchen- und Betriebsübung in der Abwägung der widerstreitenden Interessen Berücksichtigung finden.
Im vergütungsrechtlichen Kontext ist auch beim angestellten Werkschaffenden bestimmend, dass ein Urheber an der wirtschaftlichen Verwertung seines Werkes möglichst weitgehend beteiligt werden muss. Für Verwertungsformen, die vom „betrieblichen Zweck" des vom Arbeitgeber geführten Unternehmens erfasst werden, ist in der Regel das arbeitsvertraglich vereinbarte Lohn das angemessene Entgelt. Mit entsprechenden Lohnzahlungen erwirbt der Arbeitgeber nicht allein die Tätigkeit des Arbeitnehmers, sondern auch das von ihm erzielte Arbeitsergebnis sowie das Recht zu dessen Verwertung. Bei sich ex post ergebenden grobem Missverhältnis von vereinbarten Lohn und aus dem Werk des Arbeitnehmers gezogenen Erträgen hält die Vorschrift des § 32a UrhG rechtliche Möglichkeiten für einen finanziellen Ausgleich bereit. Tritt ein Missverhältnis zwischen Arbeitsentgelt und Qualität bzw. Quantität der werkschöpfenden Tätigkeit ein, stehen arbeitsrechtliche Anspruchsgrundlagen zum Ausgleich zur Verfügung.
Entscheidet sich der Arbeitgeber dafür, vom angestellten Urheber umfassende, insbesondere über seinen Betriebszweck hinausgehende Nutzungsrechte zu erwerben, begründet dies einen entsprechenden zusätzlichen angemessenen Vergütungsanspruch des Urhebers. Das Investitionsschutzinteresse des Arbeitgebers bedingt nach Ansicht des deutschen Gesetzgebers nicht, dass dieser infolge des Arbeitsverhältnisses über sämtliche Nutzungsmöglichkeiten am Werk des Arbeitnehmers verfügen können muss und damit über Verwertungsformen, die er aller Wahrscheinlichkeit nach nie tatsächlich nutzen wird.
Hinsichtlich außerhalb des arbeitvertraglichen Pflichtenkatalogs geschaffener Werke besitzt der Arbeitnehmerurheber jedem an der Nutzung der Schöpfung interessierten Dritten, auch dem Arbeitgeber gegenüber, die rechtliche Stellung eines freien Urhebers. Insbesondere bei Eigen-

nutzung bzw. Weitergabe von Befugnissen an Werkschöpfungen „bei Gelegenheit“ der Erfüllung arbeitsvertraglicher Pflichten, d. h. an jenen Schaffensergebnissen, deren Erstellung einen engen Bezug zur Tätigkeitsverpflichtung aufweist, dieser aber nicht unterfällt, sind seitens des Arbeitnehmerurhebers lediglich wettbewerbsrechtliche Konkurrenzverbote zu beachten. Eine Anbietungsverpflichtung gegenüber dem Arbeitgeber besteht nicht. Erfolgt eine Nutzungsrechtseinräumung an den Arbeitgeber, ist diese gesondert angemessen zu vergüten.

D. Die rechtliche Stellung des Arbeitnehmerurhebers im britischen Copyright Law

I. Der Arbeitnehmerurheber als Schnittpunkt zwischen Copyright Law und Arbeitsrecht

Auch im britischen Copyright Law bleibt der Arbeitnehmerurheber Schnittpunkt zwischen Arbeitsrecht und Copyright Law. Einen dem deutschen Recht vergleichbaren Zielkonflikt begründet das Zusammentreffen der beiden Rechtsgebiete aber nicht.

Die für den deutschen Rechtsraum vorangestellten Ausführungen zu den Funktionsvoraussetzungen der arbeitsteiligen Wirtschaftsordnung, insbesondere jene zu den rechtlichen Grundüberlegungen der Zuordnung der Arbeitsergebnisse an den Arbeitgeber[309], lassen sich für die britische „labour legislation", das dortige Arbeitsrecht, uneingeschränkt wiederholen. Im Copyright Law aber zeichnet sich ein stark divergierendes Vorstellungsbild bei den zentralen Fragen nach Grund und Rechtfertigung des Schutzes geistiger Interessen ab.

Auf den Grundpfeilern von Rechtspositivismus und Vertragsfreiheit baut der britische Gesetzgeber ein Regelungsgebäude, das in einer allein auf ökonomische Aspekte ausgerichteten Sichtweise den Investitionsschutz ins Zentrum der Rechtsvorschriften stellt. Die Sicherung der Vermarktbarkeit der entstandenen Werke bzw. verwandten Leistungsergebnisse sowie der Schutz von Investitionen materieller oder geistiger Art bestimmen die mithin Zweckmäßigkeitsüberlegungen folgende Vergabe von Copyright. Ein naturrechtlich bedingter, zwingender Zusammenhang zwischen Werkschöpfung und Entstehung des Schutzrechts wird nicht anerkannt.

Diese Vorstellung spiegelt sich auch bei Festlegung der Person von „author" und „first owner of copyright" wider. In Parallelität zur begrifflichen Weite der Werkdefinition sind nicht nur allein Schöpfer klassischer Werke, sondern auch die nach deutschem Rechtsverständnis Leistungsschutzberechtigten und Werkverwerter als Träger wirtschaftlicher Investitionen nach Sec. 9 CDPA „author". Vielmehr wird auch nicht von einer zwingenden Identität zwischen „author" und Inhaber des Schutzrechts ausgegangen und dessen Bestimmung der gesetzgeberischen Festlegung überlassen.

Sec.11(1) CDPA geht in einer Art Grundregelung zwar davon aus, dass der nach Sec. 9 CDPA definierte „author" eines Werkes auch Inhaber des Copyright ist. Eine bedeutsame Ausnahme wird jedoch von Sec. 11(2) CDPA im Bereich der klassischen Werkkategorien für den in abhängiger Tätigkeit schöpferischen Urheber formuliert.

---

[309] vgl. hierzu die näheren Ausführungen unter C. I.

Für die Fälle, in welchen ein Werk der Literatur, der Dramaturgie, der Musik oder Kunst in unselbständiger Arbeit geschaffen wird, bestimmt Sec. 11(2) CDPA nicht den Arbeitnehmer, sondern den Arbeitgeber zum Träger des Copyright. Mit Schöpfung des Werkes erwirbt der Arbeitgeber originär sämtliche Befugnisse des Copyright, ohne dass es einer Ableitung oder Übertragung vom Arbeitnehmer bedürfte. Der angestellte Urheber wird somit zwar „author“ seines Schaffensergebnisses. Träger des Copyright ist kraft Gesetzes aber nicht er, sondern sein Arbeitgeber. Allein eine individualvertragliche Vereinbarung kann den Arbeitnehmer ausdrücklich zum originären Copyright-Inhaber erklären.
Verliert die These vom Arbeitnehmerurheberrecht als Schnittbereich zwischen Arbeitsrecht und Urheberrecht mithin auch im britischen Copyright Law nicht ihre Gültigkeit, kann von einem Spannungsfeld zwischen den beiden Rechtsmaterien nicht mehr gesprochen werden. Entsprechend der arbeitsrechtlichen Überlegung, dass das Arbeitsergebnis dem Arbeitgeber gebührt, lässt es das Copyright konsequenterweise von vorneherein in der Person des Arbeitgebers entstehen. Dem Arbeitnehmer bleibt allein sein Status als „author“, mit dem jedoch keinerlei Rechte verknüpft sind.
Copyright ist keine Anerkennung eines in der Natur der Sache, nämlich in dem vom Schöpferindividuum geprägten Schaffensakt, wurzelnden Rechts des Werkschaffenden. Aus Gründen der Zweckmäßigkeit wird es Investitionsträgern zur Förderung kulturell wünschenswerter Werke vom Gesetzgeber verliehen. In dieser Ausrichtung unterscheiden sich vom Copyright Law erfasste Werke im Wesentlichen nicht von anderen Waren des Handelsverkehrs. Urheber wie Werkverwerter werden allein als Geschäftsleute geschützt, die aus ihren Investitionen materieller oder geistiger Art Gewinn ziehen wollen. Rechtfertigen nach Vorstellung des britischen Copyright Law grundsätzlich zwar sämtliche zwischen Schaffensbeginn und Fertigstellung des Werks gezeigten Investitionen die Verleihung von Copyright, wird dennoch nur derjenige originärer Copyrightinhaber, der die finanziellen oder materiellen Investitionsleistungen erbringt, d. h. das wirtschaftliche Risiko trägt.
Auf die Situation des Arbeitnehmerurhebers übertragen heißt dies, allein der Arbeitgeber, der die zur Werkerstellung notwendigen finanziellen Mittel aufbringt und das unternehmerische Risiko trägt, besitzt die aus Sicht des Copyright Law ausschlaggebenden, schutzwürdigen, vermögensrechtlichen Interessen am Werk. Er ist es, der auf einen angemessenen Verwertungserlös maßgebend angewiesen ist. Er hat demnach auch originärer Copyrightinhaber zu sein. Der Arbeitnehmer mit seinem geistig-kreativen Schaffensakt hat zurückzutreten. Ihm bleiben allein seine Rechte und Sicherheiten aus dem Arbeitsverhältnis.

II. Die Zuweisung von Copyright an den Arbeitgeber nach Sec. 11(2) CDPA

1. Die Anwendungsvoraussetzungen des Sec. 11(2) CDPA

In Parallelität zum deutschen Urheberrecht führt Sec. 11(2) CDPA als gesetzliche Hauptregelung zum Arbeitnehmerurheberrecht in Großbritannien den Begriff des „employed author“ und damit des Arbeitnehmerurhebers selbst nicht in die Normsystematik ein. Auch er wählt die vom Arbeitnehmer geschaffenen Werke als Anknüpfungspunkt seines Eingreifens, indem er formuliert „Where a literary, dramatic, musical or artistic work is made by an employee...“[310].

In ihrem werkbezogenen Ausgangspunkt beschränkt sich die Vorschrift ausdrücklich auf Schaffensergebnisse der Literatur, der Dramaturgie, der Musik oder der Kunst, d.h. den Bereich der klassischen Werkkategorien[311]. Die ebenfalls dem Copyrightschutz unterfallenden sonstigen Leistungen und Erzeugnisse von Tonträger- und Filmproduzenten, Sendeunternehmen im Rundfunk-, Fernseh- oder Kabelprogrammbereich bzw. Verlegern öffentlicher Werkausgaben i.S.d. Sec. 1(b) und (c) CDPA werden nicht erfasst.

Für sie ist eine Ausnahmeregelung zu Sec. 11(1) CDPA aber auch nicht erforderlich, um dem Arbeitgeber die Stellung des „first owner of copyright“ zu verleihen. In diesen Fällen ist der Arbeitgeber nach der Definition des Sec. 9 CDPA in einer Vielzahl von Konstellationen selbst „author“, da er die notwendigen Vorkehrungen finanzieller, materieller oder personeller Art trifft und die Herstellung des geschützten Arbeitsergebnisses gewährleistet.[312] Folglich ist er bereits kraft gesetzlicher Grundregelung Träger des von ihm benötigten Copyright an dem von seinen Arbeitnehmern erarbeiteten Werkerfolg.[313]

Neben der Zugehörigkeit zu den klassischen Werkkategorien ist weitere Voraussetzung des Sec. 11(2) CDPA, dass das schutzfähige Werkergebnis „... is made by an „employee“ in the course of his employment...“[314], d.h. von einem Arbeitnehmer im Verlauf seiner abhängigen Beschäftigung beim Arbeitgeber geschaffen wird. Der Begriff des „employee“, des Arbeitnehmers, besitzt hier einen identischen Bedeutungsgehalt wie im deutschen Recht.[315] Umschreibt er zunächst generell eine Person, die auf Grund eines Arbeits- oder Ausbildungsvertrags für

---

310 Sec. 11(2) CDPA.

311 vgl. zu Einzelheiten der verschiedenen Werkkategorien: Adams J., UFITA Band 120, 1992, S. 8 ff. ; Durie R., GRUR Int. 1990, S. 832 f.

312 Stewart/ Sandison/ Dworkin, International Copyright, 1989, RN 18.26.

313 Laddie H./ Prescott P./ Vitoria M., The Modern Law of Copyright, 1995, RN 11.26.

314 Sec. 11(2) CDPA.

315 vgl. A. C. III. 1.

einen Dritten tätig wird,[316] steht er im Weiteren in Abgrenzung zu den ebenfalls fremdnützig, aber auf Grund eines Werk- oder Dienstvertrags Werkschaffenden, insbesondere zu den arbeitnehmerähnlich tätigen Personen.
In dieser Unterscheidungsfunktion werden zur näheren Abgrenzung der verschiedenen Tätigkeitskategorien ebenfalls mit dem deutschen Recht[317] übereinstimmende Hauptkriterien herangezogen.[318] Ist Anfang des 20. Jahrhunderts in Großbritannien noch das Merkmal einer Kontrollmöglichkeit des Arbeitgebers über die Arbeitnehmer allein ausschlaggebend für das Vorliegen eines Arbeitsverhältnisses, ist dies heute aufgegeben.[319] In einer durch „case law" bewirkten Rechtsfortbildung tritt neben die Kontrollmöglichkeiten des Arbeitgebers bzw. die Weisungsgebundenheit des Arbeitnehmers das Charakteristikum der Eingliederung des Arbeitnehmers in eine fremde Arbeitsorganisation. Seine Tätigkeit muss sich in der Gesamtheit der Merkmale als Bestandteil eines umfassenden Schaffensprozesses darstellen.[320]
Allein die Erstellung eines schutzfähigen Werks durch den Arbeitnehmer, welches für den Arbeitgeber von Interesse ist, genügt auch im britischen Recht nicht, um letzteren kraft Gesetzes zum Inhaber des Copyright werden zu lassen. Für sein Eingreifen setzt Sec. 11(2) CDPA vielmehr weiter voraus, dass das klassische Werkschaffen des Arbeitnehmers „...in the course of employment..."[321], d.h. „im Verlauf" und nicht allein „im Zusammenhang" des Arbeitsverhältnisses erfolgt.
Der Ausdruck „im Verlauf des Arbeitsverhältnisses" umschreibt hierbei nicht nur einen rein zeitlichen Faktor. Auch im britischen Copyright Law ist anerkannt, dass nicht jedes während der Arbeitszeit oder unter Verwendung der im Arbeitsverhältnis zur Verfügung stehenden Materialien hervorgebrachte Schaffensergebnis des Arbeitnehmers zwingend dem Arbeitgeber als Inhaber des Copyright zuzuordnen ist.
Das Eingriffskriterium „in the course of employment" i. S. d. Sec.11(2) CDPA ist daher identisch zu dem in § 43 UrhG formulierten Passus „in Erfüllung der arbeitsvertraglichen Pflichten" zu sehen.[322] Vergleichbar mit

---

[316] Laddie H./ Prescott P./ Vitoria M., The Modern Law of Copyright, 1995, RN 11.28 FN 2.
[317] vgl. C. III. 1.
[318] Laddie H./ Prescott P./ Vitoria M., The Modern Law of Copyright, 1995, RN 11.30 f. m. w. N. ; Koch P., UFITA Band 103, 1986, S. 107 ff.
[319] Laddie H./ Prescott P./ Vitoria M., The Modern Law of Copyright, 1995, RN 11.29 ; Koch P., UFITA Band 103, 1986, S. 108.
[320] Laddie H./ Prescott P./ Vitoria M., The Modern Law of Copyright 1995, RN 11.30 f. m. w. N. ; Koch P. UFITA Band 103, S. 108 f. ; vgl. a. C. III. 1.
[321] Sec. 11(2) CDPA.
[322] Laddie H./ Prescott P./ Vitoria M., The Modern Law of Copyright, 1995, RN 11.38 ; Koch P., UFITA Band 103, S. 109.

dem Ausdruck „within the scope of his duties“[323] trifft er die Unterscheidung zwischen dem Pflichtwerkschaffen des Arbeitnehmers und außerarbeitsvertraglichen Schöpfungen, insbesondere solchen „bei Gelegenheit“ der Erfüllung arbeitsvertraglicher Pflichten. Auch der Arbeitnehmerurheberregelung im Copyright Law unterfällt allein jenes Werkschaffen, bei welchem der Arbeitnehmer arbeitsrechtlich zur Erbringung der konkreten Tätigkeit verpflichtet ist, die der Entstehung des schutzfähigen Ergebnisses denknotwendig vorausgesetzt ist und zur Werkentstehung hinführt.[324]

Im Übrigen behält der Arbeitnehmerurheber, wie jeder andere Werkschaffende, nicht nur den Status eines „author“, sondern ist nach Sec. 9 i. V. m. Sec. 11(1) CDPA auch Inhaber der Befugnisse des Copyright. Ist der Arbeitgeber an einer Verwertung dieser Schaffensergebnisse interessiert, hat er, wie bei einem freischaffenden „author“, das von ihm benötigte Copyright vom Arbeitnehmer vertraglich zu erwerben.

2. Die Rechtsfolgen des Sec. 11(2) CDPA

Bei Abwägung der vermögensrechtlichen Interessen des Arbeitgebers einerseits und der vermögens- wie urheberpersönlichkeitsrechtlichen Interessen des Arbeitnehmerurhebers andererseits schafft Sec. 11(2) CDPA mit dem Instrument der originären Copyrightzuweisung an den Arbeitgeber eine Situation, in der die Gewichte sehr stark zugunsten des Arbeitgebers verlagert sind. Sie wird dadurch verstärkt, dass ein urheberpersönlichkeitsrechtlicher Schutz gerade im Arbeitsverhältnis nach britischem Copyright Law so gut wie nicht existiert.

Sec. 11(2) CDPA macht den Arbeitgeber bei Pflichtwerken des Arbeitnehmers im Bereich der klassischen Werkkategorien zum originären Copyrightinhaber. Damit besitzt er kraft Gesetzes von vorneherein ein ganzes Bündel von Rechten, nämlich ohne Ausnahme alle gegenwärtig bekannten und sogar zukünftigen Arten von Verwertungsbefugnissen, die das Copyright umfasst. Weder die Übertragung des Copyright vom Arbeitgeber an Dritte noch die Einräumung einer ausschließlichen oder einfachen Lizenz bedarf der Zustimmung des angestellten Werkschöpfers. Auf dessen Seite bleiben keinerlei Verwertungsrechte zurück, die der Arbeitgeber erst erwerben müsste. Nach Abschluss des Schaffensprozesses ist dieser als alleiniger, originärer Copyrightinhaber in der Wahrnehmung der vielzähligen sich bietenden Verwertungsmöglichkeiten vollumfänglich frei. Der Arbeitgeber, mit dem finanziellen Risiko und der unternehmerischen Verantwortung belastet, erhält in Parallelität zur

---

[323] Laddie H./ Prescott P./ Vitoria M., The Modern Law of Copyright, 1995, RN 11.37.

[324] Laddie H./ Prescott P./ Vitoria M., The Modern Law of Copyright, 1995, RN 11.38 ff. m. w. N. ; Stewart/ Sandison/ Dworkin, International Copyright, 1989, RN 18.27 ; Koch P., UFITA Band 103, S. 100 f.

arbeitsrechtlichen Situation auch immaterialgüterrechtlich die uneingeschränkte Herrschaft über das Werk.
Den Vermögensinteressen des Arbeitnehmerurhebers dagegen wird im britischen Urheberrechtsverständnis lediglich durch Zahlung des aus dem Arbeitsverhältnis resultierenden Entgelts Rechnung getragen. Als originärem Copyrightinhaber gebühren die Verwertungsrechte an den Pflichtwerken sowie die aus ihrem Einsatz erzielten Erträge, beispielsweise die Gewinne aus einer Lizenzerteilung an Dritte, ausschließlich dem Arbeitgeber. Zu einer finanziellen Beteiligung des Arbeitnehmers an diesen Vermögensvorteilen kommt es nicht, sofern keine abweichende vertragliche Vereinbarung existiert. Dessen vermögensrechtliche Interessen an bzw. Ansprüche aus dem Pflichtwerkschaffen sind mit dem vereinbarten Arbeitsentgelt und in geringerem Maße auch durch die Fürsorgepflichten des Arbeitgebers abgegolten.
Mit Verleihung der originären Copyrightinhaberschaft an den Arbeitgeber vollzieht sich vermögensrechtlich eine Trennung der Arbeitnehmerurheber von ihren Schaffensergebnissen.[325] Sie verlieren jegliches Vermögensrecht an ihren Werken und haben daher bei Fehlen entsprechender vertraglicher Vorgaben auch keinen Anspruch auf zusätzliche Vergütung neben dem Arbeitslohn.
Auch im Hinblick auf die urheberpersönlichkeitsrechtliche Interessenlage bleiben im britischen Rechtsverständnis die Schutzvorstellungen des Arbeitnehmerurhebers weitgehend unberücksichtigt. Müssen angestellte Urheber gegenüber freischaffend Tätigen sowohl in der deutschen als auch in der britischen Urheberrechtsordnung gewisse Einschnitte bei der Berücksichtigung ihrer Urheberpersönlichkeitsrechte hinnehmen, sind die Schwerpunkte im Interessenkonflikt zu den Verwertungsinteressen des Arbeitgebers in Großbritannien wesentlich stärker zu Gunsten des Arbeitgebers verschoben als in Deutschland.
Zum einen verankert der CDPA bereits nur wenige Vorschriften zum Schutz ideeller Urheberinteressen. Diese erfahren über ihre allgemein schwache Position[326] hinaus beim Werkschaffen im Arbeitsverhältnis noch zusätzliche Abschwächungen und Einschränkungen. Bei dem in Secs. 80 ff. CDPA statuierten „moral right of integrity" beispielsweise hat der Arbeitnehmerurheber nach Sec. 82 CDPA jegliche Veränderung seines Werkes durch den investitionstragenden Arbeitgeber hinzunehmen. Falls er als Werkschaffender erkennbar bleibt, kann er allein eine Klarstellung dahingehend verlangen, dass er sich von der neuen, veränderten Werkform distanziert. Ein Recht auf Urheberanerkennung bzw. -bezeichnung existiert für den abhängig beschäftigten „author" in Groß-

[325] Ellins J., Copyright Law und Urheberrecht, 1997, S. 139, 146.
[326] vgl. hierzu: B. II. 3.

britannien kraft gesetzlicher Regelung in Sec. 79(3) CDPA überhaupt nicht.[327]
Zum anderen kann sich der angestellte „author", wie jeder freie „author" auch, mit der Verletzung seiner „moral rights" einverstanden erklären bzw. schon im Voraus schriftlich auf diese verzichten.[328] Die Verankerung einer derartigen Erklärung im Arbeitsvertrag ist für den in diesem Rechtsverhältnis grundsätzlich überlegenen Arbeitgeber leicht durchsetzbar und mangels den Arbeitnehmer schützenden Eingriffs des Gesetzgebers daher auch die Regel.[329]
Auch aus der Zuweisung der originären Copyrightinhaberschaft an den Arbeitgeber selbst resultiert, dass eine Berücksichtigung verschiedener ideeller Interessen des angestellten Urhebers und damit die Wahrnehmung bestimmter Urheberpersönlichkeitsrechte durch diesen generell ausgeschlossen ist.
Ein Recht des angestellten Werkschaffenden auf Veröffentlichung des Arbeitsergebnisses bzw. Rückrufsrechte wegen unzureichender Verwertung oder gewandelter Überzeugung existieren von vorneherein nicht. Ob, wann und wie das entstandene Werk der Öffentlichkeit bekannt gemacht und der Verwertung zugeführt wird, steht ausschließlich im Ermessen des Arbeitgebers. Er ist als Copyrightinhaber allein entscheidungsbefugt.
Da Sec. 11(2) CDPA und dessen Grundvorgaben für das Pflichtwerkschaffen in abhängiger Beschäftigung uneingeschränkt dispositiv sind, stehen dem Arbeitnehmer prinzipiell abweichende rechtsgeschäftliche Vereinbarungen offen. Entsprechend des Grundsatzes des „freedom of contract" kann er auf vertraglicher Basis nicht nur den Status des originären Copyrightinhabers für sich beanspruchen, sondern sich auch Urheberpersönlichkeitsrechte reservieren. Ob dies in der Praxis durchsetzbar ist, ist auf Grund des Kräfteverhältnisses zwischen ihm und dem Arbeitgeber regelmäßig aber mehr als fraglich.

III. Zusammenfassung

In Übereinstimmung mit den grundlegenden Antworten zu zentralen Fragen nach Grund und Rechtfertigung des Schutzes geistiger Interessen baut das britische Copyright Law sein Lösungsgebäude für die Problempunkte im Schnittpunkt zwischen Arbeits- und Urheberrecht allein auf dem Gedanken des Investitionsschutzes auf. Er ist es, der die mit Sec. 11(2) CDPA vollzogene Trennung von Urheberschaft des Arbeit-

327 vgl. a. Adams J., UFITA Band 120, 1992, S. 15.
328 Sec. 87 CDPA ; vgl. a. Adams J., UFITA Band 120, 1992, S. 15.
329 Ellins J., Copyright Law und Urheberrecht, 1997, S. 151 ; Adams J., UFITA Band 120, 1992, S. 15.

nehmers und originärer Inhaberschaft des Copyright durch den Arbeitgeber rechtfertigt.

Der Schutz der Arbeitgeberinvestition verlangt von britischer Warte aus eine klare Gewichtung der rechtlichen Waagschalen zu Gunsten des Arbeitgebers, um diesem einen maximalen Investitionsertrag zu garantieren. Mit der Verleihung der Copyrightbefugnisse wird dem Arbeitgeber, der sowohl die unternehmerische Verantwortung als auch das finanzielle Risiko übernimmt, die uneingeschränkte Herrschaft über das Werk verliehen. Denknotwendige Konsequenz hieraus ist die materielle und ideelle Trennung des Arbeitnehmerurhebers von seinem Schaffensergebnis. Diese manifestiert sich in einem vollumfänglichen Ausschluss von Mitspracherechten bei der Werkverwertung durch den Arbeitgeber bzw. der Absage an eine finanzielle Beteiligung des Arbeitnehmers an den Investitionsgewinnen. Ebenso kommt sie in der Negierung urheberpersönlichkeitsrechtlicher Einwände des Arbeitnehmers zum Ausdruck, die einer ungestörten Werkverwertung durch den Arbeitgeber entgegenstehen könnten.

Der Arbeitnehmer verliert jegliches Recht an seinen Arbeitserfolgen. Der Schutz seiner Interessen reduziert sich auf das Arbeitsentgelt bzw. gewisse arbeitsrechtliche Fürsorgepflichten des Arbeitgebers. Diese sollen den umfassenden Rechtsverlust in immaterialgüterrechtlicher Hinsicht ausgleichen.

Die gesetzliche Zuweisung der originären Copyrightinhaberschaft an den Arbeitgeber rationalisiert zwar die Verwertung des schutzfähigen Werkes im Rechtsverkehr. Statt mehrerer Berechtigter nimmt nur der Arbeitgeber das Copyright wahr. Ohne entsprechende finanzielle Beteiligungsansprüche und urheberpersönlichkeitsrechtliche Schutzmechanismen zur Wahrung der ebenfalls anerkennenswerten Arbeitnehmerinteressen geht sie aber zu Lasten des abhängig beschäftigten Werkschaffenden.

E. Die Harmonisierung des Arbeitnehmerurheberrechts im Gemeinschaftsrecht

I. Die rechtlichen Rahmenvorgaben für urheberrechtliche Harmonisierungsvorhaben

1. Die kompetenzrechtliche Ausgangssituation

Eine Harmonisierung des Urheberrechtes und damit auch des Arbeitnehmerurheberrechts kann nur in dem Rahmen erfolgen, in dem der Europäischen Gemeinschaft rechtlich Möglichkeiten zum Erlass entsprechender Regelungen offen stehen. Den entscheidungsbefugten Legislativorganen eines souveränen Einzelstaates, wie denen eines jeden Mitgliedslandes der Gemeinschaft, ist eine unbeschränkte sogenannte „Allzuständigkeit" zur Vornahme von in Frage stehenden Rechtshandlungen zugewiesen. Die zuständigen Organe der Europäischen Gemeinschaft bedürfen dagegen zur Verfolgung eines gemeinschaftsweiten Rechtssetzungsbedürfnisses einer Kompetenzzuweisung aus dem EG-Vertrag.

Dieses sogenannte Prinzip der begrenzten Einzelermächtigung ist in den Vorschriften des Art. 5 EUV und des Art. 5 Absatz 1 EGV explizit verankert. Es zielt darauf ab, die Regelungskompetenz für eine Rechtsmaterie, sei sie gemeinschaftsweit noch so relevant, zum Schutz nationaler Rechtssetzungsinteressen bei den einzelnen Mitgliedsstaaten zu belassen, wenn es den Rechtssetzungsorganen der Gemeinschaft nicht gelingt, eine sie zum Erlass entsprechender Rechtsakte ermächtigende Kompetenznorm nachzuweisen. Sie besitzt keine Kompetenz-Kompetenz.[330]

2. Die Zuweisung von Regelungsbefugnissen auf dem Gebiet des Urheberrechts

Eine Vorschrift, die explizit eine Zuweisung von Kompetenzen zur Regelung streitiger urheberrechtlicher Sachverhalte an die Europäische Gemeinschaft und ihre Organe ausspricht, existiert im EG-Vertrag nicht. Auch für den speziellen Bereich des Arbeitnehmerurheberrechts fehlt eine solche Ermächtigungsnorm.

Insbesondere ist kein Rückgriff auf die mit Vertrag über die Europäische Union eingeführte Bestimmung Art. 151 EGV möglich. Dieser widmet sich den kulturpolitischen Aufgabenfeldern der Europäischen Gemein-

---

[330] Kraußer H.- P., Das Prinzip begrenzter Ermächtigung im Gemeinschaftsrecht, 1991, S. 20 ff. ; Von der Groeben/ Jacque Art. E ; Von der Groeben/ Zuleeg Art. 3 RN 1 f.

schaft und beinhaltet Regelungsansätze zur Entfaltung und Wahrung der Kulturvielfalt in Europa. Bedenkt man nun die wichtige Funktion des Urheberrechtes für die nationalen Kulturlandschaften in den Mitgliedsstaaten[331], liegt es trotz Fehlens einer ausdrücklichen Erwähnung nicht fern, eine Gemeinschaftskompetenz zu harmonisierender Rechtssetzung im Urheberrecht aus dieser Vorschrift abzuleiten.
Dies ist jedoch ausgeschlossen. Art. 151 Absatz 5 EGV verbietet zu Gunsten der Kulturvielfalt in Europa explizit jede Harmonisierung der Rechts- und Verwaltungsvorschriften der Mitgliedsstaaten zur Verwirklichung der Ziele des Artikels. Der Gemeinschaft stehen als rechtliche Instrumentarien eines eigenen Beitrags zur kulturellen Zusammenarbeit allein der Ausspruch von Empfehlungen bzw. der Beschluss von Fördermaßnahmen zur Verfügung.[332]
Dem Prinzip der begrenzten Einzelfallermächtigung ist nach der sogenannten „implied-powers"-Lehre jedoch auch dann Genüge getan, wenn sich unter Heranziehung anerkannter Grundsätze zur Auslegung des Gemeinschaftsvertrages aus unspezifischen, allgemein ausgestalteten Kompetenzzuweisungen Rechtssetzungsermächtigungen an die Gemeinschaft für die in Frage stehenden speziellen Regelungsaufgaben ableiten lassen.
Nach diesem an der praktischen Wirklichkeit des Gemeinschaftsrechts i. S. d. „effet utile" orientierten Auslegungsgrundsatz stehen den rechtssetzenden Organen der Gemeinschaft ungeachtet des Wortlautes der Ermächtigungsbestimmung grundsätzlich all jene Kompetenzen zu, die zur wirksamen Ausfüllung bzw. sachgerechten Ergänzung der bereits ausdrücklich eingeräumten Maßnahmemöglichkeiten erforderlich sind.[333] Die Zielvorgaben und Regelungszwecke der jeweiligen Grundnorm werden zum Maßstab für den Umfang der der Staatengemeinschaft in ihrem Zusammenhang insgesamt zuzubilligenden Handlungsmöglichkeiten.[334]
Zu einer derartigen Begründung von Maßnahmenkompetenzen im Urheber- und damit auch im Arbeitnehmerurheberrecht führt die Vorschrift des Art. 95 EGV. Als wichtigste Vertragsbestimmung zur Verwirklichung der in Art. 14 EGV niedergelegten Ziele des europäischen Binnenmarktes bemüht sich Art. 95 EGV, dem völligen Abbau der Binnenmarktgrenzen Vorschub zu leisten und den bislang erzielten Integrationsstand

---

[331] Schricker/ Schricker Einleitung RN 8 ff. ; vgl.a. A. II.
[332] Röttinger M., UFITA Band 2001/I, 2001, S. 24 ff. ; Schippan M., Die Harmonisierung des Urheberrechtes in Europa, 1999, S. 17 ; Von der Groeben/ Fechner Art. 128, RN 1 ff., 11 ff. ; Grabitz/ Hilf/ Ress/ Ukrow Art. 151 RN 14 ff., 34 ff., 91 ff.
[333] Schweitzer M./ Hummer W., Europarecht, 2003, S. 99 ; Bleckmann A., Europarecht, 1997, RN 797 ff. ; Von der Groeben/ Zuleeg Art. 3b RN 3.
[334] Kraußer H.- P., Das Prinzip begrenzter Ermächtigung im Gemeinschaftsrecht, 1991, S. 59 ff. ; Böhm R., Kompetenzauslegung und Kompetenzlücken im Gemeinschaftsrecht, 1985, S. 120 ff. ; Schippan M., Die Harmonisierung des Urheberrechtes in Europa, 1999, S. 29.

auf dem Binnenmarktgebiet zu vertiefen. Hierzu verleiht er den rechtssetzenden Organen in der Europäischen Gemeinschaft ein sogenanntes Binnenmarktmandat für die Harmonisierung der Rechtsvorschriften unter den einzelnen Mitgliedsstaaten.[335] Er ermächtigt die Gemeinschaft „... Maßnahmen zur Angleichung der Rechts- und Verwaltungsvorschriften der Mitgliedsstaaten, welche die Errichtung und das Funktionieren des Binnenmarktes zu Gegenstand haben“[336], zu erlassen.
Der Anwendungsbereich der funktional auf den Abbau von Binnengrenzen gerichteten Vorschrift erfährt im generalklauselartig formulierten Wortlaut selbst keine konkrete sachliche Konturierung.[337] Er ist unter zu Hilfenahme weiterer Vorschriften des Gemeinschaftsvertragswerkes zu bestimmen.[338] Versucht man über den ausdrücklichen Hinweis von Art. 95 EGV auf Art. 14 EGV den für beide Vorschriften gleichermaßen maßgebenden Binnenmarktbegriff und die aus ihm resultierenden Zielsetzungen als Kompetenzgrundlage an die Gemeinschaft näher zu definieren[339], begegnet man den gleichen Abgrenzungsschwierigkeiten wie bei Art. 95 EGV selbst.
Die Vorschrift des Art. 14 EGV enthält zur Festlegung des eigenen Anwendungsbereiches in Absatz 2 zwar durchaus konkretere Merkmale und Kriterien des Binnenmarktes. Sie definiert den Binnenmarkt als „... einen Raum ohne Binnengrenzen, in dem der freie Verkehr von Waren, Personen, Dienstleistungen und Kapital gemäß den Bestimmungen dieses Vertrags gewährleistet ist.“[340] Mit dieser Form der Konkretisierung besitzt sie aber einen ebenso rein funktionalen Charakter wie Art. 95 EGV[341]. Eine Festlegung des sachlichen Anwendungsbereichs des Art. 95 EGV ist daher in erster Linie im Wege eines Ausschlussverfahrens über negative Abgrenzungen zu erzielen.
Der in seiner Aufzählung abschließende Absatz 2 des Art. 95 EGV selbst benennt Gebiete, die ausdrücklich nicht den in Absatz 1 der Vorschrift statuierten, binnenmarktbedingten Harmonisierungskompetenzen der Europäischen Gemeinschaft unterfallen.[342] Das Urheberrecht und sein Regelungsbereich bleiben in diesem Katalog unerwähnt.

---

[335] Von der Groeben/ Bardenhewer/ Pipkorn Art. 100a RN 1 ff., 7 ff. ; Grabitz/ Hilf/ Tietje Art. 95 RN 4 ff., 26 ff.
[336] Art. 95 Absatz 1 EGV.
[337] Grabitz/ Hilf/ Tietje vor Art. 94- 97 RN 7, Art. 95 RN 5, 8 f.
[338] Grabitz/ Hilf/ Tietje Art. 95 RN 8.
[339] Grabitz/ Hilf/ Tietje Art. 95 RN 12 ff. ; Von der Groeben/ Bardenhewer/ Pipkorn Art. 100a RN 9 ff.
[340] Art. 14 Absatz 2 EGV ; vgl. hierzu: Grabitz/ Hilf/ Bogdandy v. Art. 14 RN 2 ff. ; Von der Groeben/ Bardenhewer/ Pipkorn Art. 7a RN 27 ff.
[341] Von der Groeben/ Bardenhewer/ Pipkorn Art. 7a RN 1 ff.
[342] vgl. hierzu: Von der Groeben/ Bardenhewer/ Pipkorn Art. 100a RN 53 ff. ; Grabitz/ Hilf/ Tietje Art. 95 RN 20 ff.

Mit Blick auf das Arbeitnehmerurheberrecht ist klarzustellen, dass sich diese Rechtsmaterie keinesfalls unter „Rechte und Interessen der Arbeitnehmer“ im Sinne der in Art. 95 Absatz 2 EGV formulierten Bereichsausnahme subsumieren lässt. Obwohl eine genaue Bestimmung dieser EG-vertraglich geschützten Interessen und Rechte noch fehlt[343], steht fest, dass urheberrechtliche Aspekte im Arbeitsverhältnis als zu speziell und zu fernliegend ausscheiden.[344]
Auch soweit vorrangige Spezialvorschriften für ausreichende kompetenzrechtliche Grundlagen sorgen, ist von einem Rückgriff auf das allgemeine Binnenmarktsmandat des Art. 95 Absatz 1 EGV abzusehen.[345] Dieses stellt - wie sich bereits aus seiner Formulierung ergibt - eine hierzu subsidiäre Kompetenzverleihung dar.
In den von Art. 14 Absatz 2 EGV u.a. ausdrücklich angesprochenen Regelungsfeldern Dienstleistungs- und Kapitalverkehr sind mit Bestimmungen wie Art. 55, 47 Absatz 2 und 57 Absatz 2 EGV derartige Ermächtigungsgrundlagen vorhanden. Mithin bleibt der sachliche Anwendungsbereich des Art. 95 Absatz 1 EGV im Bereich der sogenannten vier Grundfreiheiten des Art. 14 Absatz 2 EGV trotz Binnenmarktrelevanz eines Sachverhalts regelmäßig auf das Gebiet des freien Warenverkehrs beschränkt, da im Übrigen vorrangig zu beachtende Ermächtigungsnormen im EG-Vertrag existieren bzw. hinsichtlich der Freizügigkeit der Arbeitnehmer die Bereichsausnahme des Art. 95 Absatz 2 EGV eingreift.[346]
Für die Urheberrechtsmaterie fehlt - wie bereits dargestellt - eine ausdrückliche speziellrechtliche Regelung, so dass der von Art. 95 Absatz 1 EGV statuierte Subsidiaritätsvorbehalt in dieser Hinsicht nicht eingreift. Im Weiteren ist zu differenzieren.
Werden Harmonisierungsmaßnahmen im Urheberrecht geplant, die auf eine Aufhebung der Beschränkungen des freien Dienstleistungsverkehrs ausgerichtet sind, ist zur Begründung der Handlungskompetenz der Gemeinschaft, ggf. unter Heranziehung der Lehre der „implied-powers“, auf die insoweit vorrangigen Spezialvorschriften der Art. 55, 47 Absatz 2 EGV abzustellen. Sie ermöglichen rechtsangleichende Anordnungen hinsichtlich Ausübung und Aufnahme von urheberrechtlich schutzfähigen Dienstleistungen. Folglich können beispielsweise Harmonisierungsmaßnahmen im Bereich der unkörperlichen Wiedergabe von Werken, die im Gegensatz zum Verkehr mit Werkstücken und körperlichen Festlegun-

343 Von der Groeben/ Bardenhewer/ Pipkorn Art. 100a RN 61 ff.
344 Schippan M., Die Harmonisierung des Urheberrechtes in Europa, 1999, S. 34 ; Von der Groeben/ Bardenhewer/ Pipkorn Art. 100a RN 64 ff. ; Grabitz/ Hilf/ Tietje Art. 95 RN 25.
345 Von der Groeben/ Bardenhewer/ Pipkorn Art. 100a RN 47 ff. ; Grabitz/ Hilf/Tietje Art. 95 RN 14, 55.
346 Von der Groeben/ Bardenhewer/ Pipkorn Art. 100a RN 47 ff. ; Grabitz/ Hilf/Tietje Art. 95 RN 14, 55.

gen des Werkes kein sächliches Warensubstrat vermittelt, auf diese Vorschriften gestützt werden. Auch für Regelungsvorgaben der Gemeinschaft, die den Zugang zu urheberrechtlich relevanter Dienstleistungserbringung angleichen, stellen sie geeignete Ermächtigungsgrundlagen dar.[347]

Geht es um die Verkörperungen schöpferischer Leistungen, so können die Werkstücke, denen neben ihrer Bedeutung als Kulturgut durchaus auch wirtschaftlicher Stellenwert zukommt, als Waren i. S. d. freien Warenverkehrs eingestuft und dieser Grundfreiheit zugeordnet werden.[348] Soweit sie berührt ist, existiert keine Art. 95 EGV verdrängende Spezialnormierung. Eine Kompetenz zum Erlass urheberrechtsbezogener, rechtsangleichender Maßnahmen in der Gemeinschaft kann daher insofern grundsätzlich aus Art. 95 EGV gewonnen werden.

Diese Zuordnung und Einteilung behält auch für regelungsbedürftige Fragen des Arbeitnehmerurheberrechts Gültigkeit, die sich aus den jeweiligen Harmonisierungsgegenständen ergeben.

Zusätzliche Voraussetzung jeder auf Art. 95 Absatz 1 EGV gestützten Maßnahme ist, dass diese tatsächlich das in der Normierung anvisierte Ziel des Abbaus von Binnengrenzen verfolgt und nicht nur unter dem Vorwand binnenstrukturell gebotener und erforderlicher Harmonisierung verabschiedet werden soll.[349] Nur dann, wenn die einzelstaatlichen Vorschriften solche Unterschiede aufweisen, dass eine Fortführung des bisher erreichten Integrationsstandes bei der Binnenmarktvereinheitlichung verhindert oder negativ beeinträchtigt würde, sind die Organe der Europäischen Gemeinschaft zum Erlass angemessener Rahmenbedingungen für die Rechtsangleichung aufgerufen.

Einer solchen Prüfung sind jedoch keine strengen Maßstäbe zu Grunde zu legen. Anerkannt ist vielmehr, dass alle die Bildung eines grenzenlosen Marktes mittragenden Anordnungen, auch lediglich unterstützende und begleitende Einzelmaßnahmen auf Art. 95 Absatz 1 EGV als Rechtsgrundlage gestützt werden können. Insbesondere erlaubt sein Mandat neben dem Abbau bereits bestehender Hindernisse vorausschauend auch einem Eintreten zukünftiger, heute aber bereits erkennbarer binnenmarktrelevanter Problematiken auf dem Weg zu einem gemeinsamen Binnenmarkt entgegenzuwirken.[350]

---

[347] EuGH GRUR Int. 1980, S. 608- Fernsehwerbung ; EuGH GRUR Int. 1980, S. 602- Conditel I ; Schricker G., FS für Steindorff, 1990, S. 1446 ; Grabitz/ Hilf/ Tietje Art. 95 RN 14.

[348] Schippan M., Die Harmonisierung des Urheberrechtes in Europa, 1999, S. 32.

[349] Von der Groeben/ Bardenhewer/ Pipkorn Art. 100a RN 23 ; Grabitz/ Hilf/ Tietje Art. 95 RN 61 f.

[350] Schippan M., Die Harmonisierung des Urheberrechtes in Europa, 1999, S. 33 ; Von der Groeben/ Bardenhewer/ Pipkorn Art. 100a RN 23 ff. ; Grabitz/ Hilf/ Tietje Art. 95 RN 61 ff.

Eine derartige grundsätzliche Binnenmarktrelevanz urheberrechtlicher Einordnungen i. S. d. Art. 95 Absatz 1 EGV ist zu bejahen. Die Antworten auf urheberrechtliche Fragestellungen in den der Copyright Law-Tradition folgenden Mitgliedsstaaten fallen höchst unterschiedlich zu den nach Vorstellung des Droit d'auteur maßgebenden Lösungsansätzen aus.[351] Ohne entsprechende vertragliche Rechtswahlklauseln ist auf europäischer Ebene aber nicht allein ein nationales Recht, beispielsweise das des jeweiligen Ursprungslandes des Werkes bzw. des Landes, zu welchem die Werkschöpfung die engste Verbindung aufweist, von Bedeutung.[352] Ausschlaggebend im Sinne des maßgebenden sogenannten Schutzland- bzw. Territorialitätsprinzips ist vielmehr das Recht desjenigen Landes, in dem der urheberrechtliche Schutz beantragt wird.[353] Wer in einem Mitgliedsland urheberrechtlichen Schutz genießt, besitzt diesen Status mit seinen Folgen für den eigenen Rechtsschutz - über die in internationalen Übereinkommen gesicherten Mindestrechte hinaus - nicht zwingend auch in einem anderen Land der Europäischen Gemeinschaft, in welchem er schöpferisch oder vermarktend tätig werden möchte.
Beantworten die nationalen Urheberrechtsordnungen der Mitgliedsstaaten schutzrechtliche Fragen, insbesondere die der Urheberschaft bzw. der primären Inhaberschaft des Urheberrechts unterschiedlich, kann daher bereits dieser Umstand im weiteren zu Handelshemmnissen führen. Kein Urheber oder Inhaber des Urheberrechts nach den Rechtsvorstellungen des einen Mitgliedsstaats kann sicher sein, auch in einem anderen Mitgliedsstaat als solcher anerkannt zu werden. Seine in einer mitgliedsstaatlichen Rechtsordnung anerkannte Position mit all ihren rechtlichen und tatsächlichen Konsequenzen kann für ihn in einer anderen entweder überhaupt nicht bzw. nur eingeschränkt existieren oder neben ihm weiteren Personen zuerkannt sein.
Bei in erster Linie territorial beschränkten urheberrechtlichen Aktivitäten dagegen besteht ein Anreiz, Schaffenstätigkeiten in die EU-Staaten mit dem niedrigsten Urheberschutzniveau bzw. dem für die eigenen Interessen günstigsten Regelungssystem zu verlagern. Auch dies besitzt offensichtlich nicht zu unterschätzende Auswirkungen auf den angestrebten gemeinsamen Markt.
Unbeantwortet bleiben kann, ob sich eine Harmonisierungskompetenz der Gemeinschaft für binnenmarktrelevante Sachverhalte des Urheber-

---

[351] vgl. hierzu oben B.

[352] vgl. hierzu: Kreile R./ Becker J., ZUM 1992, S. 581 f. ; Ginsburg J. C., GRUR Int. 2000, S. 107 f., die eine Abänderung der Rechtswahlklauseln dahin vorschlägt, dass allein das Recht eines Landes für anwendbar erklärt wird.

[353] Schricker/ Katzenberger Vor §§ 120 ff. RN 69, 73 ; Rehbinder M., Urheberrecht, 2004, S. 444 f. ; Ulmer E., Urheber- und Verlagsrecht, 1980, S. 80 ff. ; Wandtke/ Bullinger/ Welser v. Vor §§ 120 ff. RN 4 f.

rechts nur unter Verweis auf die Lehre der „implied-powers“ aus Art. 95 Absatz 1 EGV begründen lässt oder ob sich dieses Ergebnis vielmehr unmittelbar aus der Vorschrift selbst ableitet. Beide Ansätze führen zum gleichen Resultat.
Absolute Grenze jeder rechtsangleichenden Harmonisierungsmaßnahme im Urheberrecht, unabhängig davon, ob diese auf Art. 95 Absatz 1 oder Art. 55, 47 Absatz 2 EGV beruht, bildet Art. 151 EGV. Eine integrative Vorgabe der Gemeinschaft darf nie so weit führen, dass in die den einzelnen Mitgliedsstaaten zugewiesenen kulturellen Belange und deren Kulturhoheit eingegriffen wird.[354] Insofern fungiert Art. 151 Absatz 5 EGV uneingeschränkt als negatives Abgrenzungsmerkmal.

3. Subsidiaritäts- und Verhältnismäßigkeitsgrundsatz

Zwei weitere Ausübungsgrenzen beinhalten Art. 5 Absatz 2 und 3 EGV. Nach dem sogenannten Subsidiaritätsprinzip des Art. 5 Absatz 2 EGV stehen der Europäischen Gemeinschaft hoheitliche Maßnahmen in den Bereichen, die nicht in ihre ausschließliche Zuständigkeit fallen, nur zu, „sofern und soweit die Ziele der in Betracht gezogenen Maßnahmen auf Ebene der Mitgliedssaaten nicht ausreichend erreicht werden können und daher wegen ihres Umfangs oder ihrer Wirkungen besser auf Gemeinschaftsebene erreicht werden können“[355]. Besteht kompetenzrechtlich eine Konkurrenzsituation zwischen der Gemeinschaft und den Mitgliedsstaaten, sind beide Kriterien der oben genannten Definition, Effizienz und Notwendigkeit der Maßnahme, nachzuweisen.[356] Können die Mitgliedsstaaten selbst gesetzgeberisch so tätig werden, dass unerwünschte Binnengrenzen oder schädliche Wettbewerbsverzerrungen nicht entstehen, fehlt ein anerkennenswerter Handlungsbedarf für die Staatengemeinschaft.[357]
Ein Mandat, die nationalen Gesetzgeber ihrer Mitgliedsstaaten und deren urheberrechtliche Wertungen umfassend zu ersetzen, besitzt die Europäische Gemeinschaft nicht. Der Urheberrechtsbereich, der - wie eben dargestellt - nur in besonderen, durch Binnenmarktbedeutung gekennzeichneten Sachverhalten Harmonisierungsmaßnahmen zugänglich ist, unterfällt nicht einer ausschließlichen Zuständigkeit des Gemein-

---

[354] Schippan M., Die Harmonisierung des Urheberrechtes in Europa, 1999, S. 35.
[355] Art. 5 Absatz 2 EGV.
[356] Von der Groeben/ Zuleeg Art. 3b RN 17 ff. ; Schippan M., Die Harmonisierung des Urheberrechts in Europa, 1999, S. 144 ; Kreile R. /Becker J., GRUR Int. 1994, S. 902 ; kritisch: Schack H., ZEuP 2000, S. 800, 819.
[357] Ellins J., Copyright Law und Urheberrecht, 1997, S. 239 f. ; Schippan M., Die Harmonisierung des Urheberrechtes in Europa, 1999, S. 37 ff. ; Kreile R., Der Stand der Harmonisierung des Urheberrechts in der Europäischen Union, 1996, S. 89 ; Reinbothe J., ZEuP 2000, S. 8.

schaftsgesetzgebers.[358] Dessen urheberrechtsbezogene Integrationsvorgaben sind daher nicht nur in ihren Sachvoraussetzungen der Binnenmarktrelevanz unterworfen. Auch unter dem Aspekt der Subsidiarität gegenüber den Anordnungsmöglichkeiten der Mitgliedsstaaten müssen sie den Erfordernissen marktbezogener Effizienz, Notwendigkeit zur Beseitigung von Wettbewerbsverzerrungen sowie der sie kennzeichnenden Kriterien genügen.

Der Verhältnismäßigkeitsgedanke des Art. 5 Absatz 3 EGV setzt nicht nur den Mitgliedsstaaten Ausübungsschranken, sondern verpflichtet auch die Gemeinschaft bei Ausübung ihrer Kompetenzen zu seiner Beachtung.[359] Die Subsidiarität jedes Gemeinschaftshandelns und der Gedanke der Verhältnismäßigkeit stehen hierbei in ihren Anforderungen nicht isoliert neben-, sondern greifen durchaus ineinander. Nach der sachlichen Binnenmarktbezogenheit i. S. d. kompetenzeröffnenden Rechtsgrundlagen und dem Erfordernis einer konkurrenzrechtlichen Binnenmarktrelevanz im Sinne des Subsidiaritätsgedankens, ist nach dem Verhältnismäßigkeitsprinzip zusätzlich zu fordern, dass die Harmonisierungsmaßnahmen in ihrer Ausrichtung auf eine Fortführung und Intensivierung des Binnenmarktgedankens zur Erreichung dieses Ziels geeignet, erforderlich und angemessen sind.

Als geeignetes Instrument der Rechtsangleichung im Urheberrecht ist die Richtlinie aus dem abschließenden Katalog des Art. 249 EGV zu den der Gemeinschaft möglichen Rechtsakten zu wählen. Harmonisierende Rechtsangleichung kann niemals Schaffung einer Uniformität der nationalen Rechtsvorschriften bedeuten. Die Richtlinie ist für die zu ihrer Umsetzung verpflichteten Mitgliedsstaaten nur hinsichtlich ihres Ziels verbindlich. Die Wahl der Umsetzungsmittel bzw. -formen überlässt sie den Einzelstaaten. Sie bietet mithin die geeigneten Bedingungen für die Erarbeitung eines tragfähigen Kompromisses zwischen Wahrung nationaler Eigenheiten und Notwendigkeit eines gemeinschaftsweit vereinheitlichten Rechtsstandards.[360] Der Einsatz unmittelbar geltender Verordnungen, wie beispielsweise bei der Herausbildung der neuen gemeinschaftsweiten Schutzrechte im Sortenschutz oder im Markenrecht, ist für das Urheberrecht abzulehnen.[361] Hierfür spricht zum einen, dass der

---

[358] Schippan M., Die Harmonisierung des Urheberrechts in Europa, 1999, S. 38 f. ; Reinbothe J., ZEuP 2000, S. 8. ; Röttinger M., UFITA Band 2001/I, 2001, S. 22.

[359] Von der Groeben/ Zuleeg Art. 3b RN 29 ff.

[360] Von der Groeben/ Schmidt Art. 189 RN 35 ff. ; Grabitz/ Hilf/ Nettesheim Art. 249 RN 124 ff. ; der Hinweis in Schack H., ZEuP 2000, S. 800, FN 8, das die Erklärung zu Art. 100a EGV zur EEA 1986, bei der Rechtsangleichung „der Rechtsform der Richtlinie den Vorzug geben" zu wollen, durch den Amsterdamer Vertrag überholt sein dürfte, der eine entsprechende Erklärung nicht mehr enthalte, ändert nichts an den Sachargumenten, die für die Richtlinie als Harmonisierungsinstrument sprechen.

[361] a.A.: Schack H., ZEuP 2000, S. 800.

Gemeinschaftsgesetzgeber kein Mandat besitzt, die nationalen Gesetzgeber ihrer Mitgliedsstaaten bzw. die von diesen getroffenen urheberrechtlichen Wertungen zu ersetzen. Zum anderen erscheint keine Entscheidung zwischen den beiden gewachsenen rechtsdogmatischen Traditionen im Urheberrecht, sondern allein deren gegenseitige Annäherung zu einem gemeinsamen Standpunkt möglich und sinnvoll.[362]

II. Die Harmonisierungsbestrebungen der Europäischen Gemeinschaft im Urheberrecht

Die Harmonisierung des Urheberrechts in Europa gehört gegenwärtig sicherlich zu den wichtigsten europäischen Vorhaben, die auf dem gesamten Gebiet des Rechts am geistigen Eigentum existieren. Der schon über viele Jahre fortdauernde Prozess gemeinschaftsweiter Angleichung urheberrechtlicher Normierungen lässt sich jedoch am besten mit „Aschenputtels Aufstieg von der unbeachteten Stubenmagd zur Prinzessin“[363] vergleichen.

Die Verwirklichung des allein aus wirtschaftlichen Beweggründen initiierten Binnenmarktkonzepts zählt sowohl im politischen als auch im rechtsetzenden Bereich stets zu den Kernbestandteilen europäischen Handelns. Dem Urheberrecht wird dabei zu Beginn der europäischen Integrationsbemühungen so gut wie keine Beachtung geschenkt. Urheberrechtlich geschützte Schaffensergebnisse erfahren in einer strikt am wirtschaftlichen Handel und dessen Erfolg orientierten Gemeinschaft eine Einordnung als gewöhnliche Waren und Handelsgüter, nicht zuletzt auch deshalb, weil die Schutzrechte ohne Eintragung entstehen. Die gesetzliche Absicherung des Werkschaffenden wird, wenn überhaupt, ohne Berücksichtigung ihrer eigentlichen Bedeutung und Funktion allein als störendes Handelshindernis mit potentiell marktabschottender Wirkung im zu fördernden ökonomischen Dialog unter den Mitgliedsstaaten beachtet und angesehen.[364]

Im Laufe der Jahre wandeln sich jedoch die Perspektiven, die das Binnenmarktkonzept und die dessen Verwirklichung tragenden Harmonisierungsüberlegungen bestimmen. Heute besteht auch auf europäischer Ebene Einigkeit darüber, dass nur ein angemessener Schutz der schöpferisch tätigen Menschen und ihrer berechtigten Interessen gewährleistet, dass nicht allein aus ökonomischen Überlegungen heraus wichtige attraktive geistige oder kreative Ideen und Inhalte bereit gestellt

---

[362] Reinbothe J., ZEuP 2000, S. 10 ; Ellins J., Copyright Law und Urheberrecht, 1997, S. 234.

[363] Schippan M., Die Harmonisierung des Urheberrechts in Europa, 1999, S. 49.

[364] Dietz A., FS für GRUR, 1991, S. 1456 ff. ; Schack H., Urheber- und Urhebervertragsrecht, 2001, RN 124 ; Röttinger M., UFITA Band 2001/I, 2001, S. 22 f., 30 ff.

werden.[365] Nach dem Wandel von einem äußerst industriepolitisch geprägten, nahezu ausschließlich an wirtschaftlichen Belangen orientierten Standpunkt hin zu einer auch den Interessen der Urheber gerecht werdenden Sichtweise tritt neben die nationale und internationale Ebene der urheberrechtlichen Rechtsprechung und Gesetzgebung die Ebene der Europäischen Gemeinschaft.[366]
Bis ins Jahr 2000 nimmt die bis dahin nur in ihren Rahmenbedingungen diskutierte Harmonisierung des Urheberechts in Europa in fünf Richtlinien konkretere Gestalt an. Ihre Entstehungsgeschichte kennzeichnet insgesamt die gesetzgeberische Reaktion auf neue, teilweise revolutionäre Entwicklungen der Technologie und ihrer Folgeerscheinungen, d. h. das der technischen Neuerung nachfolgende Bemühen um Anpassung der rechtlichen Rahmenbedingungen.[367]
In der „Richtlinie über den Rechtsschutz von Computerprogrammen“[368] aus dem Jahr 1991, in der „Richtlinie zum Vermiet- und Verleihrecht“[369] aus dem Jahr 1992, in der „Richtlinie über Satellitenrundfunk und Kabelverbreitung“[370] von 1993, in der „Richtlinie über die Harmonisierung der Schutzdauer“[371] ebenfalls aus dem Jahr 1993 und der „Richtlinie über den rechtlichen Schutz von Datenbanken“[372] aus dem Jahr 1996 finden wirtschaftlich interessante Einzelaspekte des Urheberrechtsschutzes ihre zumindest in den Zielvorgaben verbindliche Ausarbeitung durch die Europäische Gemeinschaft.
Im Mai 2001 wird als sechste urheberrechtlich geprägte Maßnahme des sekundären Gemeinschaftsrechts die sogenannte „Richtlinie zur Informa-

---

365 KOM (90) 584 endg. „Initiativen zum Grünbuch-Arbeitsprogramm der Kommission auf dem Gebiet des Urheberrechts und der verwandten Schutzrechte“ S. 2.

366 vgl. hierzu: Schricker G., FS für Steindorff, 1990, S. 1438 ff. ; Cohen Jehoram H., GRUR Int. 1989, S. 23 ff. ; Lichtenhagen U., ZUM 1990, S. 398 f. ; Reinbothe J., ZEuP 2000, S. 10 f. ; Dietz A., FS für GRUR, 1991, S. 1479 ff. ; Möller M., ZUM 1990, S. 65 ff. ; Kreile R./ Becker J., ZUM 1992, S. 582 ; Dreier T., GRUR Int. 1991, S. 13 ff. ; Röttinger M., UFITA Band 2001/I, S. 40 ff. ; Schippan M., Die Harmonisierung des Urheberrechts in Europa, 1999, S. 49 ff..

367 Reinbothe J., ZEuP 2000, S. 7.

368 Richtlinie 91/ 250/ EWG des Rates über den Rechtsschutz von Computerprogrammen vom 14.5.1991, EG- Abl. Nr.L 122, S. 42 ff.

369 Richtlinie 92/ 100/ EWG des Rates zum Vermiet- und Verleihrecht sowie zu bestimmten verwandten Schutzrechten im Bereich des geistigen Eigentums vom 19.11.1992, EG- Abl. Nr.L 346, S. 61 ff.

370 Richtlinie 93/ 83/ EWG des Rates zur Koordinierung bestimmter urheber- und leistungsschutzrechtlicher Vorschriften betreffend Satellitenrundfunk und Kabelweiterverbreitung vom 27.9.1993, EG- Abl. Nr.L 248, S. 15 ff.

371 Richtlinie 93/ 98/ EWG des Rates zur Harmonisierung der Schutzdauer des Urheberrechts und bestimmter verwandter Schutzrechte vom 29.10.1993, EG- Abl. Nr.L 290, S. 9 ff.

372 Richtlinie 96/ 9/ EG des Rates und des Europäischen Parlaments über den rechtlichen Schutz von Datenbanken vom 11.3.1996, EG- Abl. Nr.L 77, S. 20 ff.

tionsgesellschaft" [373] verabschiedet. Sie stellt das Umsetzungsergebnis eines durch die Gemeinschaft in der Mitte der neunziger Jahre des letzten Jahrhunderts initiierten[374] und bereits frühzeitig von nationalen Überlegungen[375] begleiteten gemeinschaftsweiten Diskussions- und Konsultationsprozesses zu dieser Thematik dar. Ausgehend von den Grundgedanken des Binnenmarktkonzepts sucht sie einen kohärenten Rechtsrahmen zu schaffen, der den weitreichenden Besonderheiten der digitalen Technologie Rechnung trägt, die Entwicklung und Entwickler der neuen Dienstleistungen und Erzeugnisse der Informationsgesellschaft fördert und schützt sowie gleichzeitig die Position der Europäischen Gemeinschaft im globalen Wettbewerb stärkt.[376]
Im Juni 2001 folgt die Verabschiedung der siebten urheberrechtlich bestimmten Richtlinie, der „Richtlinie über das Folgerecht des Urhebers des Originals eines Kunstwerks"[377]. Diese nimmt nach erstmaligem Richtlinienvorschlag durch die Kommission der Gemeinschaft im Jahr 1996[378] und dessen umfangreicher Abänderung 1998[379] unter nochmaliger inhaltlicher Umgestaltung einen stark vermittelnden Kompromiss zwischen den bisher von den einzelnen Mitgliedsstaaten in dieser Rechtsfrage vertretenen Standpunkten ein. Auch diese Maßnahme beschäftigt sich als geradezu klassische Binnenmarktinitiative nicht mit zentralen Fragen der Rechte der Urheber. Vielmehr setzt sie sich allein mit am Rande liegenden Spezialfragen, den Rechten der bildenden Künstler, eingehend auseinander. Damit gehört sie, wie auch die ersten fünf erlassenen Urheberrechtsrichtlinien, unzweifelhaft noch der sogenannten „ersten Generation von EG-Urheberrechtsinitiativen"[380] an.

---

[373] Richtlinie 2001/ 29/ EG des Europäischen Parlaments und des Rates zur Harmonisierung bestimmter Aspekte des Urheberrechts und der verwandten Schutzrechte in der Informationsgesellschaft vom 22.5.2001, EG- Abl. Nr.L 167 S. 10 ff.

[374] vgl. hierzu: Wachstum Wettbewerbsfähigkeit, Beschäftigung- Herausforderungen der Gegenwart und Wege ins 21. Jahrhundert, Weißbuch der Kommission, 1993 ; KOM (94) 347 endg. " Europas Weg in die Informationsgesellschaft: Ein Aktionsplan"; ISPO: Indroduction to the Information Society: The European Way,1995 ; KOM (95) 382 endg. „Grünbuch über Urheberrecht und verwandte Schutzrechte in der Informationsgesellschaft" ; KOM (96) 568 endg. „Initiativen zum Grünbuch über Urheberrecht und verwandte Schutzrechte in der Informationsgesellschaft" ; Gaster J., ZUM 1995, S. 740 ff. ; Lewinski S. v., GRUR Int. 1995, S. 831 ff. ; Reinbothe J., ZEuP 2000, S. 14 f.

[375] Dreier T., GRUR 1997, S. 859 ff. ; Hoeren T., GRUR 1997, S. 866.

[376] Röttinger M., UFITA Band 2001/I, 2001, S. 58 ff.

[377] Richtlinie 2001/ 84/ EG des Europäischen Parlaments und des Rates über das Folgerecht des Urhebers des Originals eines Kunstwerkes vom 27.9.2001, EG- Abl. Nr.L 272 S. 32 ff.

[378] Abl. EG Nr.C 178 vom 21.6.1996, S. 16.

[379] Abl. EG Nr.C 125 vom 23.4.1998, S. 8.

[380] Reinbothe J., ZUM 1998, S. 430 ; Reinbothe J., ZEuP 2000, S. 11 ff.

Zu ihr zählt auch die im April 2004 verabschiedete achte und bisher letzte urheberrechtlich relevante „Richtlinie zur Durchsetzung des geistigen Eigentums“[381]. Diese setzt sich mit Blick auf die Fortschreibung des Binnenmarktes zum Ziel, Erfindern bzw. schöpferisch Tätigen rechtliche Instrumente zur Durchsetzung der Rechte des geistigen Eigentums zu gewährleisten. Insbesondere die rechtliche Durchsetzbarkeit der angemessenen Beteiligung an den Gewinnen aus ihren Erfindungen oder Werkschöpfungen soll sichergestellt sein.[382]
Allein die Richtlinie zur Informationsgesellschaft verlässt den engen Rahmen streng sachbezogener, punktueller Regelungsanordnungen zu Gunsten globalerer Überlegungen in Richtung Schaffung eines umfassenden Urheberrechts der Gemeinschaft.[383]
Durch die seit 1991 verabschiedeten Maßnahmen des sekundären Gemeinschaftsrechts entsteht ein erstes Netz von Urheberrechtsgesetzgebung auf Gemeinschaftsebene, der urheberrechtliche „acquis communautaire“. In Folge seiner über Jahre hinweg andauernden Fortentwicklung und des engen Bezugs der Regelungsvorgaben auf einzelne Sachthemen erscheint er auf den ersten Blick wie ein Flickenteppich einer Harmonisierung. Gleichzeitig verändert er die urheberrechtliche Landschaft in Europa aber auch bereits grundlegend und beinhaltet ferner das Anerkenntnis der eigenen Verpflichtung zur Fortentwicklung der Harmonisierung.[384]
Auch zwischen Urheberrecht und dem im EGV enthaltenen primären Gemeinschaftsrecht, das als supranationales Recht höherer Ordnung nationales Recht überlagert, gibt es durchaus Berührungen. Diese machen die Klärung der Anwendbarkeit und Auswirkungen entsprechender EG-vertraglicher Vorschriften, beispielsweise der Art. 30, 36, 12 oder 81 f. EGV, auf urheberrechtliche Sachverhalte erforderlich.[385] Aus ihr

---

[381] Richtlinie 2004/ 48/ EG des Europäischen Parlaments und des Rates zur Durchsetzung der Rechte des geistigen Eigentums vom 29.4.2004, EU- Abl. Nr.L 195 S. 16 ff.

[382] Erwägungsgründe 1-3 Richtlinie 2004/ 48/ EG des Europäischen Parlaments und des Rates zur Durchsetzung der Rechte des geistigen Eigentums vom 29.4.2004, EU- Abl. Nr.L 195 S. 16 f.

[383] Schack H., ZEuP 2000, S. 810 f. ; Schricker/ Schricker Einleitung RN 47 ; Röttinger M., UFITA Band 2001/ I, 2001, S. 58 ; Reinbothe J., ZEuP 2000, S. 15 ; Wandtke/ Bullinger/ Welser v. Vor 120 ff. RN 52.

[384] Reinbothe J., ZEuP 2000, S. 11 ff. ; Kreile R./ Becker J., GRUR Int. 1994, S. 903 f. ; Röttinger M., UFITA Band 2001/I, 2001, S. 44 ; Schricker/ Schricker Einleitung RN 47.

[385] vgl. hierzu: Schricker/ Schricker Einleitung RN 47 ; Möhring/ Nicolini/ Ahlberg Einleitung RN 128 ff.; Schack H., Urheber- und Urhebervertragsrecht, 2001, RN 127 ff. ; Röttinger M., UFITA Band 2001/I, 2001, S. 10 ff. ; Wandtke/ Bullinger/ Welser v. §§ 120 ff. RN 37 ff.

ergeben sich jedoch keine speziell für die Situation des Arbeitnehmerurhebers im Gemeinschaftsrecht relevanten Aspekte.

III. Der Arbeitnehmerurheber in der Computerprogramm- und Datenbankrichtlinie

1. Die Computerprogrammrichtlinie

Als erste der sieben Richtlinien, in denen die urheberrechtlichen Harmonisierungsaktivitäten des Gemeinschaftsgesetzgebers konkrete Gestalt annehmen, wird im Mai 1991 die bereits 1985 im Weißbuch der Kommission „Vollendung des Binnenmarkts“[386] angekündigte Richtlinie über den Rechtsschutz von Computerprogrammen verabschiedet.[387]
Ihre Entstehung begleitet in den Mitgliedsstaaten der Gemeinschaft - insbesondere in Deutschland - die Diskussion darüber, ob Computerprogramme individuell persönlich-geistige Schöpfungen darstellen und insofern die Verleihung eines urheberrechtlichen Schutzes rechtfertigen[388] oder allein die Schaffung von Informationstechnologie implizieren, der ein solcher Schutz nicht zugesprochen werden kann.[389]
Folge der abweichenden Auffassungen auf nationaler Ebene ist, dass die in der Praxis durch die immensen Wachstumsraten der Softwarebranche immer bedeutender werdenden Computerprogramme in einzelnen Mitgliedsstaaten überhaupt keinen urheberrechtlichen Schutz erfahren bzw. die Rechtsbestimmungen der Länder, die einen solchen Schutz gewähren, in Voraussetzungen und Schutzniveau erheblich voneinander abweichen.[390] Zum Zeitpunkt des ersten Vorschlags für die Richtlinie 1989 beispielsweise verfügen 7 der damals 12 Mitgliedsstaaten der Gemeinschaft über keine urheberrechtlichen Bestimmungen, die Computerprogramme ausdrücklich schützen.[391]

---

[386] KOM (85) 310 endg. „Vollendung des Binnenmarkts, Weißbuch der Kommission an den Europäischen Rat“, Ziffer 149.

[387] Richtlinie 91/ 250/ EWG des Rates über den Rechtsschutz von Computerprogrammen vom 14.5.1991, EG- Abl. Nr.L 122 vom 17.5.1991, S. 42 ff.

[388] Ulmer E. /Kolle G., GRUR Int. 1982, S. 494 f. ; Sauter A., FS für Kreile, 1994, S. 609.

[389] so noch ausdrücklich: Rehbinder M., Urheberrecht, 10. Auflage 1998, RN 127 ff. ; vgl. a. Rehbinder M., Urheberrecht, 2004, S. 95 ff., insb. S. 97 f.

[390] 1. Erwägungsgrund der Richtlinie 91/ 250/ EWG des Rates über den Rechtsschutz von Computerprogrammen vom 14.5.1991, EG- Abl. Nr.L 122 vom 17.5.1991, S. 42. ; Lehmann M., NJW 1991, S. 2117 ; Lehmann M., GRUR Int. 1991, S. 336 ; Moritz H.- W., GRUR Int. 1991, S. 698 ff.

[391] KOM (2000) 199 endg. „Bericht über die Umsetzung und die Auswirkungen der Richtlinie 91/250/EWG über den Rechtsschutz von Computerprogrammen“, S. 5.

Ziel der auf Basis von Art. 47 Absatz 2, 55 und 95 EGV erlassenen Richtlinie ist es daher, die schädlichen Auswirkungen der schutzrechtlichen Unterschiede auf das Funktionieren des Gemeinsamen Marktes zu beseitigen, sei es im Hinblick auf den innergemeinschaftlichen Handel, sei es bei der Gründung von Softwareunternehmen oder im Hinblick auf Wettbewerbsverzerrungen.[392] Hierzu erfahren Computerprogramme unter der Kategorie literarische Werke urheberrechtlichen Schutz. Voraussetzung ist, dass sie trotz des eher industriellen Charakters der Programmerstellung als Geisteswerke das individuelle Ergebnis eines eigenen persönlichen Schaffensprozesses sind. Sonstige qualitative oder ästhetische Charakteristika und Vorzüge eines Programms sind nach Art. 1 Absatz 3 Satz 2 der Richtlinie irrelevant. Neben diesen Anforderungen an den Schutzgegenstand selbst erfolgen zusätzlich gemeinschaftsrechtliche Vorgaben zu Handlungen, die einer Zustimmung des Schutzrechtinhabers bedürfen bzw. solchen, die als Ausnahme zu den verliehenen Ausschließlichkeitsrechten keinen Verstoß darstellen sowie zur Dauer des Urheberrechtsschutzes.[393]
Zur Frage nach der Urheberschaft am Programm legt die Computerprogrammrichtlinie in Art. 2 Absatz 1 ihrer Normierungen fest, dass Urheber eines schutzfähigen Programms die natürliche Person oder Gruppe von Personen ist, die dasselbe geschaffen hat, oder, soweit nach den Rechtsvorschriften der Mitgliedsstaaten möglich und zulässig, diejenigen juristischen Personen, die nach diesen Bestimmungen als Rechtsinhaber anzusehen sind. Eine Ergänzung findet diese Vorschrift in Art. 3 der Richtlinie. Zur Festlegung, wer schutzberechtigt sein kann, verweist er auf das für Werke der Literatur geltende innerstaatliche Urheberrecht und die dort jeweils berücksichtigten natürlichen und juristischen Personen. Verleihen die nationalen Normierungen eines Mitgliedsstaates einer bestimmten, mit dem tatsächlichen Werkschöpfer nicht zwingend identischen Person den Urheberrechtsstatus, so gilt diese gleichfalls als Urheber des Computerprogramms.[394]
Art. 2 Absatz 1 der Harmonisierungsmaßnahme überantwortet die Bestimmung der Urheberschaft an einem Computerprogramm mithin allein dem nationalen Gesetzgeber. Eine Grundsatzentscheidung für eine der urheberrechtlichen Grundannahmen von Droit d´auteur oder Copyright Law ergeht nicht, nicht zuletzt aus rechtspolitischen Erwägungen im

---

[392] Erwägungsgründe Richtlinie 91/ 250/ EWG des Rates über den Rechtsschutz von Computerprogrammen vom 14.5.1991, EG- Abl. Nr.L 122 vom 17.5.1991, S. 42 ; Kreile R./ Becker J., ZUM 1992, S. 585.

[393] Art. 4 ff. Richtlinie 91/ 250/ EWG des Rates über den Rechtsschutz von Computerprogrammen vom 14.5.1991, EG- Abl. Nr.L 122 vom 17.5.1991, S. 44 ff. ; vgl. hierzu: Kreile R./ Becker J., ZUM 1992, S. 585 f. ; Katzenberger P., Rechte des Urhebers, 1996, S. 36 ff.

[394] Art. 3 Richtlinie 91/ 250/ EWG des Rates über den Rechtsschutz von Computerprogrammen vom 14.5.1991, EG- Abl. Nr.L 122 vom 17.5.1991, S. 44.

Hinblick auf die Durchsetzbarkeit der Richtlinie. Den Rechtssetzungsorganen der einzelnen Mitgliedstaaten bleibt es selbst überlassen, bei Umsetzung der Richtlinienvorgaben der jeweils eigenen gesellschaftspolitischen und rechtdogmatischen Grundorientierung treu zu bleiben oder in dieser spezifischen Thematik neue Wege zu gehen. Dem deutschen Gesetzgeber ist es möglich, bei Umsetzung der Richtlinie auf umfassende Neuregelungen zu verzichten und es bei der grundsätzlichen Geltung des in § 7 und § 11 UrhG niedergelegten Schöpferprinzips bewenden zulassen. Dem britischen Recht steht es offen, an dem für die eigene Rechtsordnung grundlegenden Investitionsschutzprinzip festzuhalten, über welches auch juristische Personen in Folge ihres unternehmerischen oder organisatorischen Einsatzes als „author" und Copyrightinhaber fungieren können. Genauso kann, keinesfalls aber muss, von beiden Urheberrechtssystemen selbständig ein rechtsangleichender Kompromiss gesucht werden.
In Art. 2 Absatz 3 der Richtlinie, unmittelbar im Anschluss an den in den Absätzen zuvor vermittelten Rechtsstandpunkt zu allgemeinen Fragen der Urheberschaft im Bereich des Werkschaffens an Computerprogrammen, sieht der Europäische Richtliniengeber folgendes vor:
„Wird ein Computerprogramm von einem Arbeitnehmer in Wahrnehmung seiner Aufgaben oder nach Anweisungen seines Arbeitgebers geschaffen, so ist ausschließlich der Arbeitgeber zur Ausübung aller wirtschaftlichen Rechte an dem so geschaffenen Programm berechtigt, sofern keine andere vertragliche Vereinbarung getroffen wird."
Die Computerprogramm-Richtlinie beinhaltet somit für ihren Regelungsbereich, in dem eine Vielzahl von Urhebern in angestellter Position tätig werden, eine widerlegbare Vermutung dahingehend, dass allein der Arbeitgeber zur Ausübung der für das pflichtgemäß geschaffene Programm verliehenen wirtschaftlichen Rechte und Befugnisse berechtigt ist.
Diese Befugniszuweisung an den Arbeitgeber besitzt nicht von vorneherein ihre heutige Gestalt. Der Entwurf für die Richtlinie zum Schutz von Computerprogrammen von 1989 sieht vor, dass der Arbeitgeber zur Ausübung aller Rechte an dem durch pflichtgemäße Leistungserbringung des Arbeitnehmers geschaffenen Programm ermächtigt wird.[395] In Korrektur des Umfangs der Rechtsausübungsbefugnis des Arbeitgebers macht die im Vergleich zum Richtlinienentwurf zusätzliche Einfügung des Begriffs „wirtschaftlich" nun deutlich, dass Urheberpersönlichkeitsrechte nicht unter den Anwendungsbereich der Vorschrift fallen. Auf diese Weise wird Einklang mit Art. 6bis der Internationalen Revidierten Berner Übereinkunft[396] als urheberpersönlichkeitsrechtlich bindende Mindestvorgaben für den Schutz der Schöpfer erreicht. Urheberpersönlichkeits-

[395] Entwurf einer Richtlinie über den Rechtsschutz von Computerprogrammen vom 12.4.1989, EG- Abl. Nr.C 91 S. 4.
[396] vgl. hierzu FN 75 sowie Schricker/ Dietz Vor §§ 12 ff. RN 23 ff.

rechtliche Befugnisse, insbesondere das Veröffentlichungsrecht, werden von der Rechtszuweisung des Art. 2 Absatz 3 der Computerprogrammrichtlinie somit nicht erfasst und finden auch an anderer Stelle der Gemeinschaftsnormierung keine Erwähnung oder Regelung.
Auch bezüglich der Frage, auf welche Weise vorbehaltlich einer anders lautenden Vereinbarung dem Arbeitgeber die vermögensrechtlichen Befugnisse an der Software zuzuordnen sind, fehlt es an einer eindeutigen Vorgabe des Gemeinschaftsgesetzgebers. In ihrem Bemühen um einen möglichst breiten Konsens lässt die Richtlinie bewusst offen, ob es sich bei der Zuweisung der wirtschaftlichen Rechte an den Arbeitgeber um eine gesetzliche Lizenz, d. h. einen derivativen Erwerb handelt oder eine genuine Entstehung bei diesem zugrunde liegt und ihr somit originärer Charakter zukommt. Die rechtskonstruktive Einordnung der vermögensrechtlichen Ausübungsbefugnis des Arbeitgebers bleibt vollumfänglich den umsetzungsverpflichteten nationalen Rechtssetzungsorganen der einzelnen Mitgliedsstaaten überantwortetet.

2. Die Datenbankrichtlinie

Als letzte der urheberrechtlich geprägten Richtlinien der Europäischen Gemeinschaft aus den neunziger Jahren des letzten Jahrhunderts ergeht im März 1996 die Richtlinie über den rechtlichen Schutz von Datenbanken.[397] Zielsetzung dieser wiederum auf Grundlage der Art. 47 Absatz 2, 55 und 95 EGV verabschiedeten, strikt binnenmarktbezogenen Richtlinie ist es, die in den Mitgliedsstaaten der Gemeinschaft existierenden und divergierenden Schutzrechte für Datenbanken, die zu einem Schutzgefälle innerhalb der Gemeinschaft, aber auch im Vergleich zu Drittstaaten führen, durch ein in seinen Eingriffsvoraussetzungen und -folgen harmonisiertes Rechtssystem zu ersetzen.[398]
Datenbanken, deren Aufbau die Investition erheblicher menschlicher, technischer und finanzieller Mittel erfordert, während sie zu einem Bruchteil der zu ihrer Entwicklung erforderlichen Kosten von überall her kopiert und abgefragt werden können, finden Ende des letzten Jahrhunderts immer größere Verbreitung im Rechtsalltag. Dieser Entwicklung stehen weitreichende Unterschiede beim Schutz derartiger Datensammlungen auf Gemeinschaftsebene gegenüber und machen ein integratives Eingreifen dringend erforderlich.

---

[397] Richtlinie 96/ 9/ EG des Rates und des Europäischen Parlaments über den rechtlichen Schutz von Datenbanken vom 11.3.1996, EG- Abl. Nr.L 77 vom 27.3.1996, S. 20 ff.

[398] 2. bis 4. u. 11. Erwägungsgrund der Datenbank- Richtlinie, EG- Abl. Nr.L 77 vom 27.3.1996, S. 20 ; Röttinger M., ZUM 1992, S. 594 ff. ; Möhring/ Nicolini/ Decker Vor §§ 87a ff. RN 2 ; Leistner M., Der Rechtsschutz von Datenbanken, 2000, S. 29 f.

Das Schutzsystem des Gemeinschaftsgesetzgebers basiert nach der Konzeption der Richtlinie auf einem zweigleisigen rechtlichen Vorgehen.[399] Auf der einen Seite erfährt die Schaffung von Datenbanken nach Art. 3 Absatz 1 der Richtlinie urheberrechtlichen Schutz.
Datenbanken sind nach der Definition des Art. 1 Absatz 2 der Richtlinie jegliche, also auch nicht elektronische Arten der Sammlung von Werken, Daten oder anderen unabhängigen Elementen, die systematisch oder methodisch angeordnet, mit elektronischen Mitteln oder auf andere Weise einzeln zugänglich sind und auf Grund der Auswahl oder der Anordnung des von ihnen behandelten Stoffes eine originäre, geistig-individuelle und damit schutzwürdige Schöpfung darstellen. Der Richtlinie liegt somit einerseits ein äußerst weiter Datenbankbegriff zugrunde. Unter ihn fallen neben Sammlungen literarischer, künstlerischer, musikalischer und anderer Werke auch Sammlungen von Texten, Tönen, Bildern, Zahlen und Fakten und keineswegs nur der Schutz von Fachinformationsdatenbanken. Andererseits muss das Datenbankwerk eine eigene geistige Schöpfung darstellen. Die Frage, ob die erzielte Gestaltungshöhe im einzelnen zur Erfüllung dieses Schutzfähigkeitskriteriums ausreicht, ist allein anhand der bereits angesprochenen Auswahl oder Anordnung der erfassten Elemente zu beantworten.[400]
Der urheberrechtliche Schutz der Datenbank verleiht dem Rechtsinhaber die Befugnis, ausschließlich und eigenständig über die Vervielfältigung, Umgestaltung, Verbreitung und öffentliche Wiedergabe seines Werkes zu befinden.[401] Von diesem Schutz umfasst ist jedoch nur die Auswahl und Anordnung des Stoffes, nicht aber der jeweilige Inhalt der Datenbank.[402]
Auf der anderen Seite ist nach Art. 7 der Datenbankrichtlinie auch dem Hersteller einer Datenbank, der keine eigenschöpferische urheberschutzfähige Leistung erbringt und damit nicht als Urheber anzusehen ist, im Hinblick auf seine sonstigen wesentlichen Investitionen in die Datensammlung eine gesicherte Rechtsposition zu zugestehen. Im Unterschied zur Stellung des Urhebers wird sie als absolutes Recht „sui generis“ an der Datenbank ausgestaltet und verleiht diesem insbesondere die Befugnis, eine unerlaubte Entnahme und Weiterverwendung der in der Datenbank enthaltenen Informationen zu untersagen, sei sie vollumfänglich, sei sie auf einen wesentlichen Teil des Datenbankinhalts beschränkt.

---

[399] Katzenberger P., Rechte des Urhebers, 1996, S. 39 ff.
[400] Art. 3 Absatz 1 Satz 2 der Datenbank- Richtlinie, EG- Abl. Nr.L 77 vom 27.3.1996, S. 25.
[401] Leistner M., GRUR Int. 1999, S. 819 ff. ; Wiebe A., CR 1996, S. 202 ; Loewenheim U., GRUR Int. 1997, S. 287.
[402] Art. 3 Absatz 2 der Datenbank- Richtlinie, EG- Abl. Nr.L 77 vom 27.3.1996, S. 25.

Voraussetzung des Rechts „sui generis“ ist nicht die Erbringung einer schöpferischen Leistung. Schutz genießen vielmehr alle Datenbanken, deren Herstellung eine wesentliche Investition zu Grunde liegt.[403] Da die Rechtsordnungen der Mitgliedsstaaten bei Erlass der Richtlinie einen derartigen Schutz wesentlicher, in der Regel finanzieller Investitionen eines Datenbankherstellers nicht kennen, handelt es sich bei diesem Teil der Gemeinschaftsinitiative weniger um eine Harmonisierung, als vielmehr um die erstmalige Generierung eines solchen wettbewerbs- bzw. leistungsschutzrechtlichen Rechtsschutzes für den nicht urheberrechtlich geschützten Datenbankhersteller.[404]

Mit Blick auf die Frage der Urheberschaft an den Datenbanken legt Art. 4 Absatz 1 der Datenbankrichtlinie in nahezu identischem Wortlaut zu Art. 2 Absatz 1 Satz 1 Computerprogrammrichtlinie fest, dass deren Urheber die natürliche Person bzw. Gruppe der natürlichen Personen ist, die eine solche Sammlung eigenschöpferisch als persönliche Leistung erschafft. Soweit nach den einschlägigen Rechtsvorschriften der mitgliedsstaatlichen Rechtsordnungen anerkannt kann die Position auch durch eine juristische Person besetzt werden.

Wie bereits bei Art. 2 Absatz 1 Satz 1 der Computerprogrammrichtlinie zeigt der europäische Richtliniengeber mit der von ihm für Art. 4 Absatz 1 der Datenbankrichtlinie gewählten Art der Formulierung höchste Flexibilität gegenüber den in der Staatengemeinschaft existenten Urheberrechtskonzeptionen und deren Bild des Urhebers. Im Bemühen um einen möglichst weitreichenden Konsens und damit zu Gunsten der Durchsetzbarkeit der Richtlinie überträgt der Richtliniengeber die Urheberbestimmung auf den nationalen Gesetzgeber. Ohne in dieser Hinsicht verbindliche integrative Vorgaben der Gemeinschaftsrichtlinie können die auf europäischer Ebene erarbeiteten Grundbedingungen weiter national divergierend, aber dennoch ordnungsgemäß umgesetzt werden. Genauso wie dem britischen Gesetzgeber ein Festhalten am Investitionsschutzprinzip und seinen Folgeerscheinungen möglich bleibt, muss das deutsche Recht nicht von dem sein Urheberverständnis tragenden Schöpferprinzip abrücken.

Für den Bereich des Arbeitnehmerurheberrechts findet sich der zweite rechtliche Hinweis des Gemeinschaftsrechtsgesetzgebers zu diesem Thema in Erwägungsgrund 29 der Richtlinie über den rechtlichen Schutz von Datenbanken[405]. Eine Bestimmung der Richtlinie selbst beschäftigt sich nicht mit der Urheberschaft an im Arbeitsverhältnis geschaffenen Datenbanken. Dies ist nicht immer so.

---

403 Berger C., GRUR 1997, S. 173.

404 Hackemann M., CR 1998, S. 512 ; Berger C., GRUR 1997, S. 171; Flechsig N., ZUM 1997, S. 587.

405 29. Erwägungsgrund der Datenbankrichtlinie, EG- Abl. Nr.L 77 vom 27.3.1996, S. 22.

Art. 3 Absatz 4 des ursprünglichen Vorschlags der Kommission für eine Datenbankrichtlinie aus dem Jahr 1992[406] wie auch Art. 3 Absatz 4 des erstmals geänderten Kommissionsvorschlages von 1993[407] stimmen in Formulierung und Inhalt noch weitgehend mit der arbeitnehmerurheberrechtlichen Regelung des Art. 2 Absatz 3 der Computerprogrammrichtlinie überein. Erst in der 1996 verabschiedeten endgültigen Gestaltung der Richtlinie wird diese Vorgabe gestrichen und auf arbeitnehmerurheberrechtliche Problematiken allein noch in Erwägungsgrund 29 Bezug genommen. Begründet wird dieses neue rechtstechnische Vorgehen lediglich damit, der Rat habe es vorgezogen, die Entscheidung über die Frage, wer die vermögensrechtlichen Befugnisse über die in unselbständiger Tätigkeit geschaffene, schutzfähige Datenbank ausübt, den einzelnen Mitgliedsstaaten zu überlassen.[408]
In Erwägungsgrund 29 greift der Europäische Richtliniengeber den Inhalt des geplanten Art. 3 Absatz 4 der Richtlinie auf. Er formuliert dort, dass die Mitgliedsstaaten in ihren Umsetzungsbemühungen nicht gehindert seien, selbst die ursprünglich für den Richtlinientext vorgesehene Normierung zu verabschieden und den Arbeitgeber in dem Fall, in dem keine abweichende vertragliche Vereinbarung mit dem betroffenen Arbeitnehmer existiert, zur Ausübung aller wirtschaftlichen, d. h. vermögensrechtlichen Befugnisse über das im Rahmen des Arbeitsverhältnisses geschaffene Werkergebnis zu ermächtigen.
Beschäftigt sich die Europäische Gemeinschaft in den Normierungen der Computerprogrammrichtlinie noch ausdrücklich mit den Fragen um Urheber- und Rechtsinhaberschaft an in unselbständiger Tätigkeit entstandenen Werken, klammern ihre Richtliniengeber diese Problempunkte in den siebzehn Bestimmungen der Datenbankrichtlinie mithin bewusst aus. Sie werden in einen der insgesamt sechzig, zum Teil sehr detailliert ausgestalteten Erwägungsgründe zum Richtlinienerlass verschoben, ausgelagert. Konsequenz dieses gesetzgeberischen Vorgehens ist eine entschieden geringere Bindungskraft der dort formulierten Inhalte gegenüber Regelungsvorgaben der Maßnahme selbst.
Erwägungsgründe einer Richtlinie für sich genommen verpflichten die Mitgliedsstaaten nicht, entsprechende Umsetzungsmaßnahmen zu ergreifen. Ihre Aufgabe ist es einerseits den Rechtssetzenden zu einer Art Selbstkontrolle anzuhalten, andererseits zur sachgerechten Auslegung und Anwendung des Rechtsaktes beizutragen.[409] Hierzu legen sie in weitem Umfang die Zielsetzung desselben fest bzw. sorgen in einzelnen speziellen Regelungsbereichen für deren Konkretisierung. In dieser Funktion gewinnen sie auch einen gewissen, mittelbaren Einfluss auf die

406 EG- Abl. Nr.C 156 vom 23.6.1992, S. 4 ff.
407 EG- Abl. Nr.C 308 vom 15.11.1993, S. 1 ff.
408 EG- Abl. Nr.C 288 vom 30.10.1995, S. 14 ff.
409 Schricker/ Vogel Vor 87a ff. RN 12 ; Gaster J., CR 1997, S. 719.

Umsetzung und Auslegung der Richtlinie.[410] Insbesondere der EuGH, für Entscheidungen über die verbindliche Auslegung des Gemeinschaftsrechts zuständig, greift bei seiner Interpretation des durch den Richtliniengeber geschaffenen Rechts häufig auf die in diesem formulierten Erwägungsgründe zurück.[411] Eine originäre Umsetzungsverpflichtung oder Verbindlichkeit der Ausführungen in den Regelungszielen existiert aber gerade nicht.

Eine Bestätigung oder sogar Präzisierung der in der Computerprogrammrichtlinie gezeigten Vorstellungen des Gemeinschaftsgesetzgebers zu Fragen des Arbeitnehmerurheberrechts, insbesondere zum Erwerb der wirtschaftlichen Rechte durch den Arbeitgeber und dessen Charakter - originär oder derivativ - findet somit nicht statt. Im Gegenteil, durch die in der Datenbankrichtlinie gewählte Regelungstechnik wird ein solcher wie auch immer gearteter Rechtserwerb nicht einmal mehr als für die Mitgliedsstaaten verbindliche Zielvorgabe gestaltet. Zur Vermeidung rechtspolitischer Schwierigkeiten ist dieser als Erwägungsgrund 29 lediglich noch Gegenstand einer Art Umsetzungsempfehlung, bei deren Formulierung die Mitgliedsstaaten infolge der geringeren Bindungskraft der Erwägungsgründe eher zur Eingehung von Kompromissen bereit sind.

In seinem konkreten Empfehlungsinhalt führt Erwägungsgrund 29 der Datenbankrichtlinie nicht im Geringsten über die Vorgabe des Art. 2 Absatz 3 der Computerprogrammrichtlinie hinaus. Die Frage der Art des Rechtserwerbs durch den Arbeitgeber bleibt ohne nähere gemeinschaftsrechtliche Festlegung nach wie vor vollumfänglich den rechtskonstruktiven Vorstellungen der Gesetzgeber der einzelnen Mitgliedsstaaten überlassen.

Im Kontext des neu geschaffenen Recht „sui generis“ des Datenbankherstellers finden sich auch keine Ausführungen zur besonderen Situation der Erstellung von Datenbanken in abhängiger Beschäftigung.

Das Datenbankschutzrecht wird nach Art. 7 der Richtlinie originär dem Hersteller der Datenbank zugeordnet. Dieser wiederum ist in Erwägungsgrund 41 Satz 2 der Datenbankrichtlinie als die Person definiert, „... die die Initiative ergreift und das Investitionsrisiko trägt.“ Unter dieser Prämisse kann das Datenbankherstellerrecht als Investitionsschutzrecht ohne persönlichkeitsrechtliche Komponente natürlichen oder juristischen Personen gleichermaßen originär zustehen.[412]

Bei Erstellung von Datenbanken in einem Arbeitsverhältnis treten keine regelungsbedürftigen Besonderheiten auf. Da Arbeitnehmer in der Regel weder selbständig Initiativen zur Herstellung von Datenbanken ergreifen noch das unternehmerische Risiko für deren erfolgreichen Erstellung

---

[410] Schricker/ Vogel Vor 87a ff. RN 12 ; Gaster J., CR 1997, S. 719.

[411] Gaster J., CR 1997, S. 719 ; Vogel M., ZUM 1997, S. 593.

[412] Schricker/ Vogel Vor §§ 87a ff. RN 23 f.

tragen, ist der Arbeitgeber in seiner Funktion als Unternehmer und Risikoträger eindeutig als Datenbankhersteller und Inhaber des Rechts „sui generis“ anzusehen.[413]
Nicht vergessen werden darf in diesem Zusammenhang jedoch der Umstand, dass die Person des Herstellers mit der Person des Urhebers der Datenbank nicht notwendig identisch sein muss, da der oder die Schöpfer eines solchen Werkes und der Investor ohne weiteres unterschiedliche Personen sein können. Dies wird in einem Arbeitsverhältnis sogar der Regelfall sein.[414]

IV. Die arbeitnehmerurheberrechtliche Umsetzung der Computer programm- und Datenbankrichtlinie in Deutschland und Großbritannien unter Harmonisierungsaspekten

1. Arbeitnehmerurheberrechtliche Harmonisierungsergebnisse in Deutschland

a) Die Umsetzung der Computerprogrammrichtlinie

Die Richtlinie über den Rechtsschutz von Computerprogrammen wird in Deutschland nach ergebnislosem Verstreichen der Umsetzungsfrist bis Ende 1992 im Juni 1993 durch das Zweite Gesetz zur Änderung des Urheberrechtsgesetzes[415] in nationales Recht transferiert.
Gesetzestechnisch entscheidet sich der deutsche Normgeber dafür, die neuen Vorschriften zum Computerrechtsschutz im Wesentlichen zu einem einzigen Regelungsbereich zusammengefasst am Ende der urheberrechtlichen und vor den Bestimmungen zu den verwandten Schutzrechten ins Normierungssystem des Urheberrechtsgesetzes einzubringen. Es kommt zur Neueinführung der §§ 69a-69g UrhG.[416] In ihrer Abgeschlossenheit handelt es sich bei ihnen „der Sache nach um ein Stück europäisches Urheberrecht innerhalb des Urheberrechtsgesetzes“[417].[418]
Die arbeitnehmerurheberrechtlich maßgebende Vorschrift Art. 2 Absatz 3 der Computerprogrammrichtlinie setzt der deutsche Gesetzgeber über die in ihrem Wortlaut mit der europaweiten Vorgabe beinahe identische

---

[413] Leistner M., Der Rechtsschutz von Datenbanken, 2000, S.169 ff. m. w. N.
[414] vgl. hierzu: E. V.
[415] BGBl. I 1993, S. 910.
[416] vgl. hierzu: BT- Drs. 12/ 4022 S. 1 ff. ; Dreier T., GRUR 1993, S. 781 ff. ; kritisch: Lehmann M., CR 1992, S. 328.
[417] BT- Drs. 12/ 4022 S. 8.
[418] vgl. hierzu: BT- Drs. 12/ 4022 S. 8 ; Dreier T., GRUR 1993, S. 781 f ; Schulte D., CR 1992, S. 590 f. ; Sack R., UFITA Band 121, 1993, S. 15 ; Münchener Handbuch/ Sack § 102 RN 61.

Sondernormierung des § 69b UrhG in nationales Recht um.[419] Er hegt berechtigte Zweifel daran, dass eine reine, wenn auch richtlinienkonforme Auslegung der bereits existierenden gesetzlichen Regelung in § 43 UrhG den Anforderungen an eine korrekte Richtlinienumsetzung gerecht werden könnte.[420] In seinem Anwendungsbereich ist der bei Auslegungsfragen richtlinienkonform zu lesende § 69b UrhG gegenüber der allgemeinen Vorschrift des § 43 UrhG lex specialis, entfaltet im übrigen aber keinerlei normativen Wirkungen.[421]
Unterschiede zu den Formulierungen der Richtlinie zeigt § 69b UrhG, wenn er von „vermögensrechtlichen" und nicht „wirtschaftlichen" Ausübungsbefugnissen des Arbeitgebers spricht. Diese Abweichung beruht auf einer Anpassung der deutschen Übersetzung der Worte „economic rights" in der englischsprachigen Richtlinienfassung an eine bereits in der Übersetzung von Internationalen Konventionen angewandten Ausdrucksweise. Sie erfolgt aus Gründen der Einheitlichkeit der Rechtssprache und beinhaltet keine inhaltlichen Unterschiede und Abweichungen. Allein Absatz 2 des § 69b UrhG findet keine Entsprechung in den Normierungen der Computerschutz-Richtlinie, stellt für den deutschen Anwendungsbereich jedoch auch nur klar, dass zwischen Computerprogrammen, die in einem Arbeitsverhältnis geschaffen wurden und solchen die aus einem öffentlich- rechtlichen Dienstverhältnis stammen, nicht zu differenzieren ist.[422]
Unter Harmonisierungsgesichtspunkten findet sich die maßgebende Neuerung gegenüber der von § 43 UrhG und seiner Regelungssystematik bestimmten Rechtsposition des Arbeitnehmerurhebers auf der Rechtsfolgenseite des § 69b UrhG. Wird ein Computerprogramm durch einen Arbeitnehmer im Aufgaben- und Anweisungsbereich seines Arbeitsverhältnisses geschaffen, ist nach § 69b UrhG bei Fehlen anders lautender vertraglicher Vereinbarungen „... ausschließlich der Arbeitgeber zur Ausübung aller vermögensrechtlichen Befugnisse am Computerprogramm berechtigt, ...".
Der Gesetzgeber gibt damit eine rechtliche Zweiteilung vor. Vermögensrechtliche Befugnisse an Computerprogrammen weist er zur ausschließlichen Ausübung dem Arbeitgeber zu; das Urheberpersönlichkeitsrecht

[419] vgl. hierzu den Diskussionsentwurf für das Umsetzungsgesetz, der noch vorsieht, die Richtlinienbestimmung unverändert in § 69b UrhG umzusetzen, CR 1992, S. 328.
[420] BT- Drs. 12/ 4022 S. 7 f. ; Dreier T., GRUR 1993, S. 781 ; Münchener Handbuch/ Sack § 102 RN 61.
[421] BT- Drs. 12/ 40 22 S. 10 ; BGH NZA- RR, 2002, S.202- Wetterführungspläne II ; Kraßer R., FS für Schricker, 1995, S. 100 ; Sack R., UFITA Band 121, 1993, S. 15 ; Loewenheim U., GRUR Int. 1997, S. 285 ; Schricker/ Loewenheim § 69b RN 11 ; Rehbinder M., Urheberrecht, 2004, S. 311 f.
[422] Buchner H., Der Schutz von Computerprogrammen, in: Lehmann M. (Hrsg.), 1993, S. 430 ; Sack R., UFITA Band 121, 1993; S. 17, 22.

belässt er beim Werkschöpfer, dem Arbeitnehmer.[423] Im Unterschied zur Konzeption des § 43 UrhG bedarf es bei § 69b UrhG nicht mehr einer vertraglichen Vereinbarung zwischen den Arbeitsvertragsparteien, um dem Arbeitgeber Nutzungsrechte an Computerprogrammen zu verschaffen, die der Arbeitnehmer in Wahrnehmung seiner Aufgaben oder nach den Anweisungen seines Arbeitgebers erarbeitet. Er erwirbt sie kraft Gesetzes allein auf Grundlage des bestehenden Arbeitsverhältnisses.[424]
Andererseits lässt § 69b UrhG auch keinen Raum für die Annahme, dass Vermögens- und Urheberpersönlichkeitsrechte bereits personenverschieden entstehen, d. h. der Arbeitgeber vermögensrechtliche Befugnisse des Urhebers und damit Verwertungsrechte erhält. Eine Durchbrechung des deutschen Schöpferprinzips im Umsetzungskontext ist gemeinschaftsrechtlich auch nicht veranlasst. Die Computerprogrammrichtlinie zielt allein darauf ab, dem Arbeitgeber über verbindliche Sachvorgaben die Ausübung der Vermögensrechte zu sichern. Hierzu bedarf es nicht zwingend einer genuinen Entstehung von Verwertungsrechten beim Arbeitgeber. Es genügt die unmittelbare Zuweisung von Nutzungsrechten. Dies verdeutlicht auch der Wortlaut der neuen nationalen Bestimmung, der dem Arbeitgeber ausdrücklich nur die Berechtigung zur Ausübung der vermögensrechtlichen Befugnisse zuweist.[425]
Vor der Prämisse einer gesetzlichen Ausgestaltung des Arbeitsverhältnisses dahingehend, dass Vermögensrechte, welche originär beim Arbeitnehmer entstehen, dem Arbeitgeber eingeräumt gelten, ist die rechtsdogmatische Bedeutung des § 69b UrhG umstritten. Eine Literaturstimme vertritt die Auffassung, § 69b UrhG sei lediglich gesetzliche Auslegungsregelung für nicht eindeutig abgefasste vertragliche Regelungen und sonstige Zweifelsfälle.[426] Eine solche Einordnung greift mit Blick auf die europäischen Wurzeln der Bestimmung aber zu kurz. Zielsetzung der zugrunde liegenden Richtlinienbestimmung ist es, die ausschließliche Berechtigung der Arbeitgeber zur Wahrnehmung aller wirtschaftlichen Rechte an Computerprogrammen festzuschreiben. Dies ist über eine Interpretation der maßgebenden Umsetzungsnorm als reine Auslegungsregel für das Fehlen rechtsgeschäftlich eindeutiger Ab-

[423] BT- Drs. 12/ 4022 S. 10.
[424] Münchener Handbuch/ Sack § 102 RN 79 ; Buchner H., Der Schutz von Computerprogrammen, in: Lehmann M. (Hrsg.), 1993, S. 428 ; Rehbinder M., Beiträge zum Urheber- und Medienrecht, 1995, S. 57 ; Schricker/ Loewenheim § 69b RN 11 ; Sack R., UFITA Band 121, 1993, S. 23.
[425] BR- Drs. 629/92 S. 23 f. ; Sack R., BB 1991, S. 2168 ; Sack, UFITA Band 121, 1993, S. 23 ; Schricker/ Loewenheim § 69b RN 11 ; Rehbinder M., Beiträge zum Urheber- und Medienrecht, 1995, S. 57 ; Haberstumpf H., Handbuch des Urheberrechts, 2000, S. 232 f. ; Buchner H., Der Schutz von Computerprogrammen, in: Lehmann M. (Hrsg.), 1993, S. 428 f. ; Lehmann M., GRUR Int. 1991, S. 330 ; Münchener Handbuch/ Sack § 102 RN 80.
[426] Nordemann/ Vinck § 69b RN 1.

sprachen nicht zu erreichen, auch wenn die Beweislast für das Vorliegen abweichender vertraglicher Vereinbarungen den Arbeitnehmer trifft.

Die Gesetzesbegründung zu § 69b UrhG führt zur Frage der Notwendigkeit einer Neuregelung an, dass der Bestimmung des § 43 UrhG eine gesetzliche Vermutung dahingehend fehle, dass vermögensrechtliche Befugnisse durch das Arbeitsverhältnis vollständig an den Arbeitgeber eingeräumt sind.[427] Der Gesetzgeber selbst sieht damit in § 69b UrhG offensichtlich die Begründung einer gesetzlichen Vermutung dafür, dass die wirtschaftlichen Nutzungsrechte an den schutzfähigen Computerprogrammen bei Fehlen abweichender vertraglicher Vereinbarungen vollumfänglich dem Arbeitgeber überlassen sind. Offen bleibt, ob er von einer widerlegbaren[428] oder unwiderlegbaren[429] Vermutung des Gesetzes ausgeht.

Doch auch diese Interpretationen des § 69b UrhG können Art. 2 Absatz 3 der Computerprogrammrichtlinie und dessen Zielvorgaben nicht genügen. Bei Auslegung des § 69b UrhG als europäisch initiiertem nationalem Urheberrecht kommt jedoch gerade ihnen maßgebende Bedeutung zu.

Die Annahme einer widerlegbaren Vermutung der Rechtsübertragung[430] ist von vornherein mit der gemeinschaftsrechtlichen Regelungsvorgabe nicht vereinbar. Diese lässt ausdrücklich allein vertraglich vereinbarte Abweichungen zu, eröffnet dem Arbeitnehmer aber nicht die Möglichkeit, eine Rechtseinräumung an den Arbeitgeber einseitig zu verweigern.[431]

Ferner berücksichtigt diese Interpretation ebenso wenig wie die Annahme einer unwiderlegbaren gesetzlichen Vermutung, dass Art. 2 Absatz 3 der Computerprogrammrichtlinie von einer Zuweisung der Nutzungsrechte an den Arbeitgeber ausgeht, die keines zusätzlichen ausdrücklichen oder stillschweigenden Übertragungsakts bedarf. Nach ihr hat der Arbeitgeber vielmehr automatisch, allein als Folge der arbeitvertraglichen Beziehung in den Genuss der Nutzungsrechte zu kommen. Weitere Maßnahmen sollen nicht erforderlich sein, insbesondere auch nicht eine einseitige Inanspruchnahme der Nutzungsbefugnisse wie im Bereich des Arbeitnehmererfindungsgesetzes.[432] Wäre zur Befugniserlangung ein dazwischen geschaltetes Rechtsgeschäft in Form einer ausdrücklichen oder stillschweigenden Rechtsübertragung erforderlich, wäre der Arbeitnehmer nicht gehindert, trotz prinzipieller Übertragungsverpflichtung die

---

427 BT- Drs. 12/ 4022 S. 10.

428 Lucas M., Softwareentwicklung durch Arbeitnehmer, 1993, S. 112.

429 Buchner H., Der Schutz von Computerprogrammen, in: Lehmann M. (Hrsg.), 1993, S. 429.

430 vgl. zur Parallelität dieser Interpretation zu § 2 GschMG: Buchmüller H.- J., Urheberrecht und Computersoftware, 1986, S. 75 ff.

431 Münchener Handbuch/ Sack § 102 RN 81.

432 Sack R., BB 1991, S. 2168 ; Buchner H., Der Schutz von Computerprogrammen, in: Lehmann M. (Hrsg.), 1993, S. 428 f.

Einräumung der Nutzungsrechte zumindest vorübergehend zu verweigern und zu seinem eigenen Vorteil selbst beispielsweise wirksame Lizenzen zu vergeben. Dieser Spielraum muss nach Vorstellung des Richtliniengebers mit Blick auf die Fortschreibung des Rechtsangleichung in der Gemeinschaft aber gerade ausgeschlossen sein.
Unter ausdrücklicher Wahrung des Schöpferprinzips ist der von § 69b UrhG statuierte unmittelbare Übergang der vermögensrechtlichen Befugnisse auf den Arbeitgeber daher als gesetzliche Lizenz und nicht bloße Vermutung des Rechtserwerbs zu verstehen.[433] Allein mit ihr ist sicherstellt, dass ein Arbeitgeber auf Grund der arbeitsvertraglichen Beziehung und dessen gesetzlicher Ausgestaltung ohne weiteres, d. h. ohne zwischengeschaltetes Rechtsgeschäft oder Einwilligung des Arbeitnehmers und Urhebers, Inhaber sämtlicher nutzungsrechtlichen Befugnisse wird, auch wenn diese weiterhin originär zunächst beim Arbeitnehmer entstehen.
Bei der durch § 69b UrhG begründeten Lizenz handelt es sich um eine ausschließliche gesetzliche Lizenz.[434] Der Arbeitnehmer darf in Einschränkung seines Urheberheberrechts das von ihm erstellte Computerprogramm demnach weder für eigene Zwecke nutzen noch Dritten zur Benutzung überlassen oder eine Lizenz daran vergeben, es sei denn der Arbeitgeber gestattet ihm diese Form der Verwertung durch Einräumung eines Nutzungsrechts bzw. auf rein schuldrechtlicher Basis. Für das Vorliegen einer derartigen Erlaubnis trägt der Arbeitnehmer die Beweislast.
Bei einem Vergleich von § 43 UrhG und § 69b UrhG ist das Verhältnis von gesetzlicher Regel und rechtsgeschäftlich vereinbarter Ausnahme damit genau umgekehrt; bei Fehlen entsprechender vertraglicher Absprachen stehen im Bereich des Computerwerkschaffens alle Nutzungsrechte automatisch dem Arbeitgeber zu.

---

[433] BGH CR 2002, S. 250- Wetterführungspläne II ; Kraßer R., FS für Schricker, 1995, S. 100 ; Wimmers J./ Rode T., CR 2003, S. 403 ; Buchner H., Der Schutz von Computerprogrammen, in: Lehmann M. (Hrsg.), 1993, S.429 ; Lehmann M., GRUR Int. 1991, S. 330 ; Schricker/ Loewenheim § 69b RN 11 ; Sack R., UFITA Band 121, 1993, S. 23 f. ; Münchener Handbuch/ Sack § 102 RN 79, 81 ; Rehbinder M., Urheberrecht, 2004, S. 312 ; abweichend: Schack H., Urheber- und Urhebervertragsrecht, 2001, RN 271, der ohne Begründung vom Vorliegen einer „cessio legis" ausgeht ; ebenso: Katzenberger P., Inhaber des Urheberrechts, 1996, S. 44, der auf eine Vergleichbarkeit mit § 91 UrhG abstellt, doch auch dort ist die rechtliche Qualifikation des statuierten Rechtserwerbs umstritten, vgl. Schricker/ Katzenberger § 91 RN 6.

[434] BGH CR 2002, S. 250- Wetterführungspläne II ; Kraßer R., FS für Schricker, 1995, S. 100 ; Wimmers J./ Rode T., CR 2003, S. 403 ; Buchner H., Der Schutz von Computerprogrammen, in: Lehmann M. (Hrsg.), 1993, S.429 ; Lehmann M., GRUR Int. 1991, S. 330 ; Schricker/ Loewenheim § 69b RN 11 ; Sack R., UFITA Band 121, 1993, S. 23 f. ; Münchener Handbuch/ Sack § 102 RN 79, 81 ; Rehbinder M., Urheberrecht, 2004, S. 312.

Hinsichtlich des Umfangs der dem Arbeitgeber zugewiesenen Ausübungsrechte lässt der Wortlaut des § 69b UrhG ausdrücklich alle vermögensrechtlichen Möglichkeiten zur Nutzung der entwickelten Computerprogramme bei diesem entstehen. Er ist Ausdruck der Zielsetzung, die Verwertung der vom Arbeitnehmer als Pflichtwerke geschaffenen Computerprogramme eindeutig und vollständig in die Hand des Arbeitgebers zu legen.[435]

Unter der Geltung des § 69b UrhG besitzt der Arbeitgeber bei Fehlen abweichender vertraglicher Vereinbarungen seine Verwertungskompetenz auch sachlich, zeitlich und räumlich unbeschränkt.[436] Insbesondere bleibt kein Raum für eine Anwendung der Zweckübertragungstheorie des § 31 Absatz 5 UrhG, die den Umfang der verwertungsrechtlichen Einzelbefugnisse der Arbeitgeberseite im Rahmen des § 43 UrhG entscheidend mitbestimmt.[437] Es ist unerheblich, inwieweit der Arbeitgeber die Nutzungsrechte zu einer umfassenden marktgemäßen Verwertung benötigt bzw. ob nach der konkreten Gestaltung der arbeitsvertraglichen Beziehung von einem Befugnisübergang auszugehen ist. Regelungsziel und Regelungsfolge des § 69b UrhG ist es, dass dem Arbeitgeber kraft Gesetzes generell und umfassend, d. h. ohne jede Einschränkung, die Kompetenz zu jeglicher Nutzung der entsprechenden Computerprogramme zusteht, sowohl für eigene betriebliche Zwecke als auch für eine außerbetriebliche Verwendung.[438]

Ungeachtet des Übergangs der Nutzungsrechte auf den Arbeitgeber ist Urheber des Computerprogramms weiterhin der Arbeitnehmer. Auf seiner Seite verbleiben daher stets die in ihrem Kerngehalt unverzichtbaren Urheberpersönlichkeitsrechte. Auch § 69b UrhG erstreckt die gesetzliche Lizenz des Arbeitgebers allein auf die vermögensrechtlichen Befugnisse an den Computerprogrammen, die persönlichkeitsrechtlichen Befugnisse des werkschaffenden Arbeitnehmers lässt sie unberührt.

Dennoch erleiden die dem Arbeitnehmerurheber zustehenden Persönlichkeitsrechte eine Reihe von Beschränkungen. Soweit sie mit dem Zweck der vollumfänglichen Zuordnung der vermögensrechtlichen Befugnissen an den Arbeitgeber kollidieren und verzichtbar sind, haben sie zur Sicherung von dessen umfassenden Nutzungsmöglichkeiten zurück-

---

[435] BT- Drs. 12/ 4022 S. 10.

[436] Schricker/ Loewenheim § 69b RN 12 ; Sack R., UFITA Band 121, 1993, S. 24 ff.; Buchner H., Der Schutz von Computerprogrammen, in: Lehmann M. (Hrsg.), 1993, S. 440 f.

[437] BT- Drs. 12/ 4022 S.10 ; Münchener Handbuch/ Sack § 102 RN 84 ; Schricker/ Loewenheim § 69b RN 12 ; Haberstumpf H., Handbuch des Urheberrechts, 2000, S. 232 f. ; Kraßer R., FS für Schricker, 1995, S. 100 ; Dreier T., GRUR 1993, S. 785 ; Sack R., UFITA Band 121, 1993, S. 24.

[438] a.A.: Wandtke A.- A., Die Rechte der Urheber, 1993, S. 111 unter Rückgriff auf Art. 3 und 14 GG ; Schwab B., AuR 1993, S. 132 zu § 43 UrhG für die Zeit nach Richtlinienverabschiedung und vor Einführung von § 69a ff. UrhG.

zutreten.[439] Eine Differenzierung zwischen vermögensrechtlichen bzw. wirtschaftlichen Befugnissen auf der einen und den sonstigen Rechten auf der anderen Seite ist mithin nicht in der Strenge durchzuführen, wie von § 69b UrhG und europäischer Richtlinie suggeriert. Sie stimmt aber auch nicht mit der von § 43 UrhG bekannten Relation von Urheberpersönlichkeits- und Nutzungsrechten überein.[440]
Unabhängig von seinen vermögensrechtlichen Befugnissen, d. h. auch nach deren Übergang auf den Arbeitgeber, verbleibt dem Arbeitnehmer als Urheber stets das Recht, die Urheberschaft für sich in Anspruch zu nehmen und sich jeder Entstellung oder sonstigen Änderung und Beeinträchtigung des Werkes zu widersetzen, die seiner Ehre oder seinem Ruf nachteilig werden könnte.[441]
Das Veröffentlichungsrecht des Arbeitnehmerurhebers nach § 12 UrhG bzw. das sich aus § 13 UrhG ergebende Recht auf Namensnennung hingegen haben vollständig zurückzutreten, sofern deren Ausübung die Verwertung des Computerprogramms durch den Arbeitgeber beeinträchtigt.[442] Dies ist vergleichbar bereits aus dem Kontext des § 43 UrhG bekannt.[443] Bei § 69b UrhG kommt den betroffenen Urheberpersönlichkeitsinteressen des Arbeitnehmers jedoch wesentlich weniger Gewicht zu, da die Vermarktung der Software gesetzlich ausschließlich dem Arbeitgeber zugeordnet ist.
Speziell aus § 69b UrhG folgt ein Befugnisübergang bei dem in den §§ 14, 39 UrhG statuierten Recht des Werkschaffenden, Änderungen und Bearbeitungen seines Werkes zu untersagen. Als Konsequenz seiner umfassenden vermögensrechtlichen Ausübungsrechte gebührt bei Eingreifen des § 69b UrhG diese Änderungsbefugnis allein dem Arbeitgeber, da zur interessengerechten Verwertung der Nutzungsrechte jederzeit die Fortentwicklung und Anpassung des Programms an geänderte Bedingungen erforderlich werden kann und dem Arbeitgeber daher ohne weiteres möglich sein muss.[444] Auf Arbeitnehmer- und damit auf

[439] Benecke M., NZA 2002, S. 885 ; Buchner H., Der Schutz von Computerprogrammen, in: Lehmann M. (Hrsg.), 1993, S. 444 ff. ; Holländer G., CR 1992, S. 283 ; Sack R., UFITA Band 121, 1993, S. 32.
[440] Kraßer R., FS für Schricker, S. 100 ; Sack R., UFITA Band 121, 1993, S. 32 ; Schricker/ Loewenheim § 69b RN 13 ; Schack H., Urheber- und Urhebervertragsrecht, 2001, RN 988 ff. ; Rehbinder M., Urheberrecht, 2004, S. 312.
[441] BT- Drs. 12/ 4022 S. 10.
[442] Schricker/ Loewenheim § 69b RN 14 ; Sack R., UFITA Band 121, 1993, S. 32 ff. ; Buchner H., Der Schutz von Computerprogrammen, in: Lehmann M. (Hrsg.),1993, S. 444 f. ; Kraßer R., FS für Schricker, 1995, S. 100 ; Münchener Handbuch/ Sack § 102 RN 99 f.
[443] vgl. unten C. III. 4.
[444] BT- Drs. 12/ 4022 S. 10 ; Buchner H., Der Schutz von Computerprogrammen, in: Lehmann M. (Hrsg.), 1993, S. 445 ; Schricker/ Loewenheim § 69b RN 14 ; Sack R., UFITA Band 121, 199, S. 34 f. ; Rehbinder M., Urheberrecht, 2004, S. 312 ;

Urheberseite verbleiben allein die bereits genannten Kernbereiche dieser Urheberpersönlichkeitsrechte, Entstellungen oder ehrverletzenden Änderungen des eigenen Werkes entgegentreten zu können.
Insgesamt gesehen sind die urheberpersönlichkeitsrechtlichen Befugnisse des Arbeitnehmers mithin zwar nicht direkt von der vermögensrechtlich beschränkten Rechtszuweisung des § 69b UrhG an den Arbeitgeber erfasst. Gleichwohl werden sie von ihr beeinflusst und die infolge der engen Verflechtung von wirtschaftlicher und persönlichkeitsrechtlicher Ausrichtung der urheberrechtlichen Schutzvorschriften bereits bekannten Ausübungskonflikte im Arbeitnehmerurheberrecht weder beseitigt noch minimiert oder klarer strukturiert. Die vom Arbeitnehmer persönlichkeitsrechtlich hinzunehmenden Einschränkungen erfahren durch die von § 69b UrhG initiierte vermögensrechtliche Besserstellung des Arbeitgebers lediglich eine Vertiefung.[445]
Auch die Problematik, ob bzw. unter welchen besonderen Einzelfallumständen dem Computerprogramme entwickelnden Arbeitnehmerurheber eine über seine Lohnforderungen hinausführende Vergütung zusteht, erfährt im Kontext des § 69b UrhG keine ausdrückliche Klärung.
Nach dem Wortlaut der Vorschrift steht die Ausübung sämtlicher vermögensrechtlicher Befugnisse an den vom Arbeitnehmer als Pflichtwerke geschaffenen Computerprogrammen ausdrücklich dem Arbeitgeber zu, ohne dass dieser Übergang der Berechtigung von einer Gegenleistung abhängig gemacht ist. Infolgedessen wird lange Zeit ein Eingreifen urheberrechtlicher Vergütungsansprüche zu Gunsten des Arbeitnehmers in Frage gestellt. Insbesondere umstritten ist die Anwendbarkeit des sogenannten Bestsellerparagraphen § 36 a. F. UrhG auf Fallgestaltungen, in denen der Arbeitgeber das erstellte Programm in einem zunächst nicht vorhersehbaren Umfang wirtschaftlich nutzen kann.[446]
Über sie ist nun in einem Grundsatzurteil des BGH vom 23.10.2001 entschieden.[447] Nach Ausschluss jeglicher urheberrechtlicher Sondervergütungsansprüche bei § 69b UrhG in der vorangegangenen Entscheidung[448] bejaht der BGH in ihm eine Anwendbarkeit des § 36 a. F. UrhG

für die identischen, aus dem Wesen der Arbeitsleistung abgeleiteten Ergebnisse vor Verabschiedung des § 69b UrhG vgl.: OLG Koblenz, BB 1983, S. 992 ; Kolle G., GRUR 1985, S. 1023 ; Ullmann E., GRUR 1987, S. 13.

445 Lucas M., Softwareentwicklung durch den Arbeitnehmer, 1993, S. 113.

446 Nordemann/ Vinck § 43 RN 4 ; Münchener Handbuch/ Sack § 102 RN 96 ; Ullmann E., GRUR 1987, S. 14 ; Dreier T., GRUR 1993, S. 785 ; Buchner H., Der Schutz von Computerprogrammen, in: Lehmann M. (Hrsg.), 1993, S. 447 f. ; Koch P., ZUM 1986, S. 79 f. ; Dressel L., GRUR 1989, S. 319 ff. ; Sack R., UFITA Band 121, 1993, S. 31 FN 64 m. w. N. ; Möhring/ Nicolini/ Hoeren § 69b RN 19 ; Brandi- Dohrn, CR 2002, S. 252 ff.

447 BGH NZA- RR 2002, S. 202- Wetterführungspläne II.

448 BGH CR 2001, S. 223- Wetterführungspläne I, in dem hinsichtlich des gleichen Sachverhalts wie in Wetterführungspläne II ein Versäumnisurteil des BGH ergeht.

auch dann, wenn die Voraussetzungen des § 69b UrhG vorliegen.[449] Eine nähere Erläuterung hierzu gibt der BGH nicht. Er verweist allein auf eine generelle Anwendbarkeit des § 36 a. F. UrhG im Rahmen arbeitsvertraglicher Übertragungspflichten und stellt klar, dass der Arbeitgeber im übrigen die uneingeschränkte Nutzung der Software generell vergütungsfrei erhält.[450]
Begründet werden kann ein Eingreifen des Sondervergütungsanspruchs in erster Linie damit, dass keine Anhaltspunkte für eine Absicht des Gesetzgebers erkennbar sind, in diesem Punkt zu Lasten des Computerprogramme erstellenden Arbeitnehmers von der für den freien Urheber konzipierten Regelung abweichen zu wollen.[451] Auch der in § 69b UrhG gewählte Wortlaut steht einer Anwendung der auf eine nachträgliche Korrektur der vertraglichen Grundvereinbarungen gerichteten Vorschrift nicht entgegen.[452] Die dort formulierte Zuordnung der Nutzungsrechte an den Arbeitgeber in Form einer gesetzlichen Lizenz findet ihre Grundlage allein im Arbeitsverhältnis findet. Sie erfolgt damit, wenn auch nur mittelbar, letztlich aber doch auf Grund eines Vertrages, so dass auch in dieser Hinsicht den Anwendungsvoraussetzungen des § 36 a. F. UrhG Genüge getan ist.[453]
Folglich ergibt sich für den Computerprogramme erstellenden Arbeitnehmer eine vergütungsrechtliche Ausgangssituation, die mit der des allgemeinen Arbeitnehmerurheberrechts identisch ist. Wie in anderen Schaffensbereichen auch, ist der Arbeitslohn nicht nur Äquivalent für die Werkschöpfung selbst , d. h. die als Gegenstand der Arbeitsleistung vereinbarte Programmschöpfung. Er erstreckt sich vielmehr auch darauf, dass der Arbeitgeber Nutzungsrechte am Werkergebnis erhält, insbesondere solche, die für seine unternehmerischen Zwecke notwendig sind. Aus arbeitsrechtlichen Grundsätzen kann der Arbeitnehmer- außer für arbeitsrechtlich anerkannte quantitative oder qualitative Sonderleistungen[454]- weder für die Programmerarbeitung noch für die dem Arbeitgeber überlassenen vermögensrechtlichen Befugnisse zusätzliche Vergütung neben seinem Arbeitslohn beanspruchen.[455]

---

[449] BGH NZA- RR 2002, S. 202- Wetterführungspläne II.
[450] BGH CR 2002, S. 251 f.- Wetterführungspläne II.
[451] Münchener Handbuch/ Sack § 102 RN 96 ; Sack R., UFITA Band 121, 1993, S. 31 ; Nordemann/ Hertin § 36 RN 2.
[452] a.A.: Buchner H., Der Schutz von Computerprogrammen, in: Lehmann M. (Hrsg.), 1993, S. 448 ; wohl auch: Rinkler A., MMR 2002, S. 104.
[453] Grobys M./ Foerstl U., NZA 2002, S. 1019 ; Benecke M., NZA 2002 S. 886.
[454] vgl. hierzu: Sack R., UFITA Band 121, 1993, S. 28 ff. ; Buchner H., GRUR 1985, S. 1 ; Ullmann E., GRUR 1987, S. 14.
[455] Buchner H., Der Schutz von Computerprogrammen, in: Lehmann M.(Hrsg.), 1993, S. 446 f. ; Sack R., UFITA Band 121, 1993, S. 27 ff. ; Münchener Handbuch/ Sack § 102 RN 89 m. w. N. in FN 210 und 211 ; Bennecke M., NZA 2002, S. 885 ; Schricker/ Rojahn § 43 RN 64.

Eine Abweichung hiervon ist auch nicht unter dem Aspekt veranlasst, dass der Arbeitgeber nach § 69b UrhG sämtliche Nutzungsrechte am fraglichen Programm erhält. Auch dies ist mit dem vereinbarten Arbeitslohn abgegolten. Entweder benötigt der Arbeitgeber die ihm zugefallenen Nutzungsrechte zur Erreichung seiner unternehmerischen Ziele oder er kann einzelne Befugnisse zwar nicht gebrauchen, sich aber gegen deren Erhalt auch nicht wehren. Eine überobligatorische Rechtseinräumung, die einen Sondervergütungsanspruch des Arbeitnehmers auslösen könnte, liegt nicht vor. Auch § 69b UrhG macht den von ihm normierten gesetzlichen Befugnisübergang nicht von einer Gegenleistung des Arbeitgebers abhängig. Durch Zahlung des Arbeitslohns gebührt das Computerprogramm grundsätzlich wirtschaftlich vollumfänglich dem Arbeitgeber.[456]

Eine wichtige urheberrechtliche Durchbrechung erfahren diese arbeitsrechtlichen Grundsätze durch § 36 a. F. UrhG in den Konstellationen, in denen der vereinbarte Arbeitslohn wegen unerwartet hoher Gewinne des Arbeitgebers bei der Vermarktung der Software in einem groben Missverhältnis zu den Erträgen aus Nutzung des Werkes steht. Bei der Beurteilung, ob ein derartiges grobes Missverhältnis zwischen den Gewinnen aus der Schöpfung und den vom Arbeitnehmer erhaltenen Leistungen besteht, sind allerdings die gesamten vermögensrechtlichen Beziehungen der Parteien zu berücksichtigen. Hierzu gehört auch das vom Arbeitgeber getragene Risiko des Erfolgs und der wirtschaftlichen Verwertbarkeit der erbrachten Arbeitsleistungen, so dass eine Anwendung von § 36 a. F. UrhG nur äußerst selten in Betracht kommt, gleichwohl sie in der Softwarebranche noch am leichtesten vorstellbar ist.[457]

Die Grundsatzentscheidung des BGH zur Frage der Anwendbarkeit des § 36 a. F. UrhG im Eingriffsbereich des § 69b UrhG[458] gewährt auch Anhaltspunkte für die Beantwortung der Frage einer Fortgeltung des § 32a UrhG zu Gunsten des Computerprogramme erstellenden Arbeitnehmers und dessen vergütungsrechtlicher Absicherung. Sie steht nach Einführung der Neuerungen des Gesetzes zur Verbesserung der vertraglichen Stellung von Urhebern und ausübenden Künstlern im Raum, die den Ersatz des Bestsellerparagraphen § 36 a. F. UrhG durch den sogenannten Fairnessausgleich des § 32a UrhG mit sich bringt.[459]

---

456 BGH GRUR 2001, S. 155- Wetterführungspläne I ; BGH GRUR 2002, S. 149- Wetterführungspläne II ; Bayreuther F., GRUR 2003, S. 572 ; Schwab B., NZA 1999, S. 1256 ; Wimmers J./ Rode T., CR 2003, S. 403 f. ; Möhring/ Nicolini/ Hoeren § 69b RN 19 ; kritisch: Brandi- Dohrn A., CR 2001, S. 291, der die Regelung für offen hält und eine Vorlage an den EuGH anregt.

457 Buchner H., Der Schutz von Computerprogrammen, in: Lehmann M. (Hrsg.), 1993, S. 448 ; Nordemann/ Vinck § 36 RN 6 ; Sack R., BB 1991, S. 2172 ; Ullmann E., GRUR 1987, S. 14 ; Bayreuther F., GRUR 2003, S. 573.

458 BGH NZA- RR 2002, S. 202- Wetterführungspläne II.

459 vgl. zur Frage der Fortgeltung des § 32 UrhG bei § 69b UrhG: Lejeune M.,

Weder der Gesetzestext noch die Begründung zum neuen Urhebervertragsrecht enthalten Ausführungen zur Anwendbarkeit der §§ 32 und 32a UrhG auf Arbeitsverhältnisse nach § 69b UrhG. Gegen ein Eingreifen des für den freien Urheber im Bereich vertraglicher Nutzungsrechteinräumung konzipierten Korrekturanspruchs von § 32a UrhG wird seitens einer Stimme der Literatur auf Art. 2 Absatz 3 und Art. 9 der EG-Richtlinie über den Rechtsschutz von Computerprogrammen[460] verwiesen. Diese seien im Zusammenspiel so zu verstehen, dass dem einzelnen Arbeitgeber die umfassende Nutzung der geschaffenen Computerprogramme - über die Lohnzahlung hinaus - abschließend vergütungsfrei zugewiesen sei. Bei der erforderlichen richtlinienkonformen Auslegung könnten sich daher nur auf Grund anderer Gesetze vergütungsrechtliche Anspruchsgrundlagen neben § 69b UrhG ergeben.[461] Auch der Status der §§ 69a ff. UrhG als vorrangige Sondervorschriften sowie der Umstand, dass § 69b UrhG eine Rechtsverleihung kraft Gesetzes anordnet, während § 32a UrhG ein vertragliches Einräumen von Nutzungsrechten voraussetzt, werden als Argumente für deren fehlende Fortgeltung zu Gunsten des Software entwickelnden Arbeitnehmers angeführt.[462]
Betrachtet man jedoch § 69g UrhG als urheberrechtsgesetzliche Umsetzung des Art. 9 Absatz 1 der Computerprogrammrichtlinie näher, ist hier bereits zu erkennen, dass die angesprochene strenge Leseart der gemeinschaftsrechtlichen Vorgaben von Art. 9 i. V. m. Art. 2 Absatz 3 der Computerrichtlinie keine hinreichende Bestätigung findet. Der Wortlaut des § 69g UrhG formuliert, dass sonstige Rechtsvorschriften neben den „...Bestimmungen dieses Abschnitts..." anwendbar bleiben und schließt damit urheberrechtsgesetzlich statuierte, über das arbeitsvertraglich geschuldete Entgelt hinausführende Vergütungsansprüche keinesfalls aus.
Eine Anerkennung des vergütungsrechtlichen Korrekturanspruchs von § 32a UrhG im Bereich des § 69b UrhG steht auch nicht dem übergeordneten arbeitnehmerurheberrechtlichen Regelungsziel der Richtlinie entgegen, das Recht des Arbeitgebers zu ungehinderter, umfassender Verwertung der Arbeitsergebnisse gesetzlich zu statuieren.[463] Im Regelfall ist die Überlassung der umfassenden vermögensrechtlichen Verwertungsbefugnisse mit der Lohnzahlung an den Arbeitnehmer abgegolten. § 32a UrhG beschränkt sich als Fairnessausgleich auf Sonderkonstellationen mit Ausnahmecharakter. Dem Arbeitgeber wird durch

---

ITRB 2002, S. 146 ; Wandtke/ Bullinger/ Grützmacher § 69b RN 22 ; Zirkel M., WRP 2003, S. 65.

460 Richtlinie 91/250/ EWG des Rates über den Rechtsschutz von Computerprogrammen vom 14.5.1991, EG-Abl. Nr.L 122 vom 17.5.1991, S. 42.

461 Brandi- Dohrn A., CR 2002, S. 253.

462 Wimmers J./ Rode T., CR 2003, S. 403 f. ; Schricker G., GRUR Int. 2002, S. 801.

463 so aber Wimmers J./Rode T., CR 2003, S. 403 f.

Fortgeltung der Korrekturvorschrift mit ihren besonderen Anwendungsvoraussetzungen keine grundsätzliche zusätzliche Hürde aufgebaut, die ihn an einer den eigenen Interessen entsprechenden Verwendung der erworbenen Befugnisse hindern könnte.[464]
Ebenso wenig kann aus dem Umstand, dass im Wortlaut des § 69bUrhG keine Klarstellung zur Anwendbarkeit der §§ 32 und 32a UrhG erfolgt, auf einen entsprechenden Willen des Gesetzgebers geschlossen werden, diese dort nicht eingreifen zu lassen.[465] Aufgabe des § 69b UrhG ist allein die Klärung der Frage, wem die Urheberrechte zugewiesen sind, nicht aber, ob diese Zuweisung vergütungsfrei erfolgt.[466] Sie ist über die im allgemeinen Arbeitnehmerurheberrecht gültigen Grundsätze zu den Vergütungsansprüchen zu lösen. Der fehlende Hinweis auf vergütungsrechtliche Besonderheiten ist daher eher als Gesichtspunkt für deren Fortgeltung zu sehen.[467]
Entscheidend ist jedoch, dass auch die von BGH und Literatur bei Bejahung einer Anwendbarkeit des § 36 a. F. UrhG im Eingriffsbereich des § 69b UrhG angeführte Argumentationskette[468] unverändert auf die hier vorliegende Problematik übertragen werden kann. Im Hinblick auf die von § 32a UrhG vorausgesetzte vertragliche Nutzungsrechtsverleihung erfolgt im Rahmen des § 69b UrhG der Rechtserwerb des Arbeitgebers trotz gesetzlicher Lizenzierung aller vermögensrechtlichen Befugnisse zumindest mittelbar auf Grundlage eines Vertrages, nämlich infolge des der Nutzungsrechterlangung zu Grunde liegenden Arbeitsvertrages. Darüber hinaus lassen sich auch im Kontext der Statuierung von § 32a UrhG keine Anhaltspunkte für eine sachliche Notwendigkeit oder die Absicht des Gesetzgebers erkennen, den Computerprogramm entwickelnden Arbeitnehmer in dieser vergütungsrechtlichen Hinsicht gegenüber anderen abhängig beschäftigten Urhebern oder freien Urhebern schlechter stellen zu wollen.
Der Korrekturanspruch des § 32a UrhG ist damit auch im Bereich der Nutzungsrechtsverleihung nach § 69b UrhG anwendbar. Unter seinen Voraussetzungen sichert er durch Ausnahmekonstellationen begründete finanzielle Ansprüche der Software entwickelnden, abhängig beschäftigten Urheber.[469] Diese richten sich inhaltlich nicht allein auf eine An-

---

[464] Grobys M./ Foerstl U., NZA 2002, S. 1019 ; a.A.: Wimmers J./ Rode T., CR 2003, S. 403.
[465] so aber Wimmers J./ Rode T., CR 2003, S. 403.
[466] BT- Drs. 12/ 4022 S. 10 ; vgl a. Brandi- Dohrn A., CR 2001, S. 291, insb. FN 45.
[467] vgl. a. Brandi- Dohrn, CR 2002, S. 253.
[468] BGH NZA- RR 2002, S. 202- Wetterführungspläne II ; Münchener Handbuch/ Sack § 102 RN 96 ; Sack R., UFITA Band 121, 1993, S. 31 ; Schricker/ Schricker § 69b RN 2 ; Nordemann/ Hertin § 36 RN 2 ; Grobys M./ Foerstl U., NZA 2002, S. 1019 ; Benecke M., NZA 2002, S. 886.
[469] Lejeune M., ITRB 2002, S. 146 ; Grobys M./ Foerstl U., NZA 2002, S. 1019 ; Benecke M., NZA 2002, S. 885 ; Bayreuther F., GRUR 2003, S. 573 ;

hebung der Vergütung bis zur unteren Grenze, an der nicht mehr von einem Missverhältnis gesprochen werden kann. Nach § 32a UrhG geschuldet ist vielmehr eine tatsächlich angemessene Beteiligung an den Erträgen.[470] Auf der anderen Seite ist bei Klärung der Frage, ob ein anspruchsbegründendes auffälliges Missverhältnis vorliegt, weiterhin das vermögensrechtliche Gesamtverhältnis zugrunde zu legen. Gewinnmindernd sind daher stets sämtliche vom Arbeitgeber getragenen Investitionskosten einzubeziehen, insbesondere auch vergebliche Aufwendungen auf den Arbeitserfolg. Hierdurch bewahrt sich § 32a UrhG trotz der Lockerungen gegenüber den Anwendungsvoraussetzungen des § 36 a. F. UrhG gerade im Arbeitnehmerurheberrecht seinen Status als Anspruchsbegründung mit Ausnahmecharakter. Dieser steht im Einklang mit der Aussage des BGH, dass dem Arbeitnehmer, dem „... die Entwicklung des Programms im Rahmen seiner arbeitsvertraglichen Verpflichtungen übertragen worden war, für die Übertragung der Nutzungsrechte grundsätzlich ein Zahlungsanspruch nicht zusteht.“[471].[472]
Im persönlichen Anwendungsbereich verweist die Gesetzesbegründung zu § 69b UrhG für den Arbeitnehmerbegriff auf die im Arbeitsrecht entwickelten und auch für § 43 UrhG anerkannten allgemeinen Rechtsgrundsätze und Zuordnungskriterien.[473] Harmonisierungsbedingte Abweichungen gegenüber bestehenden arbeitsrechtlichen Wertungen sieht sie nicht veranlasst, da die Computerprogrammrichtlinie selbst keine Definition des Arbeitnehmerbegriffs vorsehe und auch dem sonstigen Gemeinschaftsrecht eine solche eigenständige Begriffsbestimmung nicht zu entnehmen sei.[474]
Während diese Erläuterung für den Inhalt der Computerprogrammrichtlinie uneingeschränkt zutrifft, kann nicht für den gesamten sonstigen Bereich des EG-Rechts derart pauschal vom Fehlen einer Definition des Arbeitnehmerbegriffs gesprochen werden. Insbesondere der Begriff des

---

Wandtke/ Bullinger/ Grützmacher § 69b RN 22.
[470] BGH NJW 2002, S. 1053- Kinderhörspiele.
vgl. zu zusätzlichen Vergütungsansprüchen nach dem ArbnErfG bei computerimplementierten Erfindungen: BGH GRUR 2002, S. 149- Wetterführungspläne II ; BGH GRUR 2002, S. 143- Suche fehlerhafter Zeichenketten ; BGH GRUR 2001, S. 155- Wetterführungspläne I ; BGH NJW 2000, S. 1953- Logikverifikation ; BGH GRUR 2000, S. 1007- Sprachanalyse ; Bayreuther F., GRUR 2003, S. 578 ff. ; Benecke M., NZA 2002, S. 884 f. ; Röttinger M., CR 2002, S. 616 ff. ; Grobys M./ Foerstl U., NZA 2002, S. 1019 ; Lejeune M., ITRB 2002, S.146 ; Münchener Handbuch/ Sack § 102 RN 117, 120 ; Brandi- Dohrn A., CR 2001, S. 285 ff. ; KOM (2002) 92 endg., EG- Abl. Nr.C 151 vom 25.6.2002, S. 129.
[471] BGH CR 2002, S. 251- Wetterführungspläne II.
[472] a.A.: Wimmers J./ Rode T., CR 2003, S. 404.
[473] BT- Drs. 12/ 4022 S. 11.
[474] BT- Drs. 12/ 4022 S. 11.

Arbeitnehmers i. S. d. Art. 39 EGV ist durch eine umfangreiche und detaillierte Rechtsprechung des EuGH weitgehend geklärt.[475]
Andererseits existiert im Gemeinschaftsrecht kein einheitlicher, für jede Bestimmung identischer Arbeitnehmerbegriff. Er passt sich in seinen Anforderungen vielmehr den aus den Zielsetzungen der jeweils einschlägigen Vorschrift resultierenden gemeinschaftsrechtlichen Notwendigkeiten - insbesondere im Hinblick auf den Aufbau eines einheitlichen Schutzniveaus - an. Nicht jede arbeitnehmerbezogene Regelung des Gemeinschaftsrechts bedarf einer gesonderten gemeinschaftsrechtlichen Arbeitnehmerdefinition.[476]
Für § 69b UrhG ist von der Fortgeltung der im allgemeinen nationalen Arbeitsrecht entwickelten Grundsätze zur Person des Arbeitnehmers auszugehen.[477] Harmonisierungsbedingter Änderungsbedarf ist konkret nicht erkennbar. Doch auch grundsätzlich werden wesentliche Abweichungen des deutschen Arbeitnehmerbegriffs gegenüber dem der arbeitsrechtlichen Bestimmungen des Gemeinschaftsrechts nicht auftreten.[478]

b) Die Umsetzung der Datenbankrichtlinie

Die europäische Richtlinie über den rechtlichen Schutz von Datenbanken erfährt ihre Umsetzung in deutsches Recht durch Art. 7 des im Juli 1997 verabschiedeten Gesetzes zur Regelung der Rahmenbedingungen für Informations- und Kommunikationsdienste (Informations- und Kommunikationsdienste-Gesetz - IuKDG)[479]. Dieser bewirkt in erster Linie die Neueinführung der §§ 87a ff. in den leistungsschutzrechtlichen Normierungsbereich des deutschen Urheberrechtsgesetzes.
Im urheberrechtlichen Regelungsabschnitt des Gesetzes nimmt der deutsche Gesetzgeber bei Erfüllung seiner Umsetzungsverpflichtung nur geringe Änderungen und Ergänzungen vor.
Hervorzuhebende Neuerung ist allein die Neufassung des § 4 UrhG, durch die mit § 4 Absatz 2 UrhG eine Definition des urheberrechtlich schutzfähigen Datenbankwerkes ausdrücklich gesetzlich verankert wird.

---

475 Von der Groeben/ Wölker Vorbemerkung zu den Artikeln 48 bis 50 RN 21 ff. ; Grabitz/ Hilf/ Randelzhofer/ Forsthoff Art. 39 RN 8 ff.
476 Buchner H., Der Schutz von Computerprogrammen, in: Lehmann M. (Hrsg.), 1993, S. 431 ; Münchener Handbuch/ Richardi § 24 RN 7 ; Grabitz/ Hilf/ Randelzhofer/ Forsthoff Art. 39 RN 8.
477 Kraßer R., FS für Schricker, 1995, S. 100 ; Buchner H., Der Schutz von Computerprogrammen, in: Lehmann M. (Hrsg.), 1993, S. 430 f. ; Junker A./ Benecke M., Computerrecht. 2003, RN 96 ; eingeschränkt: Münchener Handbuch/ Sack § 102 RN 64 „nicht ohne weiteres“, allerdings ohne nähere Ausführungen.
478 Buchner H., Der Schutz von Computerprogrammen, in: Lehmann M. (Hrsg.), 1993, S. 431.
479 BGBl. I 1997, S. 1870.

Gleichzeitig grenzt die Vorschrift das Datenbankwerk gegenüber dem zu seiner Schaffung bzw. Nutzung erforderlichen Computerprogramm ab. Dieses behält schutzrechtliche Eigenständigkeit gegenüber dem Datenbankwerk, d. h. richtet sich in seinen Schutzvoraussetzungen und -konsequenzen ausschließlich nach den speziellrechtlichen Sonderregelungen der §§ 69a ff. UrhG.[480]
Bei den gemeinschaftsrechtlichen Maßgaben zu der aus Auswahl oder Anordnung der Einzelelemente resultierenden Gestaltungshöhe der Datenbanken fügen sich die Richtlinienvorgaben zu diesem Schutzfähigkeitskriterium nahtlos in die deutsche Urheberrechtssystematik ein. Die Prämisse einer eigenen geistigen Schöpfung entspricht den Grundsätzen des Schöpferprinzips. Abweichende Neuregelungen sind nicht erforderlich, auch wenn keine besonders hohe Anforderungen an die Gestaltungshöhe zu stellen sind.
Im arbeitnehmerurheberrechtlichen Kontext führt die Richtlinienumsetzung, die der deutsche Gesetzgeber gemeinschaftsweit als erster verwirklicht, zu keinerlei Neuerungen oder Sonderregelungen. Die in Erwägungsgrund 29 der Richtlinie formulierte Empfehlung des Gemeinschaftsgesetzgebers, ausschließlich den Arbeitgeber zur Ausübung aller wirtschaftlichen Befugnisse am Datenbankwerk zu ermächtigen, greift der deutsche Gesetzgeber nicht auf. Er belässt es vielmehr auch für den Bereich des Datenbankwerkschaffens bei der allgemeinen Regelung des § 43 UrhG und dessen Zuweisungsmechanismen. Die Schaffung einer Sonderregelung, vergleichbar mit § 69b UrhG beim Urheberrechtsschutz von Computerprogrammen, erfolgt nicht. Ohne die entsprechende verbindliche Gemeinschaftsvorgabe wird keine Notwendigkeit dafür gesehen, neben § 69b UrhG eine zweite Sonderregelung zu § 43 UrhG zu verankern und zu Gunsten des Arbeitgebers einen gesetzlichen Übergang der vermögensrechtlichen Nutzungsrechte an Datenbankwerken vorzuschreiben.
Das im zweigleisigen europäischen Schutzsystem neben den Urheberrechtsschutz tretende investitionsschützende Recht „sui generis“ des Datenbankherstellers findet seine Umsetzung in den §§ 87a ff. UrhG.[481] Mit ihnen hält ein neuartiger Schutz für Datenbanken im Urheberrechtsgesetz Einzug. Unter inhaltlichem Rückgriff auf die urheberrechtlichen Verwertungsrechte ordnet der deutsche Gesetzgeber das Datenbankherstellerrecht systemgerecht in die Gruppe der verwandten Schutzrechte ein. Als ein dem Wettbewerbsrecht entwachsendes Recht für Investitionen oder Leistungen mit quantitativer oder qualitativer Relevanz handelt es sich um ein unternehmensbezogenes verwandtes Schutzrecht,

---

[480] Milbradt C., CR 2002, S. 710 f. ; Rehbinder M., Urheberrecht, 2004, S. 122 f.
[481] vgl. hierzu: Milbradt C., CR 2002 S. 711 ff. ; Gaster J., CR 1997, S. 720 ff. ; Haberstumpf H., GRUR 2003, S. 14 ff. ; Rehbinder M., Urheberrecht, 2004, S. 352 ff.

welches an die in Datenbanken verkörperte unternehmerische Leistung anknüpft.[482]

Regelungstechnisch hält sich der deutsche Gesetzgeber bei seiner Neukodifizierung ausgesprochen eng an den Vorgaben der Gemeinschaftsrichtlinie. Nicht nur Formulierungen und Termini werden weitgehend übernommen. Auch die Normierungssystematik des Gemeinschaftsrechts bleibt insoweit unverändert, als in einer für die deutsche Gesetzgebung unüblichen Weise den Schutzbestimmungen in § 87a UrhG Begriffsbestimmungen als gesetzliche Definition vorangestellt werden. In § 87a Absatz 1 UrhG wird zunächst der Begriff des Datenbank im Sinne des Datenbankherstellerrechts legaldefiniert. Absatz 2 der Vorschrift bestimmt daneben den Datenbankhersteller. In Übereinstimmung mit der europäischen Rahmengesetzgebung soll Inhaber des Schutzrechts die Person sein, die die in § 87a Absatz 1 UrhG angesprochenen, nach Art oder Umfang wesentlichen Investitionen tätigt.[483]

Mit Blick auf die in unselbständiger Tätigkeit erstellten Datenbanken bleibt es somit bei der bereits im Kontext der Richtlinie selbst festgestellten Situation. Im Arbeitsverhältnis ist der Arbeitgeber als Investitionsträger und Initiator des Herstellungsprozesses Datenbankhersteller i. S. d. § 87a Absatz 2 UrhG. Ihm steht das unmittelbar den Inhalt der Datenbank sichernde Schutzrecht „sui generis“ originär zu, so dass es arbeitsrechtlich begründeter Sonderregelungen gegenüber anderen Konstellationen des Rechtsalltags nicht bedarf.[484] Dementsprechend fehlt in den §§ 87a ff. UrhG eine ausdrückliche Erwähnung arbeitsrechtlicher Sachverhalte.

2. Arbeitnehmerurheberrechtliche Harmonisierungsergebnisse in Großbritannien

a) Die Umsetzung der Computerprogrammrichtlinie

Die Umsetzung der Richtlinie über den Rechtsschutz von Computerprogrammen erfolgt in Großbritannien fristgerecht. Mit dem am 16. Dezember 1992 verabschiedeten Statutory Instrument 1992 No. 3233 „The Copyright (Computer Programs) Regulations 1992“ treten am 1. Januar 1993 Vorschriften in Kraft, die zu zahlreichen, aus den Richtlinienvorgaben resultierenden materiellrechtlichen Neuerungen im CDPA 1988 führen.

Durch die Konkretisierung des Schutzgegenstands „literary work“ in Sec. 3(1) CDPA beispielsweise erfolgt eine Erweiterung um das Ent-

---

482 Leistner M., GRUR Int. 1999, S. 825 ; Möhring/ Nicolini/ Decker Vor 87a ff. RN 1, 5 ; Berger C., GRUR 1997 S. 172 ; Milbradt C., CR 2002, S. 711 ff.

483 Möhring/ Nicolini/ Decker Vor §§ 87a ff. RN 16 f.

484 Möhring/ Nicolini/ Decker Vor §§ 87a ff. RN 6 ; Schricker/ Vogel § 87a RN 28.

wurfsmaterial für Computerprogramme, das damit eigenständig dem Eingriffsbereich des Copyright zugeordnet wird. Darüber hinaus werden auch die von der Gemeinschaftsrichtlinie aufgestellten Maßgaben für Ausschließlichkeits- und Verwertungsrechte an Computerprogrammen und deren Ausnahmen in den die bestehende Fassung des CDPA 1988 abändernden bzw. ergänzenden Regulations umgesetzt.[485]
Keine explizite Aufnahme finden dagegen die von der Gemeinschaft als Schutzfähigkeitskriterien statuierten Anforderungen an die Individualität eines Computerprogramms i.S. einer eigenen geistigen Schöpfung des Werkschaffenden. Der britische Gesetzgeber verzichtet darauf festzulegen, was unter einem individuellem Werk zu verstehen ist, wenn es sich um eine literarische Schöpfung in Form eines Computerprogramms handelt. Da im Copyright Law systembedingt „skill and labour" als Schutzvoraussetzungen genügen und auch maschinell generierte Werke Copyright begründen können[486], bleibt abzuwarten, ob in Großbritannien weiterhin ein im Gegensatz zu anderen Mitgliedstaaten übermäßiger Schutz von Computerprogrammen aufgebaut wird.[487]
Den arbeitnehmerurheberrechtlichen Schaffensbereich lassen die Anordnungen der Copyright (Computer Programs) Regulations 1992 ebenfalls vollständig unerwähnt. Eine Änderung oder Ergänzung des CDPA 1988 in dieser Hinsicht ist auch nicht veranlasst. Die das Arbeitnehmerurheberrecht im Copyright Law prägende Zweiteilung- Arbeitnehmer als „author", Arbeitgeber als „first owner of copyright"- weist dem einzelnen Arbeitgeber nicht nur im Sinne des Art. 2 Absatz 3 der Computerprogrammrichtlinie die Ausübung aller wirtschaftlichen Rechte zu, sondern verleiht diesem weitergehend vielmehr die Stellung des Gesamtrechtsinhabers. Damit genügen die bereits vorhandenen, aus der Copyrightsystematik stammenden Anordnungen der Sec. 9(1) und 11(2) CDPA 1988 vollauf den Zielsetzungen der Computerprogrammrichtlinie und der sie tragenden Überlegungen.
Änderungen in Richtung auf die Vorstellungen des Droit d´auteur und damit zu Gunsten einer Personenidentität von „author" und „first owner of Copyright" auch im arbeitnehmerurheberrechtlichen Schaffensbereich bei gleichzeitig anderweitiger - gesetzlicher oder vertraglicher - Zuweisung von Ausübungsbefugnissen an den Arbeitgeber werden durch die Vorgaben des Gemeinschaftsgesetzgebers ebenfalls nicht veranlasst. Die ordnungsgemäße Umsetzung der Computerprogrammrichtlinie im Teilbereich des Werkschaffens in unselbständiger Tätigkeit bedarf in Großbritannien keiner Ersetzung oder Ergänzung der bestehenden Copyright Law-Vorschriften und erfährt eine solche daher auch nicht.

---

485 Chalton S., EIPR 1993, S. 140 f.
486 vgl. a. B.
487 KOM (2000) 199 endg. "Bericht über die Umsetzung und die Auswirkungen der Richtlinie 91/250/EWG über der Rechtsschutz von Computerprogrammen", S. 5.

b) Die Umsetzung der Datenbankrichtlinie

Die Einführung der gemeinschaftsrechtlichen Rahmenvorgaben für den Schutz von Datenbanken erfolgt in Großbritannien über das Statutory Instrument 1997 No. 3032 vom 18.12.1997 mit dem Titel „The Copyright und Rights in Databases Regulations 1997". Seine Einzelregelungen treten am 1. Januar 1998 in Kraft und besitzen Gültigkeit für das gesamte Gebiet des Vereinigten Königreichs.
Den von Deutschland gewählten Weg der Richtlinienumsetzung - Neufassung der änderungsbedürftigen urheberrechtlichen Gesetzesvorschriften sowie Aufnahme des Datenbankherstellerrechts in die verwandten Schutzrechte und damit ebenfalls unter das Dach des Urheberrechtsgesetzes - beschreitet der britische Gesetzgeber nur teilweise.
Zunächst sehen auch die „Copyright and Rights in Databases Regulations 1997" in ihrem zweiten Teil aus den Umsetzungsvorgaben der Europäischen Gemeinschaft resultierende Änderungen des CDPA 1988 vor. Besondere Bedeutung erlangt hierbei Regulation 6 der „Copyright and Rights in Databases Regulations 1997". In einem neuen Sec. 3A(2) des CDPA 1988 macht er die Schutzvoraussetzung einfacher Originalität bei Datenbanken von einer anerkennenswerten eigenschöpferischen Leistung des „author" abhängig. Hierzu bestimmt er, dass Originalität im Bereich der Datenbankwerke erst erreicht ist, wenn diese aufgrund und nur aufgrund der Auswahl oder Anordnung der Datenbankinhalte eine eigene geistige Schöpfung ihres „author" darstellen. Vom Schutz durch das Copyright ausgeschlossen sind diejenigen Datenbanken, die einerseits allein auf Vollständigkeit einer betreffenden Kategorie von Werken oder Daten abzielen oder andererseits eine nur Ordnungskriterien folgende, beispielsweise alphabetische oder numerische Anordnung vornehmen.
Für das britische Copyright Law bedeutet die ausdrückliche Übernahme dieser dem Originalitätsverständnisses des droit d´auteur entsprechenden, in Art. 3 Absatz 1 der Datenbankrichtlinie formulierten Schöpfungshöhe als Schutzvoraussetzung des Datenbankwerkschaffens einen nicht unerheblichen Einbruch in das ihm zugrunde liegende Investitionsschutzprinzip.[488] Sie zieht daher auch eine kontroverse Diskussion darüber nach sich, welche Relation zwischen herkömmlichem Copyright für Sammelwerke und harmonisiertem „urheberrechtlichen" Schutz für Datenbanken besteht. Insbesondere umstritten ist die Frage, ob trotz des Harmonisierungszwecks der Richtlinie nach deren Umsetzung der bisherige Copyrightschutz auf Grundlage der Kriterien von „labour and skill" für Sammlungen außerhalb von Sec. 3A(2) CDPA fortbestehen kann.[489]

---

[488] Lai S., EIPR 1998, S. 32 ; Bull G., CLSR 1998, S. 296 ff.
[489] vgl. hierzu: Chalton S., EIPR 1998, S. 178 f. ; Bull G., CLSR 1998, S. 298 ; Lai S.,EIPR 1998, S. 33.

Für die Erstellung von Datenbankwerken durch angestellte Urheber sieht der Regelungsteil der „Copyright and Rights in Databases Regulations 1997" zur punktuellen Neufassung des CDPA keine ausdrücklichen Normierungen vor. Mangels verbindlicher, Änderungsbedarf begründender Vorgaben in der Gemeinschaftsrichtlinie besteht hierzu keine Notwendigkeit. Im Gegenteil, der in Erwägungsgrund 29 der Datenbankrichtlinie ausgesprochenen Empfehlung einer grundsätzlichen Überantwortung der wirtschaftlichen Befugnisse an der Datenbank auf den Arbeitgeber ist bereits mit der dem Copyright eigenen Aufteilung zwischen dem Arbeitnehmer als „author" und dem Arbeitgeber als „first owner of copyright" hinreichend Rechnung getragen. Einer gesonderten gesetzlichen Überlassung der Ausübung wirtschaftlicher Verwertungsbefugnisse an den Arbeitgeber bedarf es für das Datenbankwerkschaffen daher nicht mehr.
Der Leistungs- und Investitionsschutz des Datenbankherstellers, dessen Einführung mit Blick auf die Erhöhung der Schutzfähigkeitsanforderungen beim Datenbankurheberrecht ebenso wie mit Blick auf das Fehlen eines ausgebauten Wettbewerbsrechtsnetzes hohe Kompensationsfunktion besitzt, wird in Großbritannien nicht in den CDPA integriert. Mangels der deutschen Konzeption der verwandten Schutzrechte entsprechenden Rechtspositionen in der Systematik des britischen Copyright Law erfolgt dessen Neueinführung vielmehr in einem eigenständigen Sondergesetz. Unter der Überschrift "Database Right" setzen die Regulations 12 bis 25 der „Copyright and Rights in Databases Regulations 1997" die gemeinschaftsrechtlichen Vorgaben zum Schutz des Datenbankherstellers um. Auf Grund deren überwiegend zwingenden Charakters, der dem nationalen Umsetzungsgesetzgeber nur wenig eigenen Entscheidungsspielraum belässt, halten sich - wie schon die §§ 87a ff. UrhG - auch die Anordnungen des britischen Gesetzgebers nicht nur inhaltlich, sondern auch terminologisch und systematisch eng an die Richtlinie.[490]
Ähnlich der Definition des Datenbankherstellers in § 87a Absatz 2 des UrhG bestimmt Regulation 14(1) „Copyright and Rights in Databases Regulations 1997" den Inhaber des Datenbankherstellerrechts und bezeichnet die Person, die die Initiative zur Herstellung der Datenbank ergreift und das Investitionsrisiko trägt, als Schutzberechtigten. Der britische Gesetzgeber belässt es jedoch nicht bei dieser generellen Festlegung des Datenbankherstellers. Vielmehr greift er in den Regulations 14(2)-(6) „Copyright and Rights in Databases Regulations 1997" verschiedene Sonderkonstellationen des Rechtsalltags auf und bestimmt ausdrücklich die dort als Datenbankhersteller anzusehenden Personen.

[490] Bull G., CLSR 1998, S. 367 ff.

Der besonderen Situation der Erstellung von Datenbanken in unselbständiger Tätigkeit widmet er sich in Regulation 14(2) „Copyright and Rights in Databases Regulations 1997". Für den Fall, dass eine Datenbank im Rahmen des Arbeitsverhältnisses geschaffen wird, ordnet sie an, dass bei Fehlen einer abweichenden vertraglichen Vereinbarung der Arbeitgeber als Datenbankhersteller anzusehen ist. Einen von Regulation 14(1) „Copyright and Rights in Databases Regulations 1997" verschiedenen Regelungsansatz für die Herstellung von Datenbanken durch Arbeitnehmer begründet sie damit aber nicht. Vielmehr stellt sie lediglich das ansonsten aus Erwägungsgrund 41 Satz 2 der Datenbankrichtlinie selbst bzw. für den deutschen Rechtsraum aus der generellen Definition des § 87a Absatz 2 UrhG abzuleitende Auslegungsergebnis ausdrücklich klar. Der den Herstellungsprozess anstoßende, in diesen finanziell investierende und dessen Ablauf kontrollierende Arbeitgeber ist Datenbankhersteller im Sinne der Schutzvorschriften. Ihm gebührt auch im britischen „Database Right" nach Sec.15 „Copyright and Rights in Databases Regulations 1997" das Datenbankherstellerrecht als absolutes, vermögensrechtlich geprägtes Schutzrecht „sui generis". Er ist aber nicht nur „maker of a database", sondern auch „first owner of database right". Im Geltungsbereich des Copyright Law treffen damit in der Person des Arbeitgebers Copyright und Database right zusammen.

V. Der Stand einer Harmonisierung des Arbeitnehmerurheberrechts in Europa

Die Harmonisierung des Urheberrechts in der Europäischen Gemeinschaft gewinnt in den letzten Jahren immer mehr an Beachtung und hierdurch auch an Dynamik. Während bezweifelt werden darf, dass die Gründungsväter der Gemeinschaft und Vertragsverfasser sich der Fragen und potentiellen Probleme bewusst sind, die das Immaterialgüterrecht an das Gemeinschaftsrecht und umgekehrt stellt, existiert heute ein anderer Erkenntnisstand. Urheberrecht und Leistungsschutz sind ins Herz der postindustriellen Gesellschaft vorgerückt. Ihre essentielle Bedeutung nicht nur für das reibungslose Funktionieren des Binnenmarkts, sondern auch für die Wettbewerbsfähigkeit der Europäischen Staatengemeinschaft im internationalen Forum sind unbestritten.[491]
Versucht man nun vor diesem Hintergrund die Urheberrechtspolitik der Europäischen Gemeinschaft und den Stand der urheberrechtlichen Harmonisierung zu beurteilen, so ist an die Spitze jeder generellen wie speziellen Betrachtung ein Blick zurück auf die kompetenzrechtliche Aus-

491 vgl. hierzu: 11. Erwägungsgrund der Richtlinie zur Informationsgesellschaft, EG- Abl. Nr.167 vom 22. 6. 2001, S. 11 ; 10. Erwägungsgrund der Schutzdauerrichtlinie, EG- Abl. Nr.L 290 vom 24. 11. 1993, S. 9.

gangssituation zu stellen. Mangels ausdrücklicher Kompetenzzuweisung an die Gemeinschaft und deren Legislativorgane erfordern sämtliche urheberrechtlichen Gemeinschaftsaktivitäten eine Notwendigkeit zur Schaffung bzw. Sicherstellung des Funktionierens des Binnenmarktes. Unabhängig von Fragen wie der politischen Durchsetzbarkeit eines solchen Vorhabens, ist durch sie eine etwa der Gemeinschaftsmarke vergleichbare Ausarbeitung eines neuen, verbindlichen, eigenständigen, einheitlich-europäischen Gemeinschaftsurheberrechts von vorneherein ausgeschlossen.

Im Weiteren ist die Einordnung des in der Europäischen Gemeinschaft bislang generell urheberrechtlich erreichten Harmonisierungsergebnisses in der Literatur stark umstritten. Während einige Stimmen der Literatur bereits die Konturen eines Gemeinschaftskonzepts des Urheberrechts im eigentlichen Sinn ausmachen und die bereits erzielten Harmonisierungsfortschritte äußerst hoch einschätzen[492], sehen andere Auffassungen noch kein greifbares Harmonisierungsergebnis[493]. Sie fassen die urheberrechtlichen Harmonisierungsbemühungen weiterhin als überwiegend rein punktuelle Rechtssetzung der Gemeinschaft in Form von bruchstückhaften rechtlichen Reaktionen auf neue schutzwürdige Gegenstände und technologische Entwicklungen auf.[494] Eine Art Mittelweg beschreitet eine dritte Meinungsrichtung, indem sie das vom Gemeinschaftsgesetzgeber Erreichte anerkennt, gleichzeitig aber auch die noch vorhandenen Regelungslücken nicht verkennt.[495] Sie sieht die Harmonisierung des Urheberrechts über einen Prozess von der „negativen" Integration, welche sich nahezu ausschließlich auf die Beseitigung von Handelsschranken und Wettbewerbsverzerrungen richtet, hin zu einer „positiven" Integration, die sich auch an positiven wirtschafts-, gesellschafts- und kulturpolitischen Zielsetzungen orientiert, begonnen, auch wenn der Weg noch lange nicht zu Ende gegangen ist.[496]

---

[492] Loewenheim U., GRUR Int. 1997, S. 292 ; Kreile R./ Becker J., ZUM 1992, S. 583 f. ; Schricker G., Vorwort zu Ringberg- Symposium, 1996, S. 5 f. ; Dreier T., Geschützte Werke, 1996, S. 17 ff. ; Schippan M., Die Harmonisierung des Urheberrechts in Europa, 1999, S. 75 ; Kreile R., Der Stand der Harmonisierung des Urheberrechts in der Europäischen Union, 1996, S. 91.

[493] Thum D., GRUR Int. 1997, S. 331 ; Schack H., Urheber- und Urhebervertragsrecht, 2001, RN 125 ff., 135 ff. ; Wandtke/ Bullinger/ Welser v. Vor §§ 120 ff. RN 53 ; Dietz A., ZUM 1998, S. 438.

[494] Thum D., GRUR Int. 1997, S. 331 ; Schack H., Urheber- und Urhebervertragsrecht, 2001, RN 125 ff., 135 ff. ; Wandtke/ Bullinger/ Welser v. Vor §§ 120 ff. RN 53 ; Dietz A., ZUM 1998, S. 438.

[495] Röttinger M., UFITA Band 2001/I, 2001, S. 92 ff. ; wohl auch Katzenberger P., Rechte des Urhebers, 1996, S. 41, einschränkend S. 48.

[496] Röttinger M., UFITA Band 2001/I, 2001, S. 92 ff. ; wohl auch Katzenberger P., Rechte des Urhebers, 1996, S. 41, einschränkend S. 48.

So umstritten wie sich die Bewertung des Harmonisierungsstands für den Gesamturheberrechtsbereich darstellt, für den Teilrechtsbereich des Arbeitnehmerurheberrechts fällt die Beurteilung eindeutig aus, eindeutig negativ.
Als erste legislative Maßnahme des Gemeinschaftsgesetzgebers sucht Art. 2 Absatz 3 der Computerprogrammrichtlinie für den speziellen Schutzgegenstand Computerprogrammwerkschaffen harmonisierenden Einfluss auf die bestehenden arbeitnehmerurheberrechtlichen Regelungsunterschiede in den Mitgliedsstaaten zu nehmen. Hierzu weist er für den Fall, dass ein Computerprogramm von einem Arbeitnehmer in Wahrnehmung seiner Aufgaben oder nach den Anweisungen seines Arbeitgebers geschaffen wird, die Ausübung aller wirtschaftlichen Rechte - vertraglich abdingbar - allein dem Arbeitgeber zu.
Bewusst offen lässt die Gemeinschaftsvorgabe, ob der Arbeitgeber nach dem Verständnis des Copyright Law originärer Inhaber dieser Rechte wird oder es sich in Anlehnung an die rechtlichen Vorstellungen des Droit d´auteur weiterhin um einen derivativen, d. h. vom Arbeitnehmer abgeleiteten Erwerb von wirtschaftlichen Befugnissen handelt. Ebenso wenig wird die mit dieser Problematik verbundene Frage, wer- Arbeitnehmer oder Arbeitgeber- originärer Urheberrechtinhaber ist und damit ob Urheber und originärer Urheberrechtsinhaber personengleich sein müssen oder nicht, weder zu Gunsten der einen noch zu Gunsten der anderen Rechtstradition entschieden. Den jeweiligen nationalen Gesetzgebern steht es frei, diese Frage bei Richtlinienumsetzung nach der eigenen Rechtssystematik zu lösen. Ihnen verbleibt ein bis in den Kernbereich der Regelungsthematik reichender Interpretationsspielraum, der ein weitgehend ungehindertes Fortführen der jeweils eigenen Rechtstradition ermöglicht und deren rechtsdogmatische Grundvorstellung gänzlich unangetastet lässt.
Dieser Freiraum wird von den nationalen Gesetzgebern in Großbritannien und Deutschland auch genau in diesem Sinne genutzt und keinesfalls unter Aufgabe oder Abänderung der eigenen Urheberrechtssystematik zu einer freiwilligen, da nicht zwingend vorgeschriebenen Harmonisierung herangezogen.
In Großbritannien ist auf Grund der Richtlinienvorgaben eine harmonisierende arbeitnehmerurheberrechtliche Neuregelung im Copyright Law nicht erforderlich. Auch im Bereich der Computerprogramme genügt den Richtlinienanforderungen die bestehende Rechtssituation, wonach der Arbeitgeber originärer Inhaber des Copyrights und damit auch aller wirtschaftlichen Befugnisse ist, sofern vertraglich nichts anderes vereinbart wird.
In Deutschland dagegen begründet Art. 2 Absatz 3 der Computerprogrammrichtlinie gesetzgeberischen Handlungsbedarf. Nach der Grundregelung des Arbeitnehmerurheberrechts in § 43 UrhG erfolgt der

Rechtserwerb des Arbeitgebers auf vertraglichem Weg und unterliegt hierbei aus Gründen des Urheberschutzes gesetzlichen oder durch die Rechtsprechung formulierten Schranken, beispielsweise hinsichtlich Umfang, Inhalt oder Dauer. Trotz des durch die Richtlinienbestimmung eröffneten Interpretationsspielraums steht dies nicht in Einklang mit der gemeinschaftsrechtlich angeordneten uneingeschränkten Ausübung aller wirtschaftlichen Rechte durch den Arbeitgeber.

Mit § 69b UrhG wird eine neue, eng auf den Bereich des Computerwerkschaffens begrenzte Sondervorschrift eingeführt. Von der Grundregelung des § 43 UrhG weicht sie jedoch nur insofern ab, als der Erwerb der wirtschaftlichen Befugnisse nicht vertraglich, sondern vielmehr kraft Gesetzes erfolgt. Eine Entfernung vom grundlegenden Schöpferprinzip bedeutet dies aber nicht. Der Arbeitnehmer bleibt Urheber und genuiner Inhaber der Urheberrechte. Auf wirtschaftlicher Seite erfolgt lediglich ein uneingeschränkter und damit beispielsweise nicht der Zweckübertragungsregelung des § 31 Absatz 5 UrhG unterworfener Übergang der Ausübungsbefugnisse auf den Arbeitgeber.

In anderen, für die Werkverwertung zum Teil wirtschaftlich nicht minder bedeutsamen Bereichen bleiben dem Arbeitnehmer die Errungenschaften des Schöpferprinzips erhalten. Zum Schutz seiner Urheberpersönlichkeit besitzt er in einem bestimmten, wenn auch gegenüber dem generellen Arbeitnehmerurheberrecht sicherlich eingeschränkteren Rahmen nach wie vor das Recht, der Werkverwertung Grenzen zu setzen und bestimmte Nutzungsformen zu untersagen. Trotz vollumfänglicher Befugniserlangung bei den wirtschaftlichen Rechten muss der Arbeitgeber weiterhin Schranken aus dem Urheberpersönlichkeitsrecht des Arbeitnehmers hinnehmen und kann nicht jede seinen Verwertungsinteressen entsprechende Vermarktung durchführen. Der Arbeitnehmer hingegen kann die Werkverwertung über solche ihm zustehende Verbotsrechte in gewissem Umfang steuern.

Daneben gehen dem Arbeitnehmerurheber auch nicht die aus seiner besonderen Beziehung zur eigenen Schöpfung resultierenden vergütungsrechtlichen Ansprüche verloren. Der neben die arbeitsrechtlich begründeten Entgeltforderungen tretende Ausgleichsanspruch nach § 32a UrhG wird durch die Sonderregelung des § 69b UrhG nicht verdrängt. Auch im Bereich der Computerprogrammerstellung behält der Arbeitnehmerurheber einen in der besonderen Schutzwürdigkeit des Urhebers wurzelnden vergütungsrechtlichen Ausgleichsanspruch gegenüber seinem Arbeitgeber für die Fälle, in welchen mit der Vermarktung der Software auf dessen Seite ein unerwartet hoher Gewinn erzielt wird.

Diese Problematiken stellen sich für einen Arbeitgeber, der dem Copyright Law, beispielsweise dem britischen CDPA unterfällt, von vorne herein überhaupt nicht. Dort ist der Arbeitnehmer zwar „author", aber nicht Inhaber der Urheberrechte. Eine besondere persönliche Beziehung

des werkschaffenden Arbeitnehmers zu seinem Schaffensergebnis, aus welcher dieser maßgebende rechtliche Befugnisse gegenüber seinem Arbeitgeber ableiten könnte, wird nicht anerkannt. Neben arbeitsrechtliche Vergütungsansprüche tretende, aus dem Schaffensprozess abgeleitete Entgeltforderungen sind ebenso ausgeschlossen. Damit gestaltet sich die rechtliche Situation der Arbeitgeber unter dem britischen Copyright Law auch im Bereich der Computerprogrammerstellung nach wie vor erheblich abweichend von der im Geltungskreis des deutschen Urheberrechtsgesetzes. Die Gefahr, dass auf Grund dieser trotz Integrationsvorgabe der Gemeinschaft fortbestehenden rechtlichen Divergenz Handelshemmnisse und Wettbewerbsverzerrungen eintreten, ist somit keinesfalls beseitigt. Für die rechtliche Stellung von Arbeitnehmerurheber und Arbeitgeber spielt es nach wie vor eine Rolle, ob deutsches Urheberrecht oder britisches Copyright Law eingreift.
Mit seinem Harmonisierungsansatz ist es dem Gemeinschaftsgesetzgeber zwar gelungen, die in der Staatengemeinschaft vorherrschenden Regelungsunterschiede im Arbeitnehmerurheberrecht für den speziellrechtlichen Bereich der Computerprogrammerstellung zu verkleinern. Durch einen äußerst pragmatischen Lösungsansatz bewirkt er in einem ersten Schritt eine gewisse tatsächliche Harmonisierung der Beziehung zwischen Urheber und Verwerter bei der Ausübung der Verwertungsrechte. Die Einbettung seiner Vorgabe in einen dogmatischen Entscheidungskontext unterbleibt jedoch und hieraus resultieren auch die Schwächen des Lösungsmodells, die den Harmonisierungserfolg wieder relativieren.
Beiden in der Europäischen Gemeinschaft vorherrschenden rechtlichen Grundströmungen bleibt es bei nationaler Umsetzung der Richtlinie möglich, die eigene rechtsdogmatische Grundorientierung beizubehalten. Über die vertraglich abdingbare Rahmenvorgabe hinaus, dass Arbeitgeber auf dem wirtschaftlichen Sektor zur Rechtsausübung berechtigt sind, bleiben mit diesem Problemkreis eng zusammenhängende Gesichtspunkte ungeklärt. Setzt man dieses Vorgehen in Vergleich zu den enormen gesetzgeberischen Spielräumen, insbesondere Differenzierungsmöglichkeiten, die beispielsweise abschließende urhebervertragliche Regelungen bieten, wird deutlich, dass die im gemeinschaftsrechtlichen Rahmen harmonisierten Ansätze äußerst bescheiden ausfallen, am untersten Rand stehen bleiben. Dementsprechend gering ist der Harmonisierungserfolg.
Ebenso verhält es sich mit urheberpersönlichkeitsrechtlichen Kernfragen, die das Verhältnis von Urheber und Verwerter ebenfalls entscheidend mitgestalten und nicht unwesentlichen Einfluss auf das Funktionieren des Binnenmarkts besitzen. Hier ignoriert der Gemeinschaftsgesetzgeber die wirtschaftliche Dimension der Urheberpersönlichkeitsrechte des Arbeitnehmers, die mit Ausbreitung der neu entwickelten Techno-

logien noch an Gewicht gewinnen wird, und nimmt keinen integrativen Einfluss.

Nicht zuletzt aus Gründen der rechtspolitischen Durchsetzbarkeit der Computerprogrammrichtlinie beschränkt sich diese arbeitnehmerurheberrechtlich auf einen minimalen Harmonisierungsrahmen. Eine umfassende Rechtsangleichung im Sinne einer Entscheidung für das eine oder andere Leitprinzip deutet sich ebenso wenig an wie sich eine allgemeine Tendenz ablesen lässt, nach der sich nach Vorstellung des Gemeinschaftsgesetzgebers das rechtliche Verhältnis zwischen Arbeitnehmerurheber und Arbeitgeber gestaltet.

Noch geringeres arbeitnehmerurheberrechtliches Harmonisierungspotential besitzt die 1996 nach der Computerprogrammrichtlinie erlassene Datenbankrichtlinie. Sie bleibt in dieser Hinsicht nicht nur hinter der Computerprogrammrichtlinie zurück. Durch die fehlende Fortführung der dort gezeigten Integrationsansätze weist sie diesen auch eine noch punktuellere Bedeutung zu, als sie bereits zuvor besitzen.

In der Datenbankrichtlinie wird der ursprünglich vorgesehene, der Regelung in der Computerprogrammrichtlinie nachgebildete Vorschlag zum Erwerb der wirtschaftlichen Rechte durch den Arbeitgeber kraft Gesetzes gestrichen. Ohne jegliche Umsetzungsverpflichtung für die nationalen Gesetzgeber der Mitgliedsstaaten nach sich zu ziehen, findet er allein noch als Regelungsempfehlung in den Erwägungsgründen der Richtlinie Erwähnung.

Erwägungsgrund 29 der Datenbankrichtlinie stellt es den Mitgliedstaaten frei, eine Regelung dahingehend zu treffen, dass der Arbeitgeber an einer von seinem Arbeitnehmer in Wahrnehmung seiner Aufgaben oder nach Anweisungen geschaffenen Datenbank zur Ausübung aller wirtschaftlichen Rechte befugt ist oder nicht. Der Entscheidungsfreiraum des nationalen Gesetzgebers ist damit noch größer als bei der Computerprogrammrichtlinie. Der dort in Art. 2 Absatz 3 der Richtlinie formulierte erste Ansatz einer arbeitnehmerurheberrechtlichen Harmonisierung findet keinerlei Weiterentwicklung, insbesondere keine Klärung dahingehend, ob ein originärer oder derivativer Rechtserwerb des Arbeitgebers vorliegt. Er erfährt noch nicht einmal Beibehaltung und Bestätigung.

Datenbankrechtlich bleibt eine rein fakultative Empfehlung für das Umsetzungsvorgehen der Mitgliedsstaaten, deren Harmonisierungsdefizit um so mehr an Bedeutung gewinnt, wenn man sie in Relation zur Computerprogrammrichtlinie und deren Regelungsansätzen stellt. Die Absage an eine an die Regelung der Computerprogrammrichtlinie angelehnte gemeinschaftsrechtliche Vorgabe in der Datenbankrichtlinie verhindert die Ausbildung einer ersten arbeitnehmerurheberrechtlichen Grundtendenz in der Gemeinschaft. Sie gibt Art. 2 Absatz 3 Computerprogrammrichtlinie den Charakter einer einzelfallspezifischen, rein punktuellen Sonderregelung.

Der den Mitgliedstaaten von der Datenbankrichtlinie gewährte Umsetzungsfreiraum wird von den nationalen Gesetzgebern in Deutschland und Großbritannien auch allein im Sinne der jeweils eigenen Rechtstradition genutzt und interpretiert.
In Deutschland bleibt es bei der Beibehaltung des Schöpferprinzips und seiner weitreichenden Konsequenzen. Für den Bereich des Datenbankwerkschaffens wird mangels entsprechenden gemeinschaftsrechtlichen Zwangs keine von der generellen Regelung des Arbeitnehmerurheberrechts in § 43 UrhG abweichende, § 69b UrhG vergleichbare Regelung zu einem Rechtserwerb des Arbeitgebers kraft Gesetzes getroffen. Ohne Beachtung der Umsetzungsempfehlung bleibt es bei einem rein vertraglichen Erwerb der Ausübungsbefugnisse mit seinen urhebervertragsrechtlich wie urheberpersönlichkeitsrechtlich bedingten Schranken und Grenzen.
In Großbritannien genügt die bestehende arbeitnehmerurheberrechtliche Gesetzeslage bereits den Umsetzungsempfehlungen des Gemeinschaftsrechts. Die generelle Zuweisung der Copyrightinhaberschaft an den Arbeitgeber umfasst die in Frage stehenden wirtschaftlichen Rechte und Befugnisse. Harmonisierungsbedingter Handlungsbedarf des nationalen Gesetzgebers besteht nicht. Die eigene Urheberrechtssystematik kann und wird ohne jede Änderung im arbeitnehmerurheberrechtlichen Bereich des Datenbankwerkschaffens fortgeführt.
Konsequent gegenüber den fehlenden verbindlichen Harmonisierungsansätzen der gemeinschaftsrechtlichen Datenbankrichtlinie bleiben somit auch bei der nationalen Umsetzung in Deutschland und Großbritannien Harmonisierungserfolge und -fortschritte aus. Für das urheberrechtlich geschützte Datenbankwerkschaffen gibt es arbeitnehmerurheberrechtlich keine Annäherung zwischen Copyright Law und Droit d´auteur-Tradition.
Aber auch mit Blick auf das zweispurige Schutzkonzept der Datenbankrichtlinie - Datenbankurheberrecht neben Datenbankherstellerrecht „sui generis" - wird die gemeinschaftsrechtliche Maßnahme ihrer Bestimmung zur Überwindung des konzeptionellen Konflikts zwischen Droit d´auteur und Copyright Law[497] nicht gerecht.
Das Datenbankschutzrecht wird nach Art. 7 der Datenbankrichtlinie originär dem Hersteller derselben zugeordnet, welcher nicht notwendig mit der Person des Urhebers identisch sein muss, da Schöpfer und Investor durchaus personenverschieden sein können. Sowohl in Deutschland als auch in Großbritannien wird die Position des Datenbankherstellers im arbeitsrechtlichen Kontext - sei es ausdrücklich oder konkludent - dem Arbeitgeber zugewiesen, so dass auf den ersten Blick der Anschein einer über nationale Grenzen hinweg vergleichbaren rechtlichen Aus-

---

[497] Gaster J., CR 1997, S. 669.

gangslage entsteht. Doch infolge der urheberrechtlichen Komponente jedes Datenbankwerkschaffens in Form von Schutz der Auswahl und Anordnung der verwendeten Datenbankelemente wird dennoch keine Rechtsvereinheitlichung und Wettbewerbsgleichheit erreicht.
In Großbritannien ist der Arbeitgeber Hersteller und, sofern keine abweichende vertragliche Absprache existiert, auch Inhaber des Copyrights an den von seinem Arbeitnehmern vertragsgemäß erstellten Datenbanken. Er verfügt damit nicht nur über die Herstellerschutzrechte. Er muss auch urheberrechtliche Nutzungsrechte, die zur Vermarktung der Datenbank erforderlich werden, nicht gesondert von seinen Arbeitnehmern erwerben. Damit ist er ebenso wenig mit dem Risiko der Unwirksamkeit der Nutzungsrechtsbestellung belastet wie er sich der Gefahr urheberpersönlichkeitsrechtlicher Verbote bei bestimmten Nutzungsarten, zusätzlichen Vergütungsansprüchen seines Arbeitnehmers bei großem Erfolg des Datenbankvertriebs oder weiteren urhebervertragsrechtlichen Schranken aussetzt.
Die rechtliche Situation seines Mitbewerbers in Deutschland gestaltet sich anders. Der Arbeitgeber besitzt als Hersteller der Datenbank zwar das leistungsschutzrechtliche Datenbankrecht am Inhalt der Datenbank. Dieses allein genügt für deren sachgerechte Vermarktung jedoch noch nicht. Er muss sich von seinen Arbeitnehmern, welche er mit der Erstellung der Datenbank betraut, zusätzlich entsprechende urheberrechtliche Nutzungsrechte rechtsgeschäftlich einräumen lassen. Kann nur eines der Nutzungsrechte, aus welchen Gründen auch immer, nicht wirksam bestellt werden, ist er trotz Stellung als Datenbankhersteller nicht in der Lage, das von ihm initiierte Schaffensergebnis zu vermarkten.
Ein Zusammenführen der zur Verwertung benötigten Rechte in der Hand des Arbeitgebers ist in Deutschland sicherlich auch unter Geltung des § 43 UrhG i. V. m. §§ 34 ff. UrhG und bei Abschluss entsprechender vertraglicher Vereinbarungen möglich.[498] Eine der britischen Rechtslage entsprechende rechtliche Ausgangssituation entsteht hierdurch jedoch noch nicht.[499] Elektronische Datenbanken mit Fachinformationen beispielsweise werden nicht nur einmalig erstellt, sondern benötigen und erfahren laufende Aktualisierung und Fortschreibung. Der hierzu eingesetzte Mitarbeiterkreis ist in der Regel aber weder gleichbleibend noch überschaubar. Dennoch ist er Geschäftspartner des Arbeitgebers bei Vereinbarung der Nutzungsrechtsüberlassung, wodurch diese gegebenenfalls mit einer Vielzahl wechselnder Einzelpersonen auf Arbeitnehmerseite abzuschließen ist.
Daneben bestehen für den Arbeitgeber auch finanzielle Unwägbarkeiten. Der den Arbeitnehmer finanziell begünstigende Ausgleichsanspruch des

[498] Leistner M., Der Rechtsschutz von Datenbanken, 2000, S. 169.
[499] Berger C., GRUR 1997, S. 172.

§ 32a UrhG ist unverzichtbar und unabdingbar ausgestaltet. Bei Eintritt von dessen Voraussetzungen ist der Arbeitgeber stets dem Risiko einer Geltendmachung des neben die arbeitsrechtlichen Entgeltforderungen tretenden urheberrechtlichen Vergütungsanspruchs ausgesetzt. Diese Grundproblematik kann und wird sich im Hinblick auf Lizenzen an Computerprogrammen, welche elektronischen Datenbanken zugrunde liegen, oftmals noch potenzieren.
Dennoch bleibt diese der Rechtsvereinheitlichung und Schaffung von Wettbewerbsgleichheit entgegenstehende Divergenz trotz Harmonisierungszielsetzung in der Datenbankrichtlinie ohne jeden Lösungsvorschlag. Sie wird nicht einmal explizit angesprochen. Das Fehlen einer arbeitnehmerurheberrechtlich verbindlichen Aussage des Gemeinschaftsgesetzgebers in der Datenbankrichtlinie besitzt damit nicht nur für sich allein gesehen oder im Hinblick auf die fehlende Fortsetzung der in der Computerprogrammrichtlinie gezeigten Harmonisierungsansätze negative Auswirkungen. Sie führt vielmehr auch im Zusammenspiel von Hersteller- und Urheberrecht im zweigleisigen Schutzsystem der Datenbankrichtlinie zu weitreichenden Unstimmigkeiten.
Insgesamt gesehen begegnet der Gemeinschaftsgesetzgeber den in der Person des Arbeitnehmerurhebers zu Tage tretenden Integrationsschwierigkeiten zwischen Droit d´auteur und Copyright Law mit keinem erkennbaren Harmonisierungskonzept. Die in dieser Hinsicht bis heute einzig verbindliche Gemeinschaftsmaßnahme in der Computerprogrammrichtlinie bleibt eine noch nicht einmal für den speziell urheberrechtlichen Bereich des Computerprogrammwerkschaffens abschließende Einzellösung, die bereits für die Erstellung von Datenbanken nicht beibehalten wird. Weiterführenden arbeitnehmerurheberrechtlichen Problematiken widmet er sich trotz der aus seiner Inaktivität resultierenden rechtlichen Konsequenzen, die der Zielsetzung einer Rechtsangleichung widersprechen, überhaupt nicht. Eine zielgerichtete Behandlung im Sinne einer Lösung der auftretenden rechtssystematischen Fragestellungen und damit ein geordnetes Vorgehen auf Grundlage eines abschließenden Harmonisierungskonzepts bleibt außen vor.
Hierzu fehlt es bereits an einer Klärung der den arbeitnehmerurheberrechtlichen Problematiken zugrundeliegenden Grundsatzfrage nach der Relation zwischen Urheberschaft und originärer Inhaberschaft des Urheberrechts. In beiden Gemeinschaftsrichtlinien, Computerprogramm- wie Datenbankrichtlinie, werden sie allein in einem Rahmen geregelt, der den Regelungsansätzen beider fundamentalen Grundprinzipien, sowohl denen des Copyright Law als auch denen des Droit d´auteur Rechnung trägt. Beiden bleibt es freigestellt, die Frage, wer Urheber bzw. Urheberrechtsinhaber ist und ob diese personenverschieden sein können, bei Richtlinienumsetzung ausschließlich i. S. d. eigenen Vorstellungsbilds zu beantworten.

Zwar ist nachvollziehbar, dass es weder eine Harmonisierung des Urheberrechts darstellt noch sachgerecht ist, wenn einer Rechtstradition die grundverschiedene Grundkonzeption der anderen aufgezwungen wird. Auch berühren die Fragestellungen sicherlich das Urheberrechtsverständnis der beiden Rechtssysteme in ihrem Kernbereich. Dennoch kann eine umfassende Urheberrechtsharmonisierung auf Gemeinschaftsebene keinesfalls erfolgreich durchgeführt werden, ohne dass auch auf diesem Gebiet ein rechtlicher Kompromiss gesucht und gefunden wird. Dies ist bislang noch nicht geschehen.[500]

Der Gemeinschaftsgesetzgeber geht zwar in der Mehrzahl der Richtlinien im Grundsatz vom Urheber als natürlicher Person aus, berücksichtigt jedoch gleichermaßen den Umstand, dass die der Copyright Law-Tradition angehörenden Mitgliedsstaaten juristische Personen als Urheber anerkennen bzw. „author" und „first owner of Copyright" dort durchaus personenverschieden sein können. Allein hinsichtlich der Urheberschaft am Filmwerk konnte eine, durch die Aufnahme in mittlerweile drei Richtlinien auch allgemeingültige politische Kompromisslösung gefunden werden. Der kreativ tätige Hauptregisseur eines Filmwerks oder eines audiovisuellen Werks ist stets dessen Urheber. Den nationalen Gesetzgebern steht es aber frei, zusätzlich investitionstragende, unternehmerisch tätig werdende Personen als Miturheber zu benennen.[501]

Die Tatsache, dass eine Harmonisierung des Arbeitnehmerurheberrechts im eigentlichen Sinn vom Gemeinschaftsgesetzgeber derzeit nicht betrieben wird, zeigt sich ebenso an Richtlinien, die sich nicht ausdrücklich mit dieser urheberrechtlichen Sondermaterie befassen.

Die Schutzdauerrichtlinie von 1993[502] zielt auf eine Beseitigung der Probleme für den freien Waren- und Dienstleistungsverkehr sowie die Wettbewerbsbedingungen im Gemeinsamen Markt, welche sich bis zu ihrer Verabschiedung aufgrund der äußerst unterschiedlichen nationalen Schutzfristen im Urheberrecht ergeben.[503] Hierzu gibt sie eine urheberrechtliche Schutzfrist von 70 Jahren post mortem auctoris vor und wählt damit den Tod des Werkschaffenden als Anknüpfungspunkt für die

---

[500] Katzenberger P., Inhaber des Urheberrechts, 1996, S. 48 ff. ; Kreile R./ Becker J., ZUM 1992, S. 583 ; Ellins J., Copyright Law und Urheberrecht, 1997, S. 271 ff. ; Schack H., ZEuP 2000, S. 803 ; Dietz A., ZUM 1998, S. 438 ; Ginsburg J. C., GRUR Int. 2000, S. 102.

[501] vgl. hierzu: Ellins J., Copyright Law und Urheberrecht, 1997, S. 278 f. ; Katzenberger P., Inhaber des Urheberrechts, 1996, S. 48.

[502] Richtlinie 93/ 98/ EWG des Rates zur Harmonisierung der Schutzdauer des Urheberrechts und bestimmter verwandter Schutzrechte vom 29.10.1993, EG- Abl. Nr.L 290, S. 9 ff.

[503] Erwägungsgründe 1 und 2 Richtlinie 93/ 98/ EWG des Rates zur Harmonisierung der Schutzdauer des Urheberrechts und bestimmter verwandter Schutzrechte vom 29.10.1993, EG- Abl. Nr.L 290, S. 9 ; EuGH GRUR Int. 1989, S. 319- Schutzfristenunterschiede ; Lewinski v. S., GRUR Int. 1992, S. 724 f.

Schutzfristberechnung.[504] Dieser Regelungsansatz behält auch beim Werkschaffen von angestellten Urhebern Gültigkeit und stellt sich damit weder in Widerspruch zu den nationalen Berechnungsansätzen des Copyright Law noch zu jenen der droit d´auteur Tradition.[505]
Dass im Bereich des Arbeitnehmerurheberrechts der Tod des Werkschaffenden für beide Urheberrechtsordnungen ein ungeeignetes Anknüpfungskriterium zur Bestimmung des Schutzfristbeginns darstellt, übergeht die Richtlinie jedoch.
Im investitionsschutzgeprägten Copyright Law Großbritanniens ist der Arbeitgeber, nicht der werkschaffende Arbeitnehmer primärer Inhaber des Copyright. Dennoch wird für die Schutzfristberechnung auch bei angestellten Urhebern ohne wettbewerbsrechtlich nachvollziehbare Gründe, scheinbar zufällig an den Tod des Urhebers angeknüpft. Dieser ist zwar zumindest im Bereich der klassischen Werkkategorien „author", kann aus dieser Position jedoch keinerlei Copyrightbefugnisse für sich reklamieren.
In der deutschen Urheberrechtsordnung erscheint die Schutzfristberechnung und -begrenzung unter Anknüpfung an den Tod des Urhebers aus anderen Gründen unsachgerecht. Zu der Schutzfrist von 70 Jahren post mortem auctoris tritt die Annahme einer zeitlich unbeschränkten Einräumung von Nutzungsrechten an den Arbeitgeber. Lange Schutzfristen sind nur für eine sehr geringe Zahl solch kulturell bedeutender Schöpfungen relevant, die durch ihren Gehalt erhebliche Zeiten überdauern. Damit scheint es angezeigt, die Frage der Dauer der Rechtseinräumung an den Arbeitgeber präziser und - gegebenenfalls auch unter Erarbeitung unterschiedlicher Schutzfristen - einschränkender zu regeln, um auch in diesen Sonderkonstellationen eine sachgerechte Differenzierung zwischen den beiderseits berechtigten wirtschaftlichen Interessen des Arbeitgebers und des Arbeitnehmers herbeizuführen.[506]
Diese arbeitnehmerurheberrechtlichen Sonderproblematiken lässt der Gemeinschaftsgesetzgeber in seiner Schutzdauerrichtlinie unerwähnt. Ein Hinweis auf die Willkürlichkeit dieses Kriteriums für das urheberrechtliche Werkschaffen abhängig Beschäftigter im Copyright Law erfolgt nicht. Die Ausarbeitung einer den Besonderheiten dieser Urheberrechtsordnung gegenüber flexiblen gemeinschaftsrechtlichen Vorgabe, wie sie im Hinblick auf die Person des Urhebers und Inhabers der Urheberrechte

[504] Art. 1 Richtlinie 93/ 98/ EWG des Rates zur Harmonisierung der Schutzdauer des Urheberrechts und bestimmter verwandter Schutzrechte vom 29.10.1993, EG- Abl. Nr.L 290, S. 11 ; vgl. hierzu: Lewinski v. S., GRUR Int. 1992, S. 725 ff. ; Schricker G., GRUR Int. 2001, S. 1015 ff. ; Ellins J., Copyright Law und Urheberrecht, 1997, S. 293 ff.
[505] Ellins J., Copyright Law und Urheberrecht 1997, S. 292 f. ; Dietz A., FS für Schricker, 1995, S. 17.
[506] Dietz A., FS für Schricker, 1995, S. 17 f.

durchaus üblich sind[507], unterbleibt. Art. 1 Absatz 4 der Schutzdauerrichtlinie greift allein die Situation auf, dass einzelne Mitgliedsstaaten auch juristische Personen als Urheberrechtsinhaber anerkennen.[508]
Hier ist der für die Schutzdauer maßgebliche Zeitpunkt derjenige, zu dem das Werk erlaubterweise der Öffentlichkeit zugänglich gemacht wird. Die an den Tod des Werkschaffenden anknüpfende Schutzdauer greift nur dann, wenn die natürlichen Personen, die das Werk geschaffen haben, in der veröffentlichten Werkfassung als solche identifizierbar sind. Eine vergleichbare, auf die Identifizierbarkeit als Werkschöpfer abstellende Regelung wäre auch für den Bereich des Arbeitnehmerurheberrechts denkbar und sachgerechter gewesen.
Erst recht macht es sich die Richtlinie nicht zur Aufgabe, die unter dem Aspekt eines stimmigen Ausgleichs zwischen dem Alimentationsinteresse des Arbeitnehmerurhebers bzw. seiner Familie und dem Amortisationsinteresse des Arbeitgebers als Risiko- und Investitionsträger erforderliche Differenzierung bei der Schutzfristberechnung anzugehen. Die Schutzdauer bei Werken abhängig Beschäftigter erfährt überhaupt keine gesonderte Erwähnung - und wohl auch keine Beachtung - durch den Gemeinschaftsgesetzgeber.
Ein ähnliches Bild zeigt sich für Art. 10 der ebenfalls 1993 verabschiedeten Richtlinie über Satellitenrundfunk und Kabelweiterverbreitung[509]. Art. 9 der Richtlinie, die sich dem Aufbau eines gemeinschaftsweit einheitlichen audiovisuellen Raums widmet und die rechtlichen Rahmenbedingungen für eine grenzüberschreitende Verbreitung von Programmen und Funksendungen per Kabel oder Satellit vorgibt,[510] ordnet an, dass die Ausübung des Kabelweiterverbreitungsrechts grundsätzlich verwertungsgesellschaftspflichtig ist. Art. 10 der Harmonisierungsmaßnahme hebt diese Vorgabe für Rechte, die ein Sendeunternehmen in Bezug auf eigene Sendungen geltend macht, wieder auf. Hierbei ist es unerheblich, ob die betreffenden Rechte eigene Rechte des Unternehmens oder ihm durch andere Urheberrechts- bzw. Schutzrechtinhaber übertragene sind. Tatsächliche Konsequenz für den Bereich des Arbeitnehmerurheberwerkschaffens ist- vom Gemeinschaftsgesetzgeber entweder übersehen oder bewusst übergangen- eine nicht unerhebliche Begünstigung der

[507] vgl. hierzu: E. III. 1. und E. III. 2.
[508] Richtlinie 93/ 98/ EWG des Rates zur Harmonisierung der Schutzdauer des Urheberrechts und bestimmter verwandter Schutzrecht vom 29.10.1993, EG- Abl. Nr.L 290, S. 11.
[509] Richtlinie 93/ 83/ EWG des Rates zur Koordinierung bestimmter urheber- und leistungsschutzrechtlicher Vorschriften betreffend Satellitenrundfunk und Kabelweiterverbreitung vom 27.9.1993, EG- Abl. Nr.L 248, S. 21.
[510] vgl. hierzu: Dreier T., ZUM 1995, S. 458 ; Schippan M., Die Harmonisierung in Europa, 1999, S. 65 ff. ; Loewenheim U., GRUR Int. 1997, S. 286 ; Kreile R., Der Stand der Harmonisierung in der Europäischen Union, 1996, S. 95 f. ; Katzenberger P., Rechte des Urhebers, 1996, S. 31 ff.

Arbeitgeber im Rundfunkbereich. Ohne die Beschränkung der zunächst angeordneten grundsätzlichen Verwertungsgesellschaftspflichtigkeit des Weiterverbreitungsrechts in Artikel 9 der Richtlinie hätten die Kreativen eines Sendeunternehmens, die in erster Linie Arbeitnehmerurheber sein werden, über die Verteilungsmechanismen des Verwertungsgesellschaftsrechts fundierte Aussicht auf eine Ertragsbeteiligung. Mit Geltung von Art. 10 der Richtlinie über Satellitenrundfunk und Kabelverbreitung ist ihnen diese genommen. Mangels vertragsrechtlicher Hilfe werden sie jetzt kaum in der Lage sein, sich das Kabelweiterverbreitungsrecht, beispielsweise durch Vorausabtretung an Verwertungsgesellschaften, zur Sicherung der eigenen finanziellen Beteiligung zu erhalten.
Auch an diesen scheinbar abgelegenen Stellen des Harmonisierungsvorgehens wird der rechtlichen Sonderstellung des Arbeitnehmerurhebers mithin keinerlei Aufmerksamkeit geschenkt und die Auswirkungen der getroffenen Regelungsvorgaben auf dessen Person offensichtlich nicht diskutiert und geprüft.
Als Gesamtergebnis der Untersuchung ist festzuhalten, dass im Zuge der europäischen Harmonisierung des Urheberrechts die grundsätzliche Diskussion über die rechtliche Stellung angestellter Urheber und die mit ihr verbundenen Fragestellungen bislang noch gar nicht geführt wird. Eine Harmonisierung des Arbeitnehmerurheberrechts im eigentlichen Sinn findet derzeit nicht statt. Ohne erkennbare allgemeingültige Lösungsansätze oder Regelungstendenzen bei den Kernfragen der Problematik und ohne Blick auf die Dimensionen arbeitnehmerurheberrechtlich scheinbar unbedeutender, anderweitig themenspezifischer Sachvorgaben bleibt diese Rechtsmaterie bis jetzt lediglich ein punktuell beachtetes, punktuell übersehenes und punktuell bewusst übergangenes Anhängsel relevanter allgemein-urheberrechtlicher Regelungszusammenhänge. Ein gemeinschaftsrechtlich geformter, die Kluft zwischen Droit d´auteur und Copyright Law überwindender Arbeitnehmerurheberstatus existiert nicht. Arbeitnehmerurheberrechtlich ist zwischen den beiden die nationalen Urheberrechtsordnungen der Mitgliedsstaaten beherrschenden Grundströmungen weder eine vom Gemeinschaftsrecht getragene Brücke gebaut noch auf einer der beiden Seiten ein erster Brückenschlag initiiert.

VI. Zusammenfassung

Eine Kompetenz der Gemeinschaft zum Erlass rechtsangleichender Vorgaben auf dem Gebiet des Arbeitnehmerurheberrechts kann sowohl Art. 55, 47 Absatz 2 EGV als auch Art. 95 Absatz 1 EGV entnommen werden. Soweit das Regelungsvorhaben Maßnahmen im Bereich der EG-vertraglich geschützten Dienstleistungsfreiheit vorsieht, ist auf Art. 55, 47 Absatz 2 EGV als Ermächtigungsgrundlagen abzustellen. Art. 95 Absatz 1 EGV ist insoweit subsidiär. Er begründet eine Harmonisierungskompetenz des Gemeinschaftsgesetzgebers vor allem im Bereich der Warenverkehrsfreiheit.

Voraussetzung sämtlicher Koordinierungsmaßnahmen im Urheberrecht ist die Binnenmarktrelevanz der zu Grunde liegenden Harmonisierungsmaterie. Eine von diesem Erfordernis unabhängige, generelle Kompetenz zur Rechtsangleichung kommt der Europäischen Gemeinschaft nicht zu. Darüber hinaus sind die aus Subsidiaritäts- und Verhältnismäßigkeitsgrundsatz resultierenden Schranken gemeinschaftsrechtlichen Handelns zu beachten. Das geeignete Rechtsinstrument für das Harmonisierungsvorgehen stellt die im Regelungsziel zwar verbindliche, hinsichtlich Form und Mittel ihrer Umsetzung aber offene Richtlinie dar.

Historisch gesehen erfährt die Binnenmarktrelevanz urheberrechtlicher Sachverhalte erst spät und zu Beginn allein aus ökonomischen Überlegungen heraus Beachtung in der Gemeinschaft. Im Laufe der Jahre vollzieht sich jedoch ein Wandel von einem äußerst industriepolitisch geprägten, ausschließlich an wirtschaftlichen Belangen orientierten Standpunkt zu einer auch den Interessen der Urheber gerecht werdenden Sichtweise. Bis ins Jahr 2004 nehmen die Vorstellungen der Gemeinschaft in insgesamt acht urheberrechtlich geprägten Richtlinien zu verschiedenen Einzelthemen konkretere Gestalt an. Durch sie entsteht ein erstes Netz von Urheberrechtsgesetzgebung auf Gemeinschaftsebene, auch wenn dessen Inhalte stark themenspezifisch und punktuell bleiben.

Der Arbeitnehmerurheber findet in zwei Richtlinien Aufnahme, der Computerprogrammrichtlinie von 1991 und der Datenbankrichtlinie von 1996.

Die Gemeinschaftsmaßnahme zum Rechtsschutz von Computerprogrammen, die Teil der Werkkategorie „literarische Werke“ werden, beinhaltet zur Person des Urhebers eine zweigeteilte Regelung. Zum einen erklärt sie generell, dass Urheber eines solchen Programms die natürliche Person bzw. Gruppe von Personen ist, die es erschafft oder aber, soweit nach den Rechtsvorschriften der Mitgliedsstaaten zulässig, diejenigen juristischen Personen, die nach diesen Bestimmungen als Rechtsinhaber anzusehen sind. Ergänzt wird dies dahingehend, dass auch mit dem Werkschöpfer nicht identische Personen als Urheber anerkannt werden, sofern ihnen in nationalen Rechtsordnungen dieser Status verliehen wird. Der Gemeinschaftsgesetzgeber überantwortet damit

die Bestimmung der Urheberschaft an einem Computerprogramm weiterhin allein dem nationalen Gesetzgeber. Eine Grundsatzentscheidung für eine der rechtsdogmatischen Vorstellungen von Droit d´auteur oder Copyright Law ergeht nicht.
Zum anderen trifft sie eine explizite Regelung zur Sondersituation des Arbeitnehmerurhebers. In Art. 2 Absatz 3 der Richtlinie gibt die Harmonisierungsmaßnahme für die Fälle fehlender vertraglicher Vereinbarungen vor, dass allein der Arbeitgeber zur Ausübung der wirtschaftlichen Befugnisse an den in Wahrnehmung arbeitsvertraglicher Aufgaben geschaffenen Computerprogrammen des Arbeitnehmers berechtigt ist. Auf welche Weise dem Arbeitgeber die vermögensrechtlichen Befugnisse an der Software zuzuordnen sind, bleibt offen.
Das Schutzsystem des Gemeinschaftsgesetzgebers für Datenbanken ist nach der Konzeption der Richtlinie zweigleisig. Einerseits erfahren diese bei Erfüllung der insbesondere in der Schöpfungshöhe strengen Gestaltungsanforderungen urheberrechtlichen Schutz hinsichtlich Auswahl und Anordnung der verschiedenen Datenbankelemente. Andererseits wird der auf sonstigen Investitionen ohne eigenschöpferische Leistungen beruhende Inhalt der Datenbank einem eigenen Schutz „sui generis" unterstellt.
Bei der Frage der Urheberschaft an der Datenbank wird der Ansatz der Computerprogrammrichtlinie übernommen. Auch die Datenbankrichtlinie erklärt die natürliche Person oder Gruppe natürlicher Personen zum Urheber, die eine solche Sammlung als eigene Leistung persönlich schafft bzw. erkennt diesen Status gleichsam juristischen Personen zu, soweit sie nach den einschlägigen nationalen Vorschriften als Rechtsinhaber vorgesehen sind.
Eine Richtlinienbestimmung zum Arbeitnehmerurheberrecht fehlt. Art. 2 Absatz 3 der Computerprogrammrichtlinie wird nicht wiederholt und bestätigt, sondern findet sich allein in der unverbindlichen Empfehlung von Erwägungsgrund 29 der Richtlinie wieder. Dort wird klargestellt, dass die Mitgliedsstaaten nicht gehindert seien, selbst die ursprünglich für den Richtlinientext vorgesehene Normierung zu verabschieden und den Arbeitgeber in dem Fall, in dem keine abweichende vertragliche Vereinbarung existiert, zur Ausübung aller wirtschaftlichen Befugnisse über das im Rahmen des Arbeitsverhältnisses geschaffene Werkergebnis zu ermächtigen.
Im Kontext des neu geschaffenen Rechts „sui generis" des Datenbankherstellers finden sich ebenfalls keine Ausführungen zur besonderen Situation der Erstellung von Datenbanken in abhängiger Beschäftigung. Dies ist auch nicht erforderlich, da bei Entstehung von Datenbanken in Arbeitsverhältnissen der Arbeitgeber bereits nach allgemeinen Grundsätzen eindeutig deren Hersteller ist.

Bei Umsetzung der beiden Richtlinien in Deutschland kommt es 1993 zunächst zur Neueinführung der §§ 69a ff. UrhG für den Rechtsschutz von Computerprogrammen. Die arbeitnehmerurheberrechtliche Vorgabe des Art. 2 Absatz 3 der Richtlinie findet in § 69b UrhG Aufnahme. In Abweichung zur allgemeinen Regel des § 43 UrhG sieht § 69b UrhG für den Bereich der Computerprogrammerstellung vor, dass der Arbeitgeber im Wege einer ausschließlichen gesetzlichen Lizenz die Ausübung sämtlicher vermögensrechtlicher Befugnisse erhält. Bei einem Vergleich von § 43 UrhG und § 69b UrhG ist das Verhältnis von gesetzlicher Regel und vereinbarter Ausnahme damit genau umgekehrt; bei Fehlen entsprechender vertraglicher Absprachen stehen im Bereich des Computerwerkschaffens - ohne Beachtlichkeit des Zweckgedankens i. S. v. § 31 Absatz 5 UrhG - alle Nutzungsrechte automatisch dem Arbeitgeber zu.
Persönlichkeitsrechte des Urhebers haben, soweit sie mit den Zwecken der vollumfänglichen Zuordnung der vermögensrechtlichen Befugnissen an den Arbeitgeber kollidieren und verzichtbar sind, zur Sicherung von dessen umfassenden Nutzungsmöglichkeiten zurückzutreten.
Vergütungsrechtlich deckt die vom Arbeitgeber geleistete Lohnzahlung grundsätzlich die Programmerarbeitung, aber auch die Verleihung der vermögensrechtlichen Befugnisse an den Arbeitgeber ab. Eine überobligatorische Rechtseinräumung, die einem Sondervergütungsanspruch des Arbeitnehmers auslösen könnte, liegt nicht vor. Eine Durchbrechung des arbeitsrechtlichen Äquivalenzprinzips ist allein aus arbeitsrechtlichen Grundsätzen - bei qualitativer bzw. quantitativer Sonderleistung - sowie nach § 32a UrhG in den Fällen denkbar, in denen die Erträgnisse der Nutzung in einem groben Missverhältnis zur vereinbarten Entlohnung des Arbeitnehmers stehen.
Im persönlichen Anwendungsbereich der europäischen Vorgabe ist der Arbeitnehmerbegriff weiterhin den nationalen Vorschriften zu entnehmen. Ein abweichender gemeinschaftsrechtlicher Terminus existiert in ihrem Zusammenhang nicht.
Zur Umsetzung der Datenbankrichtlinie führt der deutsche Gesetzgeber in erster Linie die §§ 87a ff. UrhG im Bereich der Leistungsschutzrechte in das Urheberrechtsgesetz ein. Dort regelt er den von der Richtlinie neu konstituierten Schutz des Datenbankherstellers. Inhaltlich hält er sich eng an die zum größten Teil auch zwingenden Vorgaben des Gemeinschaftsgesetzgebers. Wie bereits im Kontext der Richtlinie erübrigt sich bei nationaler Umsetzung von deren Vorgaben eine besondere Ausgestaltung des Rechtsschutzes des Datenbankherstellers bei Erstellung der Datensammlung in abhängiger Beschäftigung. Der Arbeitgeber als Investitionsträger und Initiator des Herstellungsprozesses ist generell Datenbankhersteller.
Im urheberrechtlichen Bereich kommt es zu keinen rechtlichen Neuerungen für den Datenbanken erstellenden Arbeitnehmer. Es bleibt die

Regelung des § 43 UrhG maßgebend. Der unverbindlichen Regelungsempfehlung von Erwägungsgrund 29 der Datenbankrichtlinie leistet der deutsche Gesetzgeber keine Folge.
In Großbritannien erfolgt die Umsetzung der Computerprogrammrichtlinie im Statutory Instrument 1992 No. 3233 „The Copyright (Computer Programs) Regulations 1992“, welches am 1. Januar 1993 in Kraft tritt. Mit ihm kommt es zwar zu zahlreichen materiellrechtlichen Neuerungen im CDPA 1988, der arbeitnehmerurheberrechtliche Schutzbereich bleibt jedoch vollständig unerwähnt. Die bereits vorhandenen Regelungen in Sec. 9(1) und 11(2) CDPA gelten uneingeschränkt fort. Sie stehen bereits in Einklang mit den Gemeinschaftsvorgaben.
Die Regelungen des europäischen Gesetzgebers zum Rechtsschutz von Datenbanken finden über das Statutory Instrument 1997 „The Copyright und Rights in Databases Regulations 1997“ Einzug in das britische Copyright Law. Zur Einbindung des urheberrechtlichen Schutzes des Datenbankwerkschaffens sieht es eine Abänderung von CDPA 1988 dahin gehend vor, dass die Schutzvoraussetzung einfacher Originalität bei Datenbanken nun von einer anerkennenswerten eigenschöpferischen Leistung des „author“ abhängt. Sie bringt einen nicht unerheblichen Einbruch des Droit d´auteur in das dem Copyright Law zugrunde liegende Investitionsschutzprinzip mit sich.
Bei Erstellung von Datenbanken durch angestellte Urheber kommt es im schöpferischen Kontext zu keiner Abänderung des rechtlichen Status Quo. Die bisherigen Regelungen können und werden uneingeschränkt beibehalten.
Der Leistungs- und Investitionsschutz des Datenbankherstellers wird nicht in den CDPA integriert. Es erfolgt die Einführung eines Sondergesetzes zum sogenannten „database right“. In einer Teilregelung erklärt der britische Gesetzgeber den Arbeitgeber hier ausdrücklich zum Datenbankhersteller. Im Geltungsbereich des britischen Copyright Law treffen damit Copyright und Database Right in der Person des Arbeitgebers zusammen.
Während der Stand der generellen Harmonisierung des Urheberrechts auf Gemeinschaftsebene sicherlich unterschiedlich bewertet werden kann, fällt die Beurteilung der Integrationsfortschritte auf dem Gebiet des Arbeitnehmerurheberrechts eindeutig negativ aus. Eine verbindliche Gemeinschaftsvorgabe schafft der Gesetzgeber allein für das Werkschaffen des Arbeitnehmerurhebers bei Computerprogrammen. Die Reichweite dieser Vorgabe bleibt jedoch gering.
Eine Entscheidung, ob durch Übertragung der Ausübungsbefugnisse in wirtschaftlicher Hinsicht der Arbeitgeber nach dem Verständnis des Copyright Law originärer Inhaber dieser Rechte wird oder es sich in Anlehnung an die rechtlichen Vorstellungen des Droit d´auteur weiterhin um einen derivativen, d. h. vom Arbeitnehmer abgeleiteten Befugniserwerb

handelt, lässt die Harmonisierungsmaßnahme bewusst offen. Ebenso wird die mit dieser Problematik verbundene Frage, wer - Arbeitnehmer oder Arbeitgeber - originärer Urheberrechtinhaber ist und damit ob Werkschaffender und Befugnisinhaber personengleich sein müssen oder nicht, weder zu Gunsten der einen noch zu Gunsten der anderen Rechtstradition entschieden. Den jeweiligen nationalen Gesetzgebern bleibt es freigestellt, bei Richtlinienumsetzung selbst einen der eigenen Rechtssystematik entsprechende Lösungsansatz zu finden. Der vom Gemeinschaftsgesetzgeber geschaffene Freiraum wird von den nationalen Gesetzgebern in Großbritannien und Deutschland auch genau in diesem Sinne genutzt und keinesfalls unter Aufgabe oder Abänderung der eigenen Urheberrechtssystematik freiwillig, da nicht zwingend vorgeschrieben, zu einer umfangreicheren Harmonisierung herangezogen. Es bleibt bei den bereits zuvor bestehenden Regelungsunterschieden im Bereich Inhaberschaft des Urheberrechts mit ihren Konsequenzen bei den persönlichkeits-, aber auch vermögensrechtlichen Ansprüchen des Arbeitnehmerurhebers. Die rechtliche Position des Arbeitgebers in Deutschland erfährt lediglich eine sachspezifisch bleibende Annäherung, bei weitem aber keine Gleichstellung mit der des britischen Arbeitgebers im Urheberrechtsbereich.
Noch geringeres arbeitnehmerurheberrechtliches Harmonisierungspotential besitzt die 1996 erlassene Datenbankrichtlinie. Sie bleibt in dieser Hinsicht nicht nur hinter der Computerprogrammrichtlinie zurück. Durch die fehlende Fortführung der dort gezeigten Integrationsansätze weist sie diesen auch eine noch punktuellere Bedeutung zu als sie bereits zuvor besitzen. In der Datenbankrichtlinie wird der ursprünglich vorgesehene, der Regelung in der Computerprogrammrichtlinie nachgebildete Vorschlag zum Erwerb der wirtschaftlichen Rechte durch den Arbeitgeber kraft Gesetzes gestrichen. Er findet, ohne jede Umsetzungsverpflichtung für die nationalen Gesetzgeber der Mitgliedsstaaten nach sich zu ziehen, allein noch als Regelungsempfehlung in den unverbindlichen Erwägungsgründen der Richtlinie Erwähnung. Der den Mitgliedstaaten von der Datenbankrichtlinie gewährte Umsetzungsspielraum wird von den nationalen Gesetzgebern in Deutschland und Großbritannien auch allein im Sinne der jeweils eigenen Rechtstradition genutzt und interpretiert.
Sieht man den urheberrechtlichen Schutzbereich des Datenbankrechts im Kontext mit dem Datenbankherstellerrecht „sui generis“ verstärkt sich das Harmonisierungsdefizit. In Großbritannien ist der Arbeitgeber Hersteller und - sofern keine abweichende vertragliche Absprache existiert - auch Inhaber des Copyrights an den von seinen Arbeitnehmern vertragsgemäß erstellten Datenbanken. Er verfügt damit nicht nur über die Herstellerschutzrechte. Er muss auch urheberrechtliche Nutzungsrechte,

die zur Vermarktung der Datenbank benötigt werden, nicht gesondert von seinen Arbeitnehmern erwerben.
In Deutschland besitzt der Arbeitgeber als Hersteller der Datenbank zwar das leistungsschutzrechtliche Datenbankrecht am Inhalt der Datenbank. Für deren sachgerechte Vermarktung erforderliche urheberrechtliche Nutzungsrechte muss er aber von seinen Arbeitnehmern rechtsgeschäftlich erweben. Kann nur eines der Nutzungsrechte, aus welchen Gründen auch immer, nicht wirksam bestellt werden, ist er trotz Stellung als Datenbankhersteller nicht in der Lage, das von ihm initiierte Schaffensergebnis zu vermarkten. Daneben bestehen für ihn auf Grund möglicher Ansprüche des Arbeitnehmerurhebers nach § 32a UrhG auch finanzielle Unwägbarkeiten.
Insgesamt gesehen begegnet der Gemeinschaftsgesetzgeber den in der Person des Arbeitnehmerurhebers zu Tage tretenden Integrationsschwierigkeiten zwischen Droit d´auteur und Copyright Law mit keinem erkennbaren Harmonisierungskonzept. Die in dieser Hinsicht bis heute einzig verbindliche Gemeinschaftsmaßnahme in der Computerprogrammrichtlinie bleibt eine, noch nicht einmal für den speziellurheberrechtlichen Bereich des Computerprogrammwerkschaffens abschließende Einzellösung, die bereits für die Erstellung von Datenbanken nicht beibehalten wird.
Für die Annahme eines abschließenden Harmonisierungskonzepts fehlt es bereits an einer Klärung der den arbeitnehmerurheberrechtlichen Problematiken zugrundeliegenden Grundsatzfrage nach der Relation zwischen Urheberschaft und originärer Inhaberschaft des Urheberrechts. In beiden Gemeinschaftsrichtlinien, Computerprogramm- wie Datenbankrichtlinie, werden sie allein in einem Rahmen geregelt, der den Regelungsansätzen beider fundamentalen Grundprinzipien Rechnung trägt.
Die Tatsache, dass eine Harmonisierung des Arbeitnehmerurheberrechts im eigentlichen Sinn vom Gemeinschaftsgesetzgeber derzeit nicht betrieben wird, zeigt sich ebenso an Richtlinien, die sich nicht ausdrücklich mit dieser Sondermaterie befassen. In der Schutzdauerrichtlinie von 1988 behält die Harmonisierungsmaßnahme auch im Arbeitnehmerurheberrecht ohne erkennbaren sachlichen Grund den Tod des Arbeitnehmers als Anknüpfungspunkt für die Bestimmung des Schutzfristbeginns bei. In der Richtlinie über Satellitenrundfunk und Kabelweiterverbreitung lässt der Gemeinschaftsgesetzgeber durch Aufgabe der Verwertungspflichtigkeit des Kabelweiterverbreitungsrechts für bestimmte Bereiche des Rechtsalltags, in denen in erster Linie Arbeitnehmerurheber betroffen sein werden, erkennen, dass er deren Sonderstellung unbeachtet lässt. Ohne erkennbare Sachnotwendigkeit werden sie in ihren Möglichkeiten zur Rechtswahrung gegenüber dem Arbeitgeber erheblich geschwächt.

Als Gesamtergebnis ist daher festzuhalten, dass die grundsätzliche Diskussion über die rechtliche Stellung angestellter Urheber auf Gemeinschaftsebene und die mit ihr verbundenen Fragestellungen bislang noch gar nicht geführt wird. Eine Harmonisierung des Arbeitnehmerurheberrechts im eigentlichen Sinn findet derzeit nicht statt. Ohne ersichtliche allgemeingültige Lösungsansätze oder Regelungstendenzen bei den Kernfragen der Problematik und ohne Blick auf die Dimensionen arbeitnehmerurheberrechtlich scheinbar unbedeutender, anderweitig themenspezifischer Sachvorgaben bleibt diese Rechtsmaterie bis jetzt lediglich ein punktuell beachtetes, punktuell übersehenes und punktuell bewusst übergangenes Anhängsel relevanter allgemeinurheberrechtlicher Regelungszusammenhänge.

Literaturverzeichnis:

Adams, John N., An Outline of Copyright Law of the United Kingdom, in: UFITA Band 120, 1992, S. 5-17.
Zitiert: Adams J., UFITA Band 120, 1992

Ahlberg, Hartwig, Einleitung und Kommentierung zu §§ 1-10, 23, 24 UrhG, in: Möring/ Nicolini, Urheberrechtsgesetz, Kommentar, 2. Auflage, München 2000.
Zitiert: Möhring/ Nicolini/ Ahlberg

Amtmann, Heinz, Das Urheberrecht des „unselbständigen Urhebers" insbesondere des wissenschaftlichen Assistenten, Tübingen 1960 (zugl. Diss. Universität Tübingen 1960).
Zitiert: Amtmann H., Das Urheberrecht des „unselbständigen Urhebers", 1960

Balle, Kathleen, Der urheberrechtliche Schutz von Arbeitsergebnissen, in: NZA 1997, S. 868-871.
Zitiert: Balle K., NZA 1997

Bardenhewer, Angelika, Pipkorn, Jörn, Kommentierung zu Art. 7a EGV, in: Von der Groeben, Hans/ Tiesing, Jochen/ Ehlermann, Jochen (Hrsg.), Band 1 Artikel A-F EUV, Artikel 1-84 EGV, Baden-Baden 1997.
Zitiert: Von der Groeben/ Bardenhewer/ Pipkorn

Bardenhewer, Angelika/ Pipkorn, Jörn, Kommentierung zu 100a EGV, in: Von der Groeben, Hans/ Tiesing, Jochen/ Ehlermann, Jochen (Hrsg.), Band 2/II Artikel 88-102 EGV, Baden-Baden 1999.
Zitiert: Von der Groeben/ Bardenhewer/ Pipkorn

Bassenge, Peter, Kommentierung zu §§ 854-1296 BGB, in: Palandt, Bürgerliches Gesetzbuch, 63. Auflage, München 2004.
Zitiert: Palandt/ Bassenge

Bayreuther, Frank, Zum Verhältnis zwischen Arbeits-, Urheber- und Arbeitnehmererfindungsrecht, in: GRUR 2003, S. 570-581.
Zitiert: Bayreuther F., GRUR 2003

Benecke, Martina, Entwicklung von Computerprogrammen durch Arbeitnehmer, in: NZA 2002, S. 883-889.
Zitiert: Benecke M., NZA 2002

Berger, Christian, Der Schutz elektronischer Datenbanken nach der EG-Richtlinie vom 11.3.1996, in: GRUR 1997, S. 169-179.
Zitiert: Berger C., GRUR 1997

Berger, Christian, Zum Anspruch auf angemessene Vergütung (§ 32 UrhG) und weitere Beteiligung (§ 32a UrhG) bei Arbeitnehmer-Urhebern, in: ZUM 2003, S. 173-179.
Zitiert: Berger C., ZUM 2003

Blatz, Rolf, Das Recht des Arbeitgebers an literarischen Arbeitsergebnissen, Köln 1967 (zugl. Diss. Universität Köln 1967).
Zitiert: Blatz R., Das Recht des Arbeitgebers, 1967

Bleckmann, Albert, Europarecht: das Recht der Europäischen Union und Europäischen Gemeinschaften, 6. neubearbeitete und erweiterte Auflage, Köln 1997.
Zitiert: Bleckmann A., Europarecht, 1997

Böhm, Reinhard, Kompetenzauslegung und Kompetenzlücken im EWG-Vertrag, Ein Beitrag zur Klärung und Abgrenzung von effet utile, implied powers, resulting powers und Lückenklauseln, Frankfurt, 1985 (zugl. Diss. Uni Saarbrücken 1985).
Zitiert: Böhm R., Kompetenzauslegung und Kompetenzlücken im EWG-Vertrag, 1985

Bogdandy, von Armin, Kommentierung zu Art. 14 EGV, in: Grabitz, Eberhard/ Hilf, Meinhard, Das Recht der Europäischen Union, Band I EUV/ EGV, Stand April 2003.
Zitiert: Grabitz/ Hilf/ Bogdandy v.

Bollack, Gert, Die Rechtsstellung des Urhebers im Dienst- oder Arbeitsverhältnis, in: GRUR 1976, S. 74-78.
Zitiert: Bollack G., GRUR 1976

Brandi-Dohrn, Anselm, Anmerkung zu BGH Wetterführungspläne II, Urteil vom 23.10.2001, in: CR 2002, S. 252-254.
Zitiert: Brandi- Dohrn A., CR 2002

Buchmüller, Hans-Jürgen, Urheberrecht und Software, zugleich ein Beitrag zum Werkbegriff der Werke der Wissenschaft und zur Stellung des Urhebers im Arbeitsrecht, Münster 1986 (zugl. Diss. Universität Münster 1985).
Zitiert: Buchmüller H.-J., Urheberrecht und Computersoftware, 1986

Buchner, Herbert, Die Vergütung für Sonderleistungen des Arbeitnehmers - ein Problem der Äquivalenz der im Arbeitsverhältnis zu erbringenden Leistungen, in: GRUR 1985, S. 1-13.
Zitiert: Buchner H., GRUR 1985

Buchner, Herbert, Der Schutz von Computerprogrammen und Know-how im Arbeitsverhältnis, in: Lehmann, Michael (Hrsg.): Rechtsschutz und Verwertung von Computerprogrammen, 2. Auflage, Köln 1993, S. 421-465.
Zitiert: Buchner H., Der Schutz von Computerprogrammen, in: Lehmann M. (Hrsg.), 1993

Buchner, Herbert, Die Rechte der Arbeitnehmer, Arbeitnehmerähnlichen und der Selbständigen - jedem das Gleiche oder jedem das Seine?, in: NZA 1998, S. 1147-1153.
Zitiert: Buchner H., NZA 1998

Bull, Gilian, Database law - How will the EU database diretive and the UK regulations impact on database use? Part I, in: CLSR 1998, S. 295-305.
Zitiert: Bull G., CLSR 1998

Bull, Gilian, Database law - How will the EU database diretive and the UK regulations impact on database use? Part II, in: CLSR 1998, S. 367-376.
Zitiert: Bull G., CLSR 1998

Chalton, Simon, Implementation of the Software Directive in the United Kingdom: The Effects of the Copyright (Computer Programs) Regulations 1992, in: EIPR 1993, S. 138-140.
Zitiert: Chalton S., EIPR 1993

Cohen Jehoram, Herman, Kritische Überlegungen zur wirtschaftlichen Bedeutung des Urheberrechts, in: GRUR Int. 1989, S. 23-29.
Zitiert: Cohen Jehoram H., GRUR Int. 1989

Cornish, William R., Der Schutz des Urheberpersönlichkeitsrechts nach dem neuen britischen Urheberrechtsgesetz von 1988, in: GRUR Int. 1990, S. 500-505.
Zitiert: Cornish W. R., GRUR Int. 1990

Cornish, William R., Das Urhebervertragsrecht in Großbritannien, in: Beier, Friedrich-Karl/ Götting, Horst-Peter/ Lehmann, Michael/ Moufang, Rainer (Hrsg.), Urhebervertragsrecht, Festgabe für Gerhard Schricker zum 60. Geburtstag, München 1995, S. 643-684.
Zitiert: Cornish W. R., FS Schricker, 1995

Cornish, William R., Intellectual Property: Patents, Copyright, Trade Marks and Allied Rights, 5 th. Edition, 2003.
Zitiert: Cornish W. R., Intellectual Property: Patents, Copyright, Trade Marks and Allied Rights, 2003

Decker, Ute, Kommentierung zu §§ 53, 55a, Vor §§ 87a ff., §§ 87a-87e, 127a UrhG, in: Möring/ Nicolini, Urheberrechtsgesetz, Kommentar, 2. Auflage, München 2000.
Zitiert: Möhring/ Nicolini/ Decker

Dietz, Adolf, Die Entwicklung des bundesdeutschen Urheberrechts in Gesetzgebung und Rechtsprechung von 1972-1979, in: UFITA Band 87, 1980, S. 1-95.
Zitiert: Dietz A., UFITA Band 87, 1980

Dietz, Adolf, Copyright Protection for Computer Programs: Trojan Horse or Stimulus for the Future Copyright System?, UFITA Band 110, 1989, S. 57-77.
Zitiert: Dietz A., UFITA Band 110, 1989

Dietz, Adolf, Das Urheberrecht in der Europäischen Gemeinschaft, in: Gewerblicher Rechtsschutz und Urheberrecht in Deutschland: Festschrift zum hundertjährigen Bestehen der Deutschen Vereinigung für Gewerblichen Rechtsschutz und Urheberrecht und ihrer Zeitschrift, hrsg. von der Vereinigung durch Beier, Friedrich-Karl/ Kraft, Alfons/ Schricker, Gerhard/ Wadle, Elmar, Weinheim 1991, Band II, S. 1446-1484.
Zitiert: Dietz A., FS für GRUR, 1991

Dietz, Adolf, Das Urhebervertragsrecht in seiner rechtspolitischen Bedeutung, in: Beier, Friedrich-Karl/ Götting, Horst-Peter/ Lehmann, Michael/ Moufang, Rainer (Hrsg.), Urhebervertragsrecht, Festgabe für Gerhard Schricker zum 60. Geburtstag, München 1995, S. 1-50.
Zitiert: Dietz A., FS für Schricker, 1995

Dietz, Adolf, Tendenzen der Entwicklung des Urheberrechts in den Ländern Mittel- und Osteuropas, UFITA Band 129, 1995, S. 5-52.
Zitiert: Dietz A., UFITA Band 129, 1995

Dietz, Adolf, Die EU-Richtlinie zum Urheberrecht und zu den Leistungsschutzrechten in der Informationsgesellschaft, Vorstoß in den Kernbereich des Urheberrechts und Leistungsschutzes und seine Folgen, in: ZUM 1998, S. 438-451.
Zitiert: Dietz A., ZUM 1998

Dietz, Adolf, Kommentierung zu Vor §§ 12 ff., §§ 12-14, 39, 42, 62, 63, 93 UrhG, in: Schricker, Gerhard (Hrsg.), Urheberrecht, Kommentar, 2. neubearbeitete Auflage, München 1999.
Zitiert: Schricker/ Dietz

Dietz, Adolf, Die Pläne der Bundesregierung zu einer gesetzlichen Regelung des Urhebervertragsrechts, Ein Beitrag aus Verfassersicht, in: ZUM 2001, S. 276-282.
Zitiert: Dietz A., ZUM 2001

Doutrelepont, Carine, Das droit moral in der Europäischen Union, in: GRUR Int. 1997, S. 293-304.
Zitiert: Doutrelepont C., GRUR Int. 1997

Dreier, Thomas, Rundfunk und Urheberrechte im Binnenmarkt, in: GRUR Int. 1991, S. 13-19.
Zitiert: Dreier T., GRUR Int. 1991

Dreier, Thomas, Verletzung urheberrechtlich geschützter Software nach der Umsetzung der EG-Richtlinie, in: GRUR 1993, S. 781-793.
Zitiert: Dreier T., GRUR 1993

Dreier, Thomas, Die Umsetzung der Richtlinie zum Satellitenrundfunk und zu Kabelerweiterung, in: ZUM 1995, S. 458-463.
Zitiert: Dreier T., ZUM 1995

Dreier, Thomas, Erste Arbeitssitzung „Geschützte Werke“, in: Schricker, Gerhard/ Bastian, Eva-Maria/ Dietz, Adolf (Hrsg.), Konturen eines europäischen Urheberrechts, 8. Ringberg- Symposium des Max- Planck-Instituts für ausländisches und internationales Patent-, Urheber- und Wettbewerbsrecht, Baden-Baden 1996, S. 17-25.
Zitiert: Dreier T., Geschützte Werke, 1996

Dreier, Thomas, Urheberrecht auf dem Weg zur Informationsgesellschaft - Anpassung des Urheberrechts an die Bedürfnisse der Informationsgesellschaft - , in: GRUR 1997, S. 859-866.
Zitiert: Dreier T., GRUR 1997

Dressel, Lothar, Der angestellte Urheber - Kein Handlungsbedarf für den Gesetzgeber, in: GRUR 1989, S. 319-324.
Zitiert: Dressel L., GRUR 1989

Dünnwald, Dirk, Der Urheber im öffentlichen Dienst, Baden-Baden 1999. UFITA-Schriftenreihe Band 164
Zitiert: Dünnwald D., Der Urheber im öffentlichen Dienst, 1999.

Durie, Robin, Der englische Copyright, Designs and Patents Act von 1988, in: GRUR Int. 1990, S. 832-842.
Zitiert: Durie R., GRUR Int. 1990

Dworkin, Gerald, Chapter 18, United Kingdom, in: Stewart, Stephen M./ Sandison, Hamish, International Copyright und Neighbouring Rights, second edition, London 1989, S. 485-524.
Zitiert: Stewart/ Sandison/ Dworkin, International Copyright, 1989

Ellins, Julia, Copyright Law, Urheberrecht und ihre Harmonisierung in der Europäischen Gemeinschaft, Von den Anfängen bis in Informationszeitalter, Berlin, 1997 (zugl. Diss. Universität München 1996).
Zitiert: Ellins J., Copyright Law und Urheberrecht, 1997

Fechner, Frank, Kommentierung zu Art. 128 EGV, in: Von der Groeben, Hans/ Tiesing, Jochen/ Ehlermann, Jochen (Hrsg.), Band 3 Artikel 102a-136a EGV, Baden-Baden 1999.
Zitiert: Von der Groeben/ Fechner

Fischer, Hermann Josef/ Reich Steven A., Urhebervertragsrecht, München 1993.
Zitiert: Fischer H.-J./ Reich S., Urhebervertragsrecht, 1993

Flechsig, Norbert, Der rechtliche Rahmen der europäischen Richtlinie zum Schutz von Datenbanken, in: ZUM 1997, S. 577-592.
Zitiert: Flechsig N., ZUM 1997

Flechsig, Norbert, Der Entwurf eines Gesetzes zur Stärkung der vertragsrechtlichen Stellung von Urhebern und ausübenden Künstlern, Eine kritische Stellungnahme zu Chancen und Risiken des nunmehr in ein konkretes Stadium tretenden Vorhabens zur Schaffung eines Urhebervertragsrechts, in: ZUM 2000, S. 484-499.
Zitiert: Flechsig N., ZUM 2000

Gamillscheg, Franz, Arbeitsrecht, Schriftenreihe der Juristischen Schulung 145, Band 1: Arbeitsvertrags- und Arbeitsschutzrecht, 8. Auflage, München 2000.
Zitiert: Gamillscheg F., Arbeitsrecht Band I, 2000

Gaster, Jens, Urheberrecht und verwandte Schutzrechte in der Informationsgesellschaft, in: ZUM 1995, S. 740-752.
Zitiert: Gaster J., ZUM 1995

Gaster, Jens, Zur anstehenden Umsetzung der EG- Datenbankrichtlinie (I), in: CR 1997, S. 669-676.
Zitiert: Gaster J., CR 1997

Gaster, Jens, Zur anstehenden Umsetzung der EG-Datenbankrichtlinie (II), in: CR 1997, S. 717-722.
Zitiert: Gaster J., CR 1997

Gaul, Dieter, Wechselwirkungen zwischen Urheberrecht und Arbeitsrecht, insbesondere Grenzfragen des Arbeitnehmererfinderrechts, in: NJW 1961, S. 1509-1515.
Zitiert: Gaul D., NJW 1961

Gaul, Dieter, Die Arbeitnehmererfindung im technischen, urheberrechtsfähigen und geschmacksmusterfähigen Bereich, in: RdA 1993, S. 90-102.
Zitiert: Gaul D., RdA 1993

Genthe, Barbara, Der Umfang der Zweckübertragungstheorie im Urheberrecht, Frankfurt a.M. 1981 (zugl. Diss. Universität Frankfurt a.M. 1980).
Zitiert: Genthe B., Der Umfang der Zweckübertragungstheorie, 1980

Ginsburg, Jane C., Urheberpersönlichkeitsrechte im Rechtssystem des Common Law, in: GRUR Int. 1991, S. 593-605.
Zitiert: Ginsburg J. C., GRUR Int. 1991

Ginsburg, Jane C., Die Rolle des nationalen Urheberrechts im Zeitalter der internationalen Urheberrechtsnormen, in: GRUR Int. 2000, S. 97-110.
Zitiert: Ginsburg J. C., GRUR Int. 2000

Goldbaum, Wenzel, Kommentar zum Urheber- und Verlagsrecht, 2. Auflage, Berlin 1927.
Zitiert: Goldbaum W., Kommentar zum Urheber- und Verlagsrecht, 1927

Goldstein, Paul, Was ist Copyright ?, in: GRUR Int. 1991, S. 767-774.
Zitiert: Goldstein P., GRUR Int. 1991

Grobys, Marcel/ Foerstl, Uli, Die Auswirkungen der Urheberrechtsreform auf Arbeitsverträge, in: NZA 2002, S. 1015-1020.
Zitiert: Grobys M./ Foerstl U., NZA 2002

Grützmacher, Malte, Kommentierung zu Vor §§ 69a ff., §§ 69a-69g, in: Wandtke, Artur-Axel/ Bullinger, Winfried (Hrsg.), Praxiskommentar zum Urheberrecht, München 2002.
Zitiert: Wandtke/ Bullinger/ Grützmacher

Haberstumpf, Helmut, Handbuch des Urheberrechts, 2. Auflage, Berlin 2000.
Zitiert: Haberstumpf H., Handbuch des Urheberrechts, 2000

Haberstumpf, Helmut, Der Schutz elektronischer Datenbanken nach dem Urheberrechtsgesetz, in: GRUR 2003, S. 14-31.
Zitiert: Haberstumpf H., GRUR 2003

Hackemann, Martin, Schutz multimedialer Datenbanken, Das Zusammenspiel von Urheber- und Wettbewerbsrecht, in: CR 1998, S. 510-514.
Zitiert: Hackemann M., CR 1998

Hagen Louis, Der Bestsellerparagraph im Urheberrecht, Baden-Baden 1990.
UFITA-Schriftenreihe Band 94
Zitiert: Hagen L., Der Bestsellerparagraph, 1990

Hanau, Peter, Kommentierung zu § 611 BGB, in: Westermann, Harm Peter (Hrsg.), Erman Bürgerliches Gesetzbuch, 10. neubearbeitete Auflage, Münster 2000.
Zitiert: Erman/ Hanau

Heinze, Manfred, Arbeits- und verfassungsrechtliche Aspekte des Gesetzentwurfs zur Reform des Urhebervertragsrechts, in: K&R 2002, S. 1-7.
Zitiert: Heinze M., K&R 2002

Herschel, Wilhelm, Tarifverträge mit Urheberrechtsbezug, in: UFITA Band 94, 1982, S. 35-49.
Zitiert: Herschel W., UFITA Band 94, 1982

Hertin, Paul W., Kommentierung zu §§ 12 ff. UrhG, in: Nordemann, Wilhelm/ Fromm, Karl-Friedrich, Urheberrecht, Kommentar zum Urheberrechtsgesetz und zum Urheberrechtswahrnehmungsgesetz, 9. überarbeitete und ergänzte Auflage, Stuttgart 1998.
Zitiert: Nordemann/ Hertin

Hirsch, Ernst E., Urheberrecht und verwandte Rechte, in: UFITA Band 26, 1958, S. 1-18.
Zitiert: Hirsch, E. E., UFITA Band 26, 1958

Hock, Martin, Das Namensnennungsrecht des Urhebers, Baden-Baden 1993 (zugl. Diss. Universität Freiburg 1993).
UFITA-Schriftenreihe Band 109
Zitiert: Hock M., Das Namensnennungsrecht des Urhebers, 1994

Hoeren, Thomas, Urheberrecht in der Informationsgesellschaft, Überlegungen zu einem Rechtsgutachten von Schricker et al., in: GRUR 1997, S. 866-875.
Zitiert: Hoeren T., GRUR 1997

Hoeren, Thomas, Kommentierung zu §§ 69a-69g UrhG, in: Möring/ Nicolini, Urheberrechtsgesetz, Kommentar, 2. Auflage, München 2000.
Zitiert: Möhring/ Nicolini/ Hoeren

Holländer, Günter, Arbeitnehmerrechte an Software. Die Rechte der Arbeitnehmer an von ihnen entwickelten nichttechnischen Computerprogrammen, Bayreuth 1991 (zugl. Diss. Universität Bayreuth 1991).
Zitiert: Holländer G., Arbeitnehmerrechte an Software, 1991

Holländer, Günter, Nutzungsrechte an freiwillig erstellter Software im Arbeitsverhältnis, in: CR 1991, S. 614-618.
Zitiert: Holländer G., CR 1991

Holländer, Günter, Das Urheberpersönlichkeitsrecht des angestellten Programmierers, in: CR 1992, S. 279-284.
Zitiert: Holländer G., CR 1992

Honig, Gerhardt, Der angestellte Urheber, Erlangen 1962 (zugl. Diss. Universität Erlangen-Nürnberg 1962).
Zitiert: Honig G., Der angestellte Urheber, 1962

Hromadka, Wolfgang, Arbeitnehmerähnliche Personen, Rechtsgeschichtliche, dogmatische und rechtspolitische Überlegungen, in: NZA 1997, S. 1249-1256.
Zitiert: Hromadka W., Arbeitnehmerähnliche Personen, NZA 1997

Hubmann, Heinrich, Das Recht am Arbeitsergebnis, in: Dietz, Rolf, Beiträge zum Arbeits-, Handels- und Wirtschaftsrecht, Festschrift für Alfred Hueck, München 1959, S. 43-67.
Zitiert: Hubmann H., FS für Hueck, 1959

Hubmann, Heinrich, Die Urheberrechtsklauseln in den Manteltarifverträgen für Redakteure an Zeitschriften und an Tageszeitungen, in: RdA 1987, S. 89-96.
Zitiert: Hubmann H., RdA 1987

Hueck, Alfred/ Nipperdey, Hans Carl, Lehrbuch des Arbeitsrechts, Erster Band, 7. neubearbeitete Auflage, Berlin, Frankfurt a.M. 1963.
Zitiert: Hueck A./ Nipperdey H. C., Lehrbuch des Arbeitsrechts, Erster Band, 1963

Hummel, Marlies, Die volkswirtschaftliche Bedeutung des Urheberrechts, Gutachten im Auftrag des Bundesministers der Justiz in: BT- Drs. 11/ 4929, S. 69-166.
Zitiert: Hummel M., BT- Drs. 11/ 4929

Hummel, Marlies, Volkswirtschaftliche Auswirkungen einer gesetzlichen Regelung des Urhebervertragsrechts, in: ZUM 2001, S. 660-669.
Zitiert: Hummel M., ZUM 2001

Hunziker, Manfred, Urheberrecht nach beendetem Arbeitsverhältnis, in: UFITA Band 101, 1985, S. 49-74.
Zitiert: Hunziker M., UFITA Band 101, 1985

Jacobs, Rainer, Das neue Urhebervertragsrecht, in: NJW 2002, S. 1905-1909.
Zitiert: Jacobs R., NJW 2002

Jacque, Jean Paul, Kommentierung zu Art. E EUV, in: Von der Groeben, Hans/ Tiesing, Jochen/ Ehlermann, Jochen (Hrsg.), Band 1 Artikel A-F EUV, Artikel 1-84 EGV, Baden-Baden 1997.
Zitiert: Von der Groeben/ Jacque

Junker, Abbo/ Benecke, Martina, Computerrecht, 3. Auflage, Köln 2003
Zitiert: Junker A./ Bennecke M., Computerrecht, 2003

Katzenberger, Paul, Dritte Arbeitssitzung: „Inhaber des Urheberrechts“, in: Schricker, Gerhard/ Bastian, Eva-Maria/ Dietz, Adolf (Hrsg.), Konturen eines europäischen Urheberrechts, 8. Ringberg-Symposium des Max-Planck-Instituts für ausländisches und internationales Patent-, Urheber- und Wettbewerbsrecht, Baden-Baden 1996, S. 42-48.
Zitiert: Katzenberger P., Inhaber des Urheberrechts, 1996

Katzenberger, Paul, Zweite Arbeitssitzung: „Rechte des Urhebers“, in: Schricker, Gerhard/ Bastian, Eva-Maria/ Dietz, Adolf (Hrsg.), Konturen eines europäischen Urheberrechts, 8. Ringberg-Symposium des Max-Planck-Instituts für ausländisches und internationales Patent-, Urheber- und Wettbewerbsrecht, Baden-Baden 1996, S. 26-41.
Zitiert: Katzenberger P., Rechte des Urhebers, 1996

Katzenberger, Paul, Kommentierung zu §§ 5, 6, 26, 64-69, Vor §§ 88 ff., 88-92, 94, 95, Vor 120 ff., 120-132, 134-143 UrhG, in: Schricker, Gerhard (Hrsg.), Urheberrecht, Kommentar, 2. neubearbeitete Auflage, München 1999.
Zitiert: Schricker/ Katzenberger

Katzenberger P./ Puttfarken H.-J./ Schricker G./ Schulze E./ Schulze M./ Zweigert K. (Hrsg.), Quellen des Urheberrechts, Stand Dezember 1996, 37. Lieferung abgeschlossen, Frankfurt a. Main 1995.
Zitiert: Katzenberger P./ Puttfarken H.-J./ Schricker G./ Schulze E./ Schulze M./ Zweigert K. (Hrsg.), Quellen des Urheberrechts, Stand 1996

Kellerhals, Miriam, Urheberpersönlichkeitsrechte im Arbeitsverhältnis, Eine Untersuchung unter rechtshistorischem und rechtsvergleichendem Blickwinkel, Konstanz 2000 (zugl. Diss. Konstanz 1999).
Zitiert: Kellerhals M., Urheberpersönlichkeitsrechte

Kellerhals, Miriam, Die europäischen Wurzeln des Droit Moral, in: GRUR Int. 2001, S. 438-446.
Zitiert: Kellerhals M., GRUR Int. 2001

Koch, Peter, Das englische Urheberrecht unter besonderer Berücksichtigung der Trägerschaft von Urheberrechten bei angestellten Urhebern, in: UFITA Band 103, 1986, S. 85-111.
Zitiert: Koch P., UFITA Band 103, 1986

Koch, Peter, Zur Neubestimmung des Sonderleistungsbegriffs beim angestellten Urheber, in: ZUM 1986, S. 75-86.
Zitiert: Koch P., ZUM 1986

Kolle, Gert, Der angestellte Programmierer - Zur rechtlichen Zuordnung von in Arbeitsverhältnissen geschaffenen, insbesondere urheberrechtlich geschützten Softwareprodukten, in: GRUR 1985, S. 1016-1024.
Zitiert: Kolle G., GRUR 1985

Kraßer, Rudolph, Urheberrecht in Arbeits-, Dienst- und Auftragsverhältnissen, in: Beier, Friedrich-Karl/ Götting, Horst-Peter/ Lehmann, Michael/ Moufang, Rainer (Hrsg.), Urhebervertragsrecht, Festgabe für Gerhard Schricker zum 60. Geburtstag, München 1995, S. 77-115.
Zitiert: Kraßer R., FS Schricker, 1995

Kraußer, Hans-Peter, Das Prinzip begrenzter Ermächtigung im Gemeinschaftsrecht als Strukturprinzip des EWG-Vertrages, Berlin 1991 (zugl. Diss. Universität Erlangen-Nürnberg 1991).
Zitiert: Kraußer H.-P., Das Prinzip begrenzter Ermächtigung im Gemeinschaftsrecht, 1991

Kreile, Reinhold, Der Stand der Harmonisierung des Urheberrechts in der Europäischen Union, in: Josef Kohler und der Schutz des geistigen Eigentums in Europa, Berlin 1996.
Zitiert: Kreile R., Der Stand der Harmonisierung des Urheberrechts in der Europäischen Union, 1996

Kreile, Reinhold/ Becker, Jürgen, Stand der Harmonisierungsbemühungen der EG auf dem Gebiet des Urheberrechts am Vorabend des Europäischen Binnenmarkts, in: ZUM 1992, S. 581-594.
Zitiert: Kreile R./ Becker J., ZUM 1992

Kreile, Reinhold/ Becker, Jürgen, Neuordnung des Urheberrechts in der Europäischen Union, in: GRUR Int. 1994, S. 901-911.
Zitiert: Kreile R./ Becker J., GRUR Int. 1994

Kroitzsch, Hermann, Kommentierung zu §§ 11-22, 70-86, 124-127 UrhG, in: Möhring/ Nicolini, Urheberrechtsgesetz, Kommentar, 2. Auflage, München 2000.
Zitiert: Möhring/ Nicolini/ Kroitzsch

Laddie, Hugh/ Prescott, Peter/ Vitoria, Mary, The Modern Law of Copyright and Designs, second edition, London 1995
Zitiert: Laddie H./ Prescott P./ Vitoria M., The Modern Law of Copyright, 1995

Lai, Stanley, Database protection in the United Kingdom - The New Deal and its Effects on Softeware Protection, in EIPR 1998; S. 32-48.
Zitiert: Lai S., EIPR 1998

Lehmann, Michael, Die Europäische Richtlinie über den Schutz von Computerprogrammen, in: GRUR Int. 1991, S. 327-337.
Zitiert: Lehmann M., GRUR Int. 1991

Lehmann, Michael, Der neue europäische Rechtsschutz von Computerprogrammen, in: NJW 1991, S. 2112-2117.
Zitiert: Lehmann M., NJW 1991

Lehmann, Michael, Das neue Softwarerecht, Novellierungsvorschlag zum Urheberrecht, in: CR 1992, S. 324-328.
Zitiert: Lehmann M., CR 1992

Leistner, Matthias, Der neue Rechtsschutz des Datenbankherstellers, Überlegungen zu Anwendungsbereich, Schutzvoraussetzungen, Schutzumfang sowie zur zeitlichen Dauer des Datenherstellerrechts gemäß §§ 87a ff. UrhG, in GRUR Int. 1999, S. 819-839.
Zitiert: Leistner M., GRUR Int. 1999

Leistner, Matthias, Der Rechtsschutz von Datenbanken im deutschen und europäischen Recht: eine Untersuchung zur Richtlinie 96/9/EG und zu ihrer Umsetzung in das deutsche Urheberrechtsgesetz, München 2000.
Zitiert: Leistner M., Der Rechtsschutz von Datenbanken, 2000

Lejeune, Mathias, Neues Arbeitnehmerurheberrecht, in: ITRB 2002, S. 145-146.
Zitiert: Lejeune M., ITRB 2002

Lewinski, von Silke, Der EG-Richtlinienvorschlag zur Harmonisierung der Schutzdauer im Urheber- und Leistungsschutzrecht, in: GRUR Int. 1992, S. 724-733.
Zitiert: Lewinski v. S., GRUR Int. 1992

Lewinski, von Silke, Das europäische Grünbuch über das Urheberrecht und neue Technologien, in: GRUR Int. 1995, S. 831-837.
Zitiert: Lewinski v. S., GRUR Int. 1995

Lichtenhagen, Ulrich, Die wirtschaftliche Bedeutung des Urheberrechts, in: ZUM 1990, S. 398-400.
Zitiert: Lichtenhagen U., ZUM 1990

Lindner, Brigitte, Kommentierung zu §§ 32, 32a, 32b, 85, 86, 126 UrhG, in: Mestmäcker, Ernst-Joachim/ Schulze, Erich/ Schulze, Marcel/ Stewart, Stephen/ Walter, Michael M. (Hrsg.), Kommentar zum deutschen Urheberrecht, Band 1, Stand: Dezember 2003, einschließlich 35. Aktualisierungslieferung.
Zitiert: Mestmäcker/ Schulze/ Lindner

Loewenheim, Ulrich, Der Schutz der kleinen Münze in Urheberrecht, in: GRUR 1987, S. 761-769.
Zitiert: Loewenheim U., GRUR 1987

Loewenheim, Ulrich, Harmonisierung des Urheberrechts in Europa, in: GRUR Int. 1997, S. 285-292.
Zitiert: Loewenheim U., GRUR Int. 1997

Loewenheim, Ulrich, Kommentierung zu §§ 2-4, 7-10, 15 RN 40-44, 16, 17, 23, 24, 27, 53, 54, 54a-54h, 55a, Vor §§ 69a ff., §§ 69a-69g, 70, 71 UrhG, in: Schricker, Gerhard (Hrsg.), Urheberrecht, Kommentar, 2. Auflage, München 1999.
Zitiert: Schricker/ Loewenheim

Lucas, Martina, Softwareentwicklung durch Arbeitnehmer, Arbeitnehmerrechtliche und immaterialgüterrechtliche Zuordnungsinteressen, Darmstadt 1993.
Zitiert: Lucas M., Softwareentwicklung durch Arbeitnehmer, 1993

Mathis, Hans-Peter, Der Arbeitnehmer als Urheber, Die Auslegung und Problematik des § 43 UrhG, Frankfurt a.M. 1988 (zugl. Diss. Universität Augsburg 1987).
Zitiert: Mathis H.-P., Der Arbeitnehmer als Urheber, 1988

Milbradt, Claudia, Urheberrechtsschutz von Datenbanken, Im Spannungsverhältnis zwischen Informationsfreiheit und Schutz des Datenbankherstellers, in: CR 2002, S. 710-715.
Zitiert: Milbradt C., CR 2002

Möller, Margret, Urheberrecht oder Copyright?, in: ZUM 1990, S. 65-70.
Zitiert: Möller M., ZUM 1990

Moritz, Hans-Werner, Die EG-Richtlinie vom 14.Mai 1991 über den Rechtsschutz von Computerprogrammen im Lichte der Bestrebungen zur Harmonisierung des Urheberrechts, in: GRUR Int. 1991, S. 697-703.
Zitiert: Moritz H.-W., GRUR Int. 1991

Müller-Glöge, Rudi, Kommentierung zu § 611 BGB, in: Westermann, Harm Peter (Redakteur), Münchener Kommentar zum Bürgerlichen Gesetzbuch, Band 4, Schuldrecht-Besonderer Teil II (§§ 607-704), 3. Auflage, München 1997.
Zitiert: MüKO/ Müller-Glöge

Nettesheim, Martin, Kommentierung zu Art. 249 EGV, in: Grabitz, Eberhard/ Hilf, Meinhard, Das Recht der Europäischen Union, Band I EUV/EGV, Stand April 2003.
Zitiert: Grabitz/ Hilf/ Nettesheim

Nordemann, Wilhelm, Einleitung, in: Nordemann, Wilhelm/ Fromm, Karl-Friedrich, Urheberrecht, Kommentar zum Urheberrechtsgesetz und zum Urheberrechtswahrnehmungsgesetz, 9. überarbeitete und ergänzte Auflage, Stuttgart 1998.
Zitiert: Nordemann/ Nordemann

Olenhusen, von Götz, Der Gesetzentwurf für ein Urhebervertragsrecht, Ein Diskussionsbeitrag, in: ZUM 2000, S. 736-739.
Zitiert: Olenhusen v. G., ZUM 2000

Olenhusen, von Götz, Der Urheber- und Leistungsschutz der arbeitnehmerähnlichen Person, in: GRUR 2002, S. 11-18.
Zitiert: Olenhusen, v. G., GRUR 2002

Olenhusen, von Götz/ Steyert, Heinrich N., Die Reform des Urhebervertragsrechts, in: ZRP 2000, S. 526-529.
Zitiert: Olenhusen v. G./ Steyert H., ZRP 2000

Ory, Stephan, Das neue Urhebervertragsrecht, in: AfP 2002, S. 93-104.
Zitiert: Ory S., AfP 2002

Ory, Stephan, Spiegel-CD-ROM (f), Anmerkung, in: MMR 2002, S. 234-235.
Zitiert: Ory S., MMR 2002

Ott, Sieghart, Schritte zu einem gesetzlichen Urhebervertragsrecht - Überlegungen zu gemeinschaftsrechtlichen und verfassungsrechtlichen Gründen, in: ZRP 1996, S. 385-387.
Zitiert: Ott S., ZRP 1996

Pakuscher, Ernst Karl, Arbeitgeber und Arbeitnehmer im Spiegel des Urheberrechts, in: Wild, Gisela/ Schulte-Franzheim, Inge-Marie/ Lorenz-Wolf, Monika (Hrsg.), Festschrift für Alfred-Carl Gaedertz zum 70. Geburtstag, München 1992, S. 441-455.
Zitiert: Pakuscher E. K., FS für Gaedertz, 1992

Radmann, Friedrich, Abschied von der Branchenübung: Für ein uneingeschränktes Namensnennungsrecht der Urheber, in: ZUM 2001, S. 788-792.
Zitiert: Radmann F., ZUM 2001

Randelzhofer, Albrecht/ Forsthoff, Ulrich, Kommentierung zu Art. 39 EGV, in: Grabitz, Eberhard/ Hilf, Meinhard, Das Recht der Europäischen Union, Band I EUV/ EGV, Stand April 2003.
Zitiert: Grabitz/ Hilf/ Randelzhofer/ Forsthoff

Reber, Nikolaus, Das neue Urhebervertragsrecht, Der Gesetzentwurf zur Stärkung der vertraglichen Stellung von Urhebern und ausübenden Künstlern - die angemessene Beteiligung der Kreativen in den Medien!?, in: ZUM 2000, S. 729-736.
Zitiert: Reber N., ZUM 2000

Rehbinder, Manfred, Das Arbeitsverhältnis im Spannungsfeld des Urheberrechts, in: RdA 1968, S. 310-316.
Zitiert: Rehbinder M., RdA 1968

Rehbinder, Manfred, Das Recht am Arbeitsergebnis und Urheberrecht, in: Herschel, Wilhelm (Hrsg.), Festschrift für Georg Roeber, Berlin 1973, S. 481-506.
Zitiert: Rehbinder M., FS für Roeber, 1973
entspricht: Rehbinder, Manfred, Recht am Arbeitsergebnis und Urheberrecht, in: UFITA Band 66, 1973, S. 125-150.
Zitiert: Rehbinder M., UFITA Band 66, 1973
entspricht: Rehbinder, Manfred, Recht am Arbeitsergebnis und Urheberrecht, in: Rehbinder, Manfred, Beiträge zum Urheber- und Medienrecht, Hilty, Reto M. (Hrsg.), Baden-Baden 1995, S. 11-36. UFITA-Schriftenreihe Band 131
Zitiert: Rehbinder M., Beiträge zum Urheber- und Medienrecht, 1995

Rehbinder, Manfred, Zu den Nutzungsrechten an Werken von Hochschulangehörigen, in: Forkel, Hans/ Kraft, Alfons (Hrsg.), Beiträge zum Schutz der Persönlichkeit und ihrer schöpferischen Leistungen, Festschrift für Heinrich Hubmann zum 70. Geburtstag, Frankfurt a. M. 1985, S. 359-372.
Zitiert: Rehbinder M., FS für Hubmann, 1985

Rehbinder, Manfred, Das Namensnennungsrecht des Urhebers, in: ZUM 1991, S. 220-228.
Zitiert: Rehbinder M., ZUM 1991
entspricht: Rehbinder, Manfred, Das Namensnennungsrecht des Urhebers, in: Rehbinder, Manfred, Beiträge zum Urheber- und Medienrecht, Hilty, Reto M. (Hrsg.), Baden-Baden 1995, S. 75-93.
UFITA-Schriftenreihe Band 131
Zitiert: Rehbinder M., Beiträge zum Urheber- und Medienrecht, 1995

Rehbinder, Manfred, Der Urheber als Arbeitnehmer, in: WiB 1994, S. 461-467.
Zitiert: Rehbinder M., WiB 1994
entspricht: Rehbinder, Manfred, Der Urheber als Arbeitnehmer, in: Rehbinder, Manfred, Beiträge zum Urheber- und Medienrecht, Hilty, Reto M. (Hrsg.), Baden-Baden 1995, S. 37-58.
UFITA-Schriftenreihe Band 131
Zitiert: Rehbinder M., Beiträge zum Urheber- und Medienrecht, 1995

Rehbinder, Manfred, Beiträge zum Urheber- und Medienrecht, Hilty, Reto M. (Hrsg.), Baden-Baden 1995.
UFITA-Schriftenreihe Band 131
Zitiert: Rehbinder M., Beiträge zum Urheber- und Medienrecht, 1995

Rehbinder, Manfred, Urheberrecht, 13. Auflage, München 2004.
Zitiert: Rehbinder M., Urheberrecht, 2004

Reinbothe, Jörg, Der EU-Richtlinienentwurf zum Urheberrecht und zu den Leistungsschutzrechten in der Informationsgesellschaft, in: ZUM 1998, S. 429-437.
Zitiert: Reinbothe J., ZUM 1998

Reinbothe, Jörg, Geistiges Eigentum und die Europäische Gemeinschaft, in: ZEuP 2000, S. 5-28.
Zitiert: Reinbothe J., ZEuP 2000

Ress, Georg/ Ukrow, Jörg, Kommentierung zu Art. 151 EGV, in: Grabitz, Eberhard/ Hilf, Meinhard, Das Recht der Europäischen Union, Band I EUV/ EGV, Stand April 2003.
Zitiert: Grabitz/ Hilf/ Ress/ Ukrow

Rheinstein, Max/ Borries, von Reimer/ Niethammer, Hans-Eckart, Einführung in die Rechtsvergleichung, 2. Auflage, München1987.
Zitiert: Rheinstein M./ Borries v. R./ Niethammer H.-E., Einführung in die Rechtsvergleichung, 1987

Richardi, Reinhard, Der Arbeitsvertrag im Zivilrechtssystem, in: ZfA 1988, S. 221-255.
Zitiert: Richardi R., ZfA 1988

Richardi, Reinhard, „Scheinselbständigkeit" und arbeitsrechtlicher Arbeitnehmerbegriff, in: DB 1999, S. 958-962.
Zitiert: Richardi R., DB 1999

Richardi, Reinhard, Kommentierung zu Vorbem. § 611, §§ 611a, 611b, 613a, §§ 611-615 BGB, in: Staudinger, v. J., Kommentar zum Bürgerlichen Gesetzbuch mit Einführungsgesetz und Nebengesetzen, Zweites Buch, Recht der Schuldverhältnisse, §§ 611-615, 13. Bearbeitung, Berlin 1999.
Zitiert: Staudinger/ Richardi

Richardi, Reinhard, Arbeitsrecht als Teil des sozialen Ordnung §§ 1-7, Personeller Geltungsbereich §§ 24-34, in: Richardi, Reinhard/ Wlotzke Otfried, Münchener Handbuch zum Arbeitsrecht, Band 1 Individualarbeitsrecht I, 2. Auflage, München 2000.
Zitiert: Münchener Handbuch/ Richardi

Richardi, Reinhard, Inhaltliche Ausgestaltung des Arbeitsvertrags § 44, in: Richardi, Reinhard/ Wlotzke, Otfried, Münchener Handbuch zum Arbeitsrecht, Ergänzungsband Individualarbeitsrecht, München 2001.
Zitiert: Münchener Handbuch-Ergänzungsband/ Richardi

Rieg, Timo, Die Verwertungsrechte des im privaten Lokalfunk angestellten Journalisten, in: GRUR 1994, S. 425-432.
Zitiert: Rieg T., GRUR 1994

Rinkler, Axel, Anmerkung zu BGH- Wetterführungspläne II, in: MMR 2002, S. 102-105.
Zitiert: Rinkler A., MMR 2002

Röttinger, Moritz, Die volkswirtschaftliche Bedeutung des Urheberrechts, in: ZUM 1990, S. 510-512.
Zitiert: Röttinger M., ZUM 1990

Röttinger, Moritz, Der Rechtsschutz von Datenbanken nach dem EG-Recht, in: ZUM 1992, S. 594-607.
Zitiert: Röttinger M., ZUM 1992

Röttinger, Moritz, Das Urheberrecht in Rechtspolitik und Rechtsetzung der Europäischen Gemeinschaft - vom Handelshemmnis zum „Espace européen de la créativité", in: UFITA Band 2001/I, 2001, S. 9-94.
Zitiert: Röttinger M., UFITA Band 2001/I, 2001

Röttinger, Moritz, Patentierbarkeit computerimplementierter Erfindungen, Zum EG-Richtlinien-Vorschlag KOM 2002 (92) v. 20.2.2002, in: CR 2002, S. 616-619.
Zitiert: Röttinger M., CR 2002

Roithmaier, Helmut, Das Recht des Arbeitgebers am kunstschutzfähigen Arbeitsergebnis nach geltendem und künftigem Recht, Köln 1962 (zugl. Diss. Universität Köln 1962).
Zitiert: Roithmaier H., Das Recht des Arbeitgebers, 1962

Rojahn, Sabine, Der Arbeitnehmerurheber in Presse, Funk und Fernsehen, München 1978 (zugl. Diss. Universität München 1978).
Zitiert: Rojahn S., Der Arbeitnehmerurheber, 1978

Rojahn, Sabine, Kommentierung zu §§ 43, 79 UrhG, in: Schricker, Gerhard (Hrsg.), Urheberrecht, Kommentar, 2. Auflage, München 1999.
Zitiert: Schricker/ Rojahn

Sack, Rolf, Recht am Arbeitsergebnis §§ 100-103, in: Richardi, Reinhard/ Wlotzke, Otfried, Münchener Handbuch zum Arbeitsrecht, Band 1 Individualarbeitsrecht I, 2. Auflage, München 2000.
Zitiert: Münchener Handbuch/ Sack

Sack, Rolf, Computerprogramme und Arbeitnehmer-Urheberrecht unter Berücksichtigung der Computerprogramm-Richtlinie der EG vom 14.5. 1991, in: BB 1991, S. 2160-2173.
Zitiert: Sack R., BB 1991

Sack, Rolf, Arbeitnehmer-Urheberrechte an Computerprogrammen nach der Urheberrechtsnovelle, in: UFITA Band 121, 1993, S. 15-44.
Zitiert: Sack R., UFITA Band 121, 1993

Sahmer, Heinz, Der Arbeitnehmer im Spiegel des Urheberrechts und der verwandten Schutzrechte, in: UFITA Band 21, 1956, S. 34-39.
Zitiert: Sahmer H., UFITA Band 21, 1956

Samson, Benvenuto, Die urheberrechtliche Regelung in Dienst- und Tarifverträgen, in: Herschel, Wilhelm (Hrsg.), Festschrift für Georg Roeber, Berlin 1973, S. 547-559.
Zitiert: Samson B., FS für Roeber, 1973
entspricht: Samson, Benvenuto, Die urheberrechtliche Regelung in Dienst- und Tarifverträgen, in: UFITA Band 64, 1972, S. 181-193.
Zitiert: Samson B., UFITA Band 64, 1972

Sauter, Alfred, Auswirkungen des europäischen Einigungsprozesses auf das deutsche Urheberrecht an Hand einiger ausgewählter Beispiele, in: Becker, Jürgen/ Lerche, Peter/ Mestmäcker, Ernst-Joachim (Hrsg.), Wanderer zwischen Musik, Politik und Recht, Festschrift für Reinhold Kreile zu seinem 65. Geburtstag, Baden-Baden 1994, S. 609-626.
Zitiert: Sauter A., FS für Kreile, 1994

Schack, Haimo, Wem gebührt das Urheberrecht, dem Schöpfer oder dem Produzenten?, Kongress: Institut für Urheber- und Medienrecht München 1989, in: ZUM 1990, S. 59-62.
Zitiert: Schack H., ZUM 1990

Schack, Haimo, Europäisches Urheberrecht im Werden, in: ZEuP 2000, S. 799-819.
Zitiert: Schack H., ZEuP 2000

Schack, Haimo, Urheber- und Urhebervertragsrecht, 2. Auflage, Tübingen 2001.
Zitiert: Schack H., Urheber- und Urhebervertragsrecht, 2001

Schack, Haimo, Neuregelung des Urhebervertragsrechts, Kritische Anmerkungen zum Professorenentwurf, in: ZUM 2001, S. 453-466.
Zitiert: Schack H., ZUM 2001

Schardt, Andreas, Das Urheberpersönlichkeitsrecht vor dem Hintergrund der Harmonisierungspläne der EG-Kommission, in: ZUM 1993, S. 318-324.
Zitiert: Schardt, A., ZUM 1993

Schaub, Günter/ Koch, Ulrich/ Linck, Rüdiger, Arbeitsrechts-Handbuch, Systematische Darstellung und Nachschlagewerk für die Praxis, 10. überarbeitete Auflage, München 2002.
Zitiert: Schaub G., Arbeitsrechts-Handbuch, 2002

Schimmel, Wolfgang, Die Pläne der Bundesregierung zu einer gesetzlichen Regelung des Urhebervertragsrechts, Ein Beitrag aus Sicht von Journalisten und Schriftstellern, in: ZUM 2001, S. 289-299.
Zitiert: Schimmel W., ZUM 2001

Schippan, Martin, Die Harmonisierung des Urheberrechts in Europa im Zeitalter von Internet und digitaler Technologie, Eine Betrachtung aus deutscher Sicht, Baden-Baden 1999.
UFITA-Schriftenreihe Band 170
Zitiert: Schippan M., Die Harmonisierung des Urheberrechts in Europa, 1999

Schmechel-Gaume, Adrian, § 31 Abs. 4 UrhG und der Arbeitnehmerurheber - Ein Spannungsfeld, Im Blickpunkt: Ist die Einräumung von Nutzungsrechten für unbekannte Nutzungsarten in Arbeitsverhältnissen zulässig?, in: K&R 2001, S. 74-81.
Zitiert: Schmechel-Gaume A., K&R 2001

Schmidt, Gudrun, Kommentierung zu Art. 189 EGV, in: Von der Groeben, Hans/ Tiesing, Jochen/ Ehlermann, Jochen (Hrsg.), Band 1 Artikel 137-209a EGV, Baden-Baden 1997.
Zitiert: Von der Groeben/ Schmidt

Scholz, Jochen, Kommentierung zu §§ 29, 31, 33-35 UrhG, in: Mestmäcker, Ernst-Joachim/ Schulze, Erich/ Schulze, Marcel/ Stewart, Stephen/ Walter, Michael M. (Hrsg.), Kommentar zum deutschen Urheberrecht, Band 1, Stand: Dezember 2003, einschließlich 35. Aktualisierungslieferung.
Zitiert: Mestmäcker/ Schulze/ Scholz

Scholz, Matthias, Die rechtliche Stellung des Computerprogramme erstellenden Arbeitnehmers nach Urheberrecht, Patentrecht und Arbeitnehmererfindungsrecht, Köln 1989 (zugl. Diss. Universität Freiburg 1988).
Zitiert: Scholz M., Die rechtliche Stellung, 1989

Schricker, Gerhard, Zur Harmonisierung des Urheberrechts in der Europäischen Wirtschaftsgemeinschaft, in: Jürgen F. Baur (Hrsg.), Festschrift für Steindorff zum 70. Geburtstag am 13. März 1990, Berlin 1990, S. 1437-1453.
Zitiert: Schricker G., FS für Steindorff, 1990

Schricker, Gerhard, Urheberrechtsentwicklung, in: Gewerblicher Rechtsschutz und Urheberrecht in Deutschland: Festschrift zum hundertjährigen Bestehen der Deutschen Vereinigung für Gewerblichen Rechtsschutz und Urheberrecht und ihrer Zeitschrift, hrsg. von der Vereinigung durch Beier, Friedrich-Karl/ Kraft, Alfons/ Schricker, Gerhard/ Wadle, Elmar, Weinheim 1991, Band II, S. 1095-1124.
Zitiert: Schricker G., FS für GRUR, 1991

Schricker, Gerhard, Vorwort, in: Schricker, Gerhard/ Bastian, Eva-Maria/ Dietz, Adolf (Hrsg.), Konturen eines europäischen Urheberrechts, 8. Ringberg-Symposium des Max-Planck-Instituts für ausländisches und internationales Patent-, Urheber- und Wettbewerbsrecht, Baden-Baden 1996, S. 5-6.
Zitiert: Schricker G., Vorwort zu Ringberg-Symposium, 1996

Schricker, Gerhard, Kommentierung zu Einleitung RN 1-49, §§ 1, 11, Vor §§ 28 ff., §§ 28-38, 40, 41, 51 UrhG, in: Schricker, Gerhard (Hrsg.), Urheberrecht, Kommentar, 2. Auflage, München 1999.
Zitiert: Schricker/ Schricker

Schricker, Gerhard, Musik und Wort, Zur Urheberschutzfrist dramatisch musikalischer Werke und musikalischer Kompositionen mit Text, in: GRUR Int. 2001, S. 1015-1017.
Zitiert: Schricker G., GRUR Int. 2001

Schricker, Gerhard, Zum Begriff der angemessenen Vergütung im Urheberrecht - 10% vom Umsatz als Maßstab?, in: GRUR Int. 2002, S. 737-743.
Zitiert: Schricker G., GRUR Int. 2002

Schricker, Gerhard/ Kraßer, Rudolf, Patent- und Urheberrecht an Hochschulen, Die Verwertung von Erfindungen und urheberrechtlich geschützten Werken an Hochschulen wissenschaftlich Tätiger, Baden-Baden 1988.
Zitiert: Schricker G./ Kraßer R., Patent- und Urheberrecht, 1988

Schulte, Dieter, Der Referentenentwurf eines Zweiten Gesetzes zur Änderung des Urheberrechtsgesetzes, in: CR 1992, S. 588-593.
Zitiert: Schulte D., CR 1992

Schulze, Erich, Copyright des Produzenten?, in: ZUM 1990, S. 47-54.
Zitiert: Schulze E., ZUM 1990

Schulze, Gernot, Der Schutz der kleinen Münze im Urheberrecht, in: GRUR 1987, S. 769-778.
Zitiert: Schulze G., GRUR 1987

Schwab, Brent, Warum kein Arbeitnehmerurheberrecht - Zur Unzulänglichkeit des § 43 UrhG, in: AuR 1993, S. 129-136.
Zitiert: Schwab B., AuR 1993

Schwab, Brent, Das Arbeitnehmer-Urheberrecht, in: Arbeitsrecht im Betrieb, 1997, S. 699-710.
Zitiert: Schwab B., Arbeitsrecht im Betrieb, 1997

Schwab, Brent, Das Namennennungsrecht des angestellten Werkschöpfers, in: NZA 1999, S. 1254-1259.
Zitiert: Schwab B., NZA 1999

Schwab, Brent, Arbeitnehmer und arbeitnehmerähnliche Personen als Urheber - Überlegungen zur Reform des Urhebervertragsrechts, in: AuR 2001, S. 493-497.
Zitiert: Schwab B., AuR 2001

Schweitzer, Michael/ Hummer, Waldemar, Europarecht. Das Recht der Europäischen Union, 6. Auflage, Neuwied 2003.
Zitiert: Schweitzer M./ Hummer W., 2003

Seewald, Otfried/ Freudling, Gabriele, Der Beamte als Urheber, in: NJW 1986, S. 2688-2692.
Zitiert: Seewald/ Freuding, NJW 1986

Söllner, Alfred/ Waltermann, Raimund, Grundriss des Arbeitsrechts, 13. neubearbeitete Auflage, 2003.
Zitiert: Söllner A., Grundriss des Arbeitsrechts, 2003

Spautz, Wolfgang, Kommentierung zu §§ 35-44, 106-11a, 131, 137a-137c, 137e, 137g, 137h, 139-143 UrhG, in: Möring/ Nicolini, Urheberrechtsgesetz, Kommentar, 2. Auflage, München 2000.
Zitiert: Möhring/ Nicolini/ Spautz

Stickelbrock, Barbara, Ausgleich gestörter Vertragsparität durch das neue Urhebervertragsrecht?, in: GRUR 2001, S. 1087-1095.
Zitiert: Stickelbrock B., GRUR 2001

Stolz, Frank, Die Nutzungsrechte am Arbeitsergebnis des bei einem Sende-Unternehmen angestellten Mitarbeiters im Spannungsfeld zwischen Urheberrecht und Arbeitsrecht, UFITA Band 101, 1985, S. 29-48.
Zitiert: Stolz F., UFITA Band 101, 1985

Stolz, Hansjörg, Der Ghostwriter im deutschen Recht, München 1971 (zugl. Diss. Universität Tübingen 1971).
Zitiert: Stolz H., Der Ghostwriter, 1971

Straub, Wolfgang, Individualität als Schlüsselkriterium, in: GRUR Int. 2001, S. 1-8.
Zitiert: Straub W., GRUR Int. 2001

Sundermann, Heinz- Georg, Nutzungs- und Vergütungsansprüche bei Softwareentwicklung im Arbeitsverhältnis, in: GRUR 1988, S. 350-355.
Zitiert: Sundermann H- G., GRUR 1988

Thüsing, Gregor, Tarifvertragliche Chimären, in: GRUR 2002, S. 203-212.
Zitiert: Thüsing G., GRUR 2002

Thum, Dorothee, Harmonisierung des Urheberrechts in Europa, Diskussionsbericht über die Arbeitssitzung der Fachgruppe für gewerblichen Rechtsschutz und Urheberrecht der Gesellschaft für Rechtsvergleichung auf der Tagung für Rechtsvergleichung am 22. März 1996 in Jena, in: GRUR Int. 1997, S. 330-334.
Zitiert: Thum D., GRUR Int. 1997

Tietje, Christian, Kommentierung zu Art. 95 EGV, in: Grabitz, Eberhard/ Hilf, Meinhard, Das Recht der Europäischen Union, Band I EUV/EGV, Stand April 2003.
Zitiert: Grabitz/ Hilf/Tietje

Treitel, Günther H., The law of contract, 11th edition, London 2003.
Zitiert: Treitel G. H., The law of contract, 2003

Uhl, Melanie, Der beamtete Urheber, Bremen 1988 (zugl. Diss. Universität Bremen 1988).
Zitiert: Uhl M., Der beamtete Urheber, 1988

Ullmann, Eike, Das urheberrechtlich geschützte Arbeitsergebnis - Verwertungsrecht und Vergütungspflicht, in: GRUR 1987, S. 6-13.
Zitiert: Ullmann E., GRUR 1987

Ulmer, Eugen, Urheber- und Verlagsrecht, 3. neubearbeitete Auflage, Berlin, Heidelberg, New York 1980.
Zitiert: Ulmer E., Urheber- und Verlagsrecht, 1980

Ulmer, Eugen, Zur Schutzfähigkeit von Computerprogrammen und zur Schaffung von Werken aufgrund arbeitsrechtlicher Verpflichtung, Anmerkung zum Urteil des BAG vom 13.9.1983, in: GRUR 1984, S. 432-434.
Zitiert: Ulmer E., GRUR 1984

Ulmer, Eugen/ Kolle, Gert, Der Urheberrechtsschutz von Computerprogrammen, in: GRUR Int. 1982, S. 489-500.
Zitiert: Ulmer E./ Kolle G., GRUR Int. 1982

Vinck, Kai, Die Rechtsstellung des Urhebers im Arbeits- und Dienstverhältnis, Berlin 1972.
UFITA-Schriftenreihe Band 41
Zitiert: Vinck K., Die Rechtsstellung des Urhebers, 1972

Vinck, Kai, Kommentierung zu § 43 UrhG, in: Nordemann, Wilhelm/ Fromm, Karl-Friedrich, Urheberrecht, Kommentar zum Urheberrechtsgesetz und zum Urheberrechtswahrnehmungsgesetz, 9. überarbeitete und ergänzte Auflage, Stuttgart 1998.
Zitiert: Nordemann/ Vinck

Vinck, Kai, Der Urheber im Arbeits- und arbeitnehmerähnlichen Verhältnis, in: RdA 1975, S. 162-166.
Zitiert: Vinck K., RdA 1975

Vogel, Martin, Urheberpersönlichkeitsrecht und Verlagsrecht im letzten Drittel des 19. Jahrhunderts, in: GRUR 1994, S. 587-593.
Zitiert: Vogel M., GRUR 1994

Vogel, Martin, Die Umsetzung der Richtlinie 96/9/EG über den rechtlichen Schutz von Datenbanken in Art. 7 des Regierungsentwurfs eines Informations- und Kommunikationsdienstgesetzes, in: ZUM 1997, S. 592-606.
Zitiert: Vogel M., ZUM 1997

Vogel, Martin, Kommentierung zu Einleitung RN 50-81, §§ 18, 25, 44, 50, 57-60, 72, 81-86, Vor §§ 87a ff., §§ 87a-87e, in: Schricker, Gerhard (Hrsg.), Urheberrecht, Kommentar, 2. Auflage, München 1999.
Zitiert: Schricker/ Vogel

Wandtke, Artur-Axel, Zum Vergütungsanspruch des Urhebers im Arbeitsverhältnis, in: GRUR 1992, S. 139-144.
Zitiert: Wandtke A.-A., GRUR 1992

Wandtke, Artur-Axel, Die Rechte der Urheber und ausübenden Künstler im Arbeits- und Dienstverhältnis, Ein Handbuch für die Praxis, Berlin 1993.
Zitiert: Wandtke A.-A., Die Rechte der Urheber, 1993.

Wandtke, Artur-Axel, Entwicklungstendenzen des Urheberrechts in Osteuropa (unter besonderer Berücksichtigung der Gesetze in Polen, Russland, Ungarn sowie in Tschechien und der Slowakei), in: GRUR Int. 1995, S. 564-572.
Zitiert: Wandtke A.-A., GRUR Int. 1995

Wandtke, Artur-Axel, Reform des Arbeitnehmerurheberrechts, in: GRUR 1999, S. 390-397.
Zitiert: Wandtke A.-A., GRUR 1999

Wandtke, Artur-Axel, Kommentierung zu Vor §§ 31 ff., §§ 31-32a, §§ 33-44, Einigungsvertrag, in: Wandtke, Artur-Axel/ Bullinger, Winfried (Hrsg.), Praxiskommentar zum Urheberrecht, München 2002.
Zitiert: Wandtke/ Bullinger/ Wandtke

Wank, Rolf, Arbeitnehmer und Selbständige, München 1988 (zugl. Habil.-Schrift Universität Köln 1982/ 1983).
Zitiert: Wank R., Arbeitnehmer und Selbständige, 1988

Weber, Peter, Die Pläne der Bundesregierung zu einer gesetzlichen Regelung des Urhebervertragsrechts, Ein Beitrag aus der Sicht des öffentlich-rechtlichen Fernsehens, in: ZUM 2001, S. 311-314.
Zitiert: Weber P., ZUM 2001

Welser, von Marcus, Kommentierung zu § 32b, Vor §§ 120 ff., §§ 120-124, 127-128, in: Wandtke, Artur-Axel/ Bullinger, Winfried (Hrsg.), Praxiskommentar zum Urheberrecht, München 2002.
Zitiert: Wandtke/ Bullinger/ Welser v.

Westen, Klaus, Zur urheberrechtlichen Stellung des Wissenschaftlers im Arbeits- oder Dienstverhältnis nach deutschem Recht, in: JR 1967, S. 401-408.
Zitiert: Westen K., JR 1967

Wiebe, Andreas, Rechtsschutz von Datenbanken und europäische Harmonisierung, in: CR 1996, S. 198-204.
Zitiert: Wiebe A., CR 1996

Wiegand, Wolfgang, Kommentierung zu §§ 929-931, Anh. zu §§ 929-931, §§ 932-936, §§ 937-950 BGB, in: Staudinger, v. J., Kommentar zum Bürgerlichen Gesetzbuch mit Einführungsgesetzen und Nebengesetzen, Viertes Buch, Sachenrecht, §§ 925-984, 13. Auflage, Berlin 1995.
Zitiert: Staudinger/ Wiegand

Wimmers, Jörg/ Rode, Tibor, Der angestellte Softwareprogrammierer und die neuen urheberrechtlichen Vergütungsansprüche, in: CR 2003, S. 399-405.
Zitiert: Wimmers J./ Rode T., CR 2003

Wölker, Ulrich, Vorbemerkung zu den Artikeln 48 bis 50 EGV, in: Von der Groeben, Hans/ Tiesing, Jochen/ Ehlermann, Jochen (Hrsg.), Band 1 Artikel A-F EUV, Artikel 1-84 EGV, Baden-Baden 1997.
Zitiert: Von der Groeben/ Wölker

Wolf, Ernst, Zum Begriff Arbeitsrecht, in: Gamillscheg, Franz/ Hueck, Götz/ Wiedemann, Herbert, 25 Jahre Bundesarbeitsgericht, München 1979, S. 706-726.
Zitiert: Wolf E., Zum Begriff Arbeitsrecht, 1979

Zirkel, Markus, Das neue Urhebervertragsrecht und der angestellte Urheber, in: WRP 2003, S. 59-65.
Zitiert: Zirkel M., WRP 2003

Zöllner, Wolfgang, Die Reichweite des Urheberrechts im Arbeitsverhältnis untypischer Urheber, in: ZfA 1985, S. 451-467.
Zitiert: Zöllner W., ZfA 1985
entspricht: Zöllner, Wolfgang, Die Reichweite des Urheberrechts im Arbeitsverhältnis untypischer Urheber, in: Forkel, Hans/ Kraft, Alfons, Beiträge zum Schutz der Persönlichkeit und ihrer schöpferischen Leistungen, Festschrift für Heinrich Hubmann zum 70. Geburtstag, Frankfurt a. M. 1985, S. 523-539.
Zitiert: Zöllner W., FS für Hubmann, 1985

Zöllner, Wolfgang/ Loritz, Karl-Georg, Arbeitsrecht, 5. Auflage, München 1998.
Zitiert: Zöllner W./ Loritz K.-G., Arbeitsrecht, 1998

Zuleeg, Manfred, Kommentierung zu Art. 3, 3b EGV, in: Von der Groeben, Hans/ Tiesing, Jochen/ Ehlermann, Jochen (Hrsg.), Band 1 Artikel A-F EUV, Artikel 1-84 EGV, Baden-Baden 1997.
Zitiert: Von der Groeben/ Zuleeg

Peter Lang · Europäischer Verlag der Wissenschaften

Klaus Schieble

Die Kompetenz der Europäischen Gemeinschaft für die Harmonisierung des Urheberrechts im Zeitalter der Informationsgesellschaft

Frankfurt am Main, Berlin, Bern, Bruxelles, New York, Oxford, Wien, 2003. 418 S.
Europäische Hochschulschriften: Reihe 2, Rechtswissenschaft. Bd. 3797
ISBN 3-631-51719-X · br. € 68.50*

Die Arbeit beleuchtet anhand der bisherigen Richtlinien kritisch die Frage der Kompetenz der Europäischen Gemeinschaft bezüglich der Rechtsangleichung im Bereich des Urheberrechts. Eine zentrale Rolle nimmt dabei die Besprechung der Richtlinie zum Urheberrecht in der Informationsgesellschaft vom 22.05.2001 ein. Vor dem Hintergrund von Subsidiarität und Verhältnismäßigkeit wird verdeutlicht, dass die Grenzen der Harmonisierungskompetenz im Bereich des Urheberrechts gerade von der EG-Kommission nicht ausreichend beachtet werden. Anhand zahlreicher Beispiele wird nachgewiesen, dass den Institutionen der Europäischen Gemeinschaft ein schlüssiges Konzept zur Beantwortung der Kompetenzfrage fehlt. Die Anforderungen für zukünftige Harmonisierungsvorhaben werden abschließend aufgezeigt.

Aus dem Inhalt: Die Herausforderungen der Informationsgesellschaft · Die Urheberrechtssysteme in den Mitgliedstaaten · Die Kompetenz der Europäischen Gemeinschaft bei der Rechtsangleichung im Bereich des Urheberrechts · Kritische Würdigung der Richtlinie zum Urheberrecht in der Informationsgesellschaft und weiterer beabsichtigter Regelungen

FSC
www.fsc.org
MIX
Papier | Fördert
gute Waldnutzung
FSC® C083411

Kolibri 360 GmbH
Ferdinand-Jühlke-Straße 7
99095 Erfurt, Deutschland
produktsicherheit@kolibri360.de

Druck:
CPI Druckdienstleistungen GmbH
im Auftrag der
Kolibri 360 GmbH
Ferdinand-Jühlke-Str. 7
99095 Erfurt